Alles für die Union

Das Bürgerkriegstagebuch des Unionssoldaten Elisha Hunt Rhodes

—

Elisha Hunt Rhodes

ALLES FÜR DIE UNION

—

Das Bürgerkriegstagebuch
des Unionssoldaten
Elisha Hunt Rhodes

—

ELISHA HUNT RHODES

Aus dem Englischen übersetzt von Florian Dexheimer

Copyright © 2014 Florian Dexheimer

Konrad-Adenauer-Ring 41B
67292 Kirchheimbolanden
Deutschland

All rights reserved.

ISBN: 1522935479
ISBN-13: 978-1522935476

INHALTSVERZEICHNIS

Vorwort des Übersetzers	i
1861	1
1862	37
1863	103
1864	156
1865	244
Anhang: Gefechtsberichte des Regiments	
Erste Schlacht von Bull Run	313
Zweite Schlacht von Fredericksburg / Salem Heights	315
Schlacht von Gettysburg	321
Gefecht bei Fort Stevens	323
Appomattox-Feldzug	324

VORWORT DES ÜBERSETZERS

„Ich, Abraham Lincoln, Präsident der Vereinigten Staaten und Oberbefehlshaber des Heeres, der Marine und der einberufenen Staatsmilizen rufe hiermit 42.034 Freiwillige für die Dauer von drei Jahren zu den Waffen. [...] Ich beschwöre alle guten Bürger eindringlich, sämtliche Maßnahmen zur wirksamen Unterdrückung ungesetzlicher Gewaltausübung sowie zur Durchsetzung der Verfassungsrechte und der schnellstmöglichen Wiederherstellung von Frieden, Ordnung, Glück und Wohlstand in unserem gesamten Lande nach Kräften zu unterstützen."

Abraham Lincoln, Proklamation 83, 3. Mai 1861

Als am 12. April 1861 mit dem Beschuss von Fort Sumter im Hafen von Charleston, South Carolina der Amerikanische Bürgerkrieg ausbrach, war die Bevölkerung auf beiden Seiten im patriotischen Taumel von einem schnellen Sieg überzeugt. Entsprechend sah US-Präsident Abraham Lincolns am 15. April ergangener Aufruf an 75.000 Kriegsfreiwillige lediglich eine Dienstzeit von drei Monaten vor. Während die Wochen verstrichen und sich die erwartete rasche Entscheidung nicht einstellen mochte, begannen vereinzelte Militärs, die Möglichkeit eines langandauernden und verlustreichen Krieges in Erwägung zu ziehen. Als der Kommandierende General des US-Heeres Winfield Scott für eine erfolgreiche Invasion der Südstaaten 300.000 Soldaten und zwei bis drei Jahre zäher Kämpfe veranschlagte (eine im Nachhinein reichlich optimistische Schätzung) und als Alternative seinen langwierigen, auf einer ausgedehnten Seeblockade und dem Erlangen der Kontrolle über den Mississippi River basierenden „Anakonda-Plan" unterbreitete, wurde er von der Öffentlichkeit verspottet. Trotzdem war die Zeit des neunzigtägigen Militärdienstes vorbei. Anfang Mai 1861 rief Lincolns zweiter Aufruf an weitere 42.000 Freiwillige diese bereits für drei Jahre zu den Waffen und zugleich wurden auch die zahlenmäßig schwache reguläre US-Armee und die Marine aufgestockt. Die Schrecken der ersten großen Schlachten standen der Bevölkerung noch bevor und so füllten sich die Rekrutierungsbüros erneut rasch mit Massen von jungen Männern, die aus Patriotismus, Abenteuerlust oder der Furcht, als Feigling zu gelten, unbedingt „dabei sein" wollten.

Einer dieser jungen Männer war Elisha Hunt Rhodes, ein neunzehnjähriger Angestellter aus Providence im Bundesstaate Rhode Island. Im Widerstreit seiner Gefühle gegenüber seiner verwitweten Mutter und seinem Land obsiegte schließlich die Pflicht zur Rettung der Union und Ende Mai rang Elisha seiner Mutter die Erlaubnis ab, sich zur Armee zu melden. Wenige Tage darauf schrieb er sich in Kompanie "D" des 2. Rhode Island-Freiwilligenregiments ein, dem ersten dreijährigen Regiment des kleinen Neuengland-Staates. In diesem Regiment durchlebte er die gesamte Dauer des Bürgerkrieges und führte dabei ein ausführliches Tagebuch, in dem er ungefiltert und von keiner nachträglichen Erinnerung getrübt seine unmittelbaren Erlebnisse und Gedanken, Hoffnungen und Enttäuschungen zu Papier brachte sowie nicht zuletzt seinen unerschütterlichen Willen, alles für die Union zu geben.

Die vorliegende Übersetzung ist bemüht, den sprachlichen Stil der Zeit im Allgemeinen und Elishas im Besonderen weitestgehend zu wahren, gelegentlich erschien es jedoch geraten, Elemente des Textes behutsam den deutschen Sprachgewohnheiten anzugleichen.

Florian Dexheimer

1861

Die 1. Rhode Island Milizabteilung unter dem Kommando von Oberst Ambrose E. Burnside hat den Staat in Richtung des Kriegsschauplatzes verlassen. Der militärische Geist ist allgegenwärtig und wie all die anderen jungen Männer fühle auch ich, dass es meine Pflicht ist, im Felde zu dienen. Ich habe mein Möglichstes versucht, um mit dem ersten Regiment zu gehen, aber da meine Mutter Witwe ist und ich noch für zwei jüngere Brüder sorgen muss, widerstand ich der Versuchung mich einzuschreiben. Ich bin jetzt 19 Jahre alt und bin seit zwei Jahren angestellt in dem Geschäft des ehrenwerten Frederick Miller, einem Blatt- und Schirrmacher in der Canal Street 92 in Providence. Meine Mutter lebt in dem Dorf Pawtuxet und mit ihr, meiner Schwester und meinen beiden Brüdern verbringe ich meine Sonntage.
Gegen Ende des Monats April erging von Gouverneur Sprague ein Erlass, dass das 2. Freiwilligen-Regiment von Rhode Island sofort für eine Dienstzeit von drei Jahren aufgestellt würde und er rief die Bürger auf, sich einzuschreiben. Samstagnacht besuchte ich meine Mutter und legte ihr die Sache dar. Sie verweigerte sofort ihre Zustimmung und da sie als Grund angab, ich sei ihre einzige Stütze, war ich gezwungen ihr zu versprechen, dass ich so lange zuhause bleiben würde, bis sie meiner Einschreibung zustimmen würde. Der nächste Sonntag war ein sorgenvoller in unserem Heim. Meine Mutter lief umher mit Tränen in den Augen und ich spürte eine Enttäuschung, die ich nicht ausdrücken konnte. Also brütete ich in Stille über meinen Sorgen.

Sonntagnacht, nachdem ich zu Bett gegangen war, kam meine Mutter in mein Zimmer und in einer Art, die einer spartanischen Mutter aus alten Zeiten würdig gewesen wäre, sagte sie: „Mein Sohn, andere Mütter müssen Opfer bringen und warum sollte ich es nicht tun? Wenn du fühlst, dass es deine Pflicht ist, dich einzuschreiben, werde ich meine Zustimmung geben." Sie zeigte einen patriotischen Geist, der mein junges Herz sehr inspirierte. Ich schlief nicht viel in dieser Nacht, erhob mich am nächsten Morgen (es war früh im Mai) und nahm um 06.00 Uhr den Omnibus nach Providence. Im Omnibus traf ich meinen alten Schulfreund Levi F. Carr und als ich herausfand, dass er die Zustimmung seines Vaters hatte, beschlossen wir, uns gemeinsam einzuschreiben.

Als wir Providence erreichten, begaben wir uns sofort zur Infanterie-Rüstkammer an der Kreuzung Weybosset und Dorrance Street und da es erst 07.00 Uhr war, setzten uns auf die Treppenstufen. Gegen 09.00 Uhr erschien Herr William A. Arnold, und als wir ihn fragten, erfuhren wir, dass er zum Rekrutierungsoffizier ernannt worden war und jetzt die Rüstkammer öffnen wollte, um die Rekruten zu empfangen. Wir folgten ihm in die Rüstkammer und nachdem er ordnungsgemäß ein Buch für unsere Unterschriften vorbereitet hatte, unterzeichnete zuerst Carr mit seinem Namen (er ist älter als ich) und anschließend ich.

Rekruten begannen in rascher Folge einzutreffen und bis zum Ende der Woche hatten wir mehr als 100 Namen in dem Buch. Am nächsten Montagabend organisierte sich die Kompanie und wählte folgende Offiziere: Hauptmann William B. Sears, Oberleutnant Thomas H. Carr und Stabsfeldwebel James S. Hudson. Wir drillten Tag und Nacht, und ich wurde persönlich von Herrn John E. Bradford, einem alten Mitglied der 1. Leichten Infanteriekompanie, unterwiesen. Vor einem großen Spiegel stehend verbrachte ich viele Stunden ermüdender Arbeit und hielt mich bald für einen respektablen Soldaten. Da ein Aufruf an Rekruten für das 1. Rhode Island Regiment ergangen war, verließen John E. Bradford und Stabsfeldwebel James S. Hudson unsere Kompanie, um sich in Washington dem ersten Regiment anzuschließen. Zu meiner großen Überraschung wurde ich zum Stabsfeldwebel gewählt. Was jedoch die Pflichten eines Stabsfeldwebels sein mochten, davon hatte ich keine Ahnung, da ich niemals Dienst in der Miliz getan hatte und unwissend über die einfachsten Grundzüge war. Wir verbrachten unsere gesamte Zeit in der Rüstkammer und sprachen von nichts anderem als dem Soldatenleben.

30. Mai 1861 : Eine Order ist von Gouverneur Sprague erlassen worden, die besagt, dass nach einer medizinischen Untersuchung eine Kompanie aus den besten Männern, die bei der 1. Leichten Infanteriekompanie, der nationalen Kadettenkompanie sowie den Providence City Guards eingeschrieben sind, gebildet werden soll. Im Laufe des Tages erschienen Major John S. Slocum vom ersten Regiment (er wird der Oberst des zweiten Regiments sein) und Feldarzt Francis L. Wheaton in der Rüstkammer und gaben bekannt, dass lediglich 25 Männer von der 1. leichten Infanterie akzeptiert würden. Major Slocum suchte nach jemandem, der als Sekretär fungieren könne, und ich wurde für diesen Zweck ausgewählt.
Der Oberst fragte mich, ob ich mit den Männern und ihrem allgemeinen Charakter vertraut sei und als ich antwortete, dass ich sie alle ziemlich gut kenne, sagte er: „Wir wollen nur gute Männer. Wenn also ein guter Mann zur Untersuchung hereinkommt, schaust du hoch. Wenn der Mann nicht in Ordnung ist, fährst du einfach mit deiner Schreibarbeit fort."
Der erste Mann der hereinkam war mein Freund Levi F. Carr. Ich schaute hoch. Dr. Wheaton hieß ihn seine Kleidung auszuziehen und da Levi ein großer, kräftiger junger Kerl war, unterzog er ihn einer gründlichen Untersuchung. Er bestand sie und begab sich in einen anderen Raum. Nun erhob ich mich und sagte, dass ich gehen wolle. Der Doktor sah mich an und sagte: „Junger Mann, du kannst nicht gehen. Du bist nicht geeignet,

ein Soldat zu sein." Ich flehte ihn an, mich gehen zu lassen und erzählte ihm von den Tagen, an denen ich geübt hatte und wie hart ich gearbeitet hatte. Der Oberst fragte schließlich nach meinem Alter, meinem Gesundheitszustand, ob mein Vater noch lebte und ob meine Mutter bereit war, mich gehen zu lassen. Ich beantwortete seine Fragen und er sagte: „Schreib deinen Namen hier hin, du kannst gehen." Der Doktor fragte, ob er mich untersuchen solle, aber der Oberst sagte sehr entschieden: „Nein!" Darauf sagte der Doktor: „Aber Herr Oberst, er wird binnen einer Woche im Lazarett landen und wir werden ihn heimschicken müssen!" „Nun" sagte der Oberst, „dann werden wir ihn eben heimschicken." Ich war glücklich.
Die Untersuchung ging weiter, bis ein Mann hereinkam, der sich eingeschrieben hatte und sich gegenüber den Jüngeren als Tyrann aufspielte. Er war ein großer, gutgebauter Kerl, aber ich schaute nicht hoch. Der Doktor sagte zu ihm: „Sie können nicht gehen. Sie sind nicht bei guter Gesundheit." Der Kerl sah sehr überrascht aus und fragte: „Was stimmt nicht mit mir?" Der Doktor hatte diese Frage offensichtlich nicht erwartet, aber er antwortete prompt: „Sie haben eine Herzerkrankung." (ich bezweifle, ob der Kerl überhaupt ein Herz hatte, denn er war ein harter Knochen.). Er stritt dies ab und bestand darauf, untersucht zu werden, aber der Doktor verneinte und er ging nach draußen. Ich erklärte die Sache und wir machten weiter. Sobald die 25 Männer ausgewählt waren, erhielt ich den Befehl, sie zum Zeughaus der Kadetten zu bringen und mich bei Hauptmann William H.P. Steere zu melden. Es war mein erstes Kommando und ich machte das Beste daraus. Ich ließ die Gruppe durch Dorrance, die Westminster Street hinab, durch die Exchange Street und den Exchange Place, über die Brücke, durch die Steeple Street zur North Main Street und hinauf zum Zeughaus der Kadetten in Arnold's Block marschieren. Hier formierte ich die Männer in Linie und während ich vor Hauptmann Steere salutierte, sagte ich: „25 Männer von der Infanterie für Ihre Kompanie, Sir." Der Hauptmann sagte: „Ich

will sie nicht haben" und wandte sich ab. Ich wusste nicht, was ich tun sollte und so blieb ich still stehen. Anscheinend hatte Hauptmann Steere seine Kompanie bereits gebildet und um Platz für uns zu schaffen war er gezwungen, 25 Männer hinauszuwerfen. Schließlich trat der Hauptmann an mich heran und fragte mich: „Was waren Sie in der Infanterie-Kompanie?" Ich antwortete: „Ich war Stabsfeldwebel, Sir." „Nun" sagte der Hauptmann, „hier sind Sie ein gemeiner Soldat. Nehmen Sie ihren Platz in der Linie ein." Da ich nicht viel über Feldwebel oder gemeine Soldaten wusste und es mich noch weniger kümmerte, war ich zufrieden. Levi Carr war Feldwebel in der Infanterie und der Hauptmann beließ ihn in diesem Rang. In der Nacht wollte ich nach Hause gehen, aber der Hauptmann sagte, ich sei nun ein Soldat und müsse im Zeughaus schlafen. Also schlief ich zusammen mit einem Haufen weiterer Burschen auf dem Boden und heulte die meiste Nacht hindurch, sehr zur Empörung des Hauptmanns. Da wir noch immer Zivilisten waren, beanspruchten wir das Recht, zu tun, was uns beliebte. Hier drillten wir einige Tage lang. Eines Abends kam der Hauptmann zu mir, ergriff meinen Arm, führte mich zur Linken der Kompanie und stellte mich an die Flanke, wobei er sagte: „Rhodes, Sie sind jetzt Achter Korporal." Nun dachte ich, der Hauptmann sei ganz in Ordnung, aber was ein Achter Korporal zu tun hatte, das wusste ich nicht. Und warum ich gerade der Achte sein sollte, verstand ich zu dieser Zeit nicht.

5. Juni 1861: Heute marschierte unsere Kompanie zu einem Gebäude auf der Ostseite der Eddy Street nahe Clifford Street und wurde von Oberst Loomis von der regulären Armee in den Dienst der Vereinigten Staaten gestellt. Die Szene war feierlich und der Eindruck, den sie in unseren Köpfen hinterlassen hat, wird lange anhalten. Wir marschierten zurück zum Zeughaus und am Abend wurde ich mit einer Uniform ausgestattet. Sie bestand aus einem blauen Flanellhemd, das man mit den Schößen außerhalb der Hose trägt, grauen Hosen, einer

Arbeits- oder Feldmütze und Schuhen. Die Sonne war bereits untergegangen, aber ich zog meine neue Ausrüstung sofort an und nach Erhalt der Erlaubnis lief ich die acht Kilometer nach Pawtuxet und kam dort gegen 21.00 Uhr an. Jetzt war ich das Objekt der Neugierde seitens meiner Schulfreunde. Meine Mutter vergoss viele Tränen, war aber noch immer willens, mich gehen zu lassen. Dies war mein letzter Besuch zuhause vor meinem Aufbruch in den Krieg.

6. Juni 1861 : Ich ging zurück nach Providence und nahm die Drillübungen im Zeughaus wieder auf. Nun war ich nicht mehr Herr über meine Bewegungen und wir wurden für den größten Teil des Tages im Zeughaus eingesperrt.

7. Juni 1861 : Unsere Kompanie wird als Kompanie "D" bezeichnet, und die folgenden Kompanieoffiziere wurden vom Gouverneur bestimmt:
Hauptmann William H.P. Steere
Oberleutnant Edward H. Sears
Unterleutnant William Ames
Heute formierte sich das Regiment zum ersten Mal und marschierte zum Exchange Place, wo Gottesdienste in Gedenken an Stephen A. Douglas abgehalten wurden.

8. Juni 1861 : Das Regiment formierte sich auf dem Exchange Place und marschierte zum Dexter Paradeplatz, wo ein Lager aufgeschlagen wurde, das „Camp Burnside" genannt wurde, zu Ehren des Obersts der 1. Rhode Island Milizabteilung. Sibley-Zelte wurden ausgegeben und bis zum Einbruch der Nacht waren die meisten Kompanien bereits unter Zeltplanen untergebracht, aber Kompanie "D" hatte aus irgendwelchen Gründen ihre Zelte nicht erhalten. Gegen Mittag marschierte das gesamte Regiment die Straße hinab zur Bahnhofshalle, um dort ihr Mittagessen einzunehmen, aber bis zur Abendessenszeit waren die Hütten bei der Dexter Street gegenüber dem Lager aufgebaut und wir nahmen unser Abendessen dort ein. Die Hütten, vier an der Zahl, waren aus unbearbeitetem Holz gebaut und waren 30 auf 8 Meter groß. Heute Nacht musste sich unsere Kompanie ihre Schlafquartiere suchen und unser Hauptmann führte uns zu einer Schreinerei, Ecke Cranston und Gilmore Street, wo wir auf den Bänken und dem Boden schliefen. Wir heulten auch nicht mehr die ganze Nacht hindurch, da wir der Meinung waren als regulär in den Dienst der Vereinigten Staaten eingeschriebene Soldaten stünde es uns jetzt nicht mehr zu, zu tun, was uns beliebte.

Sonntag, 9. Juni 1861 : Heute Morgen marschierte das Regiment zur Ersten Baptistenkirche an der North Main Street und lauschte einer Predigt von Dr. Caldwell.

Mittwoch, 12. Juni 1861 : Nach der Parade wurde dem Regiment von den Damen aus Providence ein Set Flaggen überreicht. Diese Zeremonie zog eine große Menge von Damen und Herren an und wurde mit großer Feierlichkeit vollzogen. Prominente Bürger hielten Reden und die Männer zeigten viel Enthusiasmus. Der ehrenwerte Jabez C. Knight, Bürgermeister von Providence, leitete die Zeremonie.
Während wir auf dem Dexter Paradeplatz lagerten, führte ich meine erste Diensthandlung aus. Hauptmann Steele befahl mir, mich zusammen mit zwei Soldaten, die mit Seitenwaffen bewaffnet waren, bei Oberst Slocum zu melden. Als ich die Einheit des Obersts erreichte, sagte er zu mir: „Korporal, nehmen Sie dieses Schreiben und richten Sie sich nach den gegebenen Anweisungen." Ich las das Schreiben und fand heraus, dass es ein Befehl war, zu einem Haus in der Richmond Street zu gehen, dort einen Deserteur zu verhaften und ihn zum Lager zu bringen, tot oder lebendig.
Der „tot oder lebendig"-Teil verursachte mir einiges Unbehagen, aber ich machte mich auf den Weg zusammen mit meiner

Wache, bestehend aus Thomas W.D. Markham und James M. Bronson, beide Soldaten in Kompanie "D".

Als wir das Haus erreichten, sagte mir eine junge Dame, dass der Mann, nach dem ich suchte, ihr Bruder sei und dass er im oberen Stockwerk krank im Bett läge. Ich bestand darauf, hinaufzugehen, und beim Betreten des Raumes fand ich einen jungen Mann ächzend im Bett liegen. Nach einem Gespräch, in dem er mir mitteilte, dass er sehr krank sei, hatte er meinen Argwohn erregt und mit einer plötzlichen Bewegung riss ich das Bettlaken fort und sah, dass er sich in Stiefeln und voller Bekleidung niedergelegt hatte. Ich ließ ihn aufstehen und wir gingen hinaus auf die Straße. Hier bat er mich, auf dem Bürgersteig zu warten, während er in eine Bierschenke gehen wollte, aber ich erinnerte ihn an meinen Befehl, den ich ihm bereits vorgelesen hatte, wobei ich den „tot oder lebendig"-Abschnitt betont hatte und so gingen wir weiter. Wir alle setzten uns auf den Stufen der Grace Church nieder und warteten auf einen Omnibus.

Er versuchte mich zu überzeugen, dass ich zuerst in den Omnibus einsteigen und ihn neben der Türe sitzen lassen solle, sodass die Leute ihn nicht für einen Gefangenen halten würden. Ich kehrte die Sache um, ließ ihn zuerst einsteigen und setzte mich auf einen Platz nahe der Tür. Als wir das Lager erreichten, übergab ich meinen Gefangenen der Wache. Dieses kleine Abenteuer sorgte für Gesprächsstoff beim Regiment und einige Männer sagten, sie hätten den Befehl, den Mann zu verhaften, nicht befolgt. Aber die meisten Männer sahen die Sache etwas soldatischer und erachteten es als richtig, Befehle zu befolgen.

16. Juni 1861 : Heute Morgen besuchte das Regiment den Gottesdienst in der Grace Church und Bischof Thomas M. Clark las die Predigt. Am Nachmittag versuchte ich, mir einen Passierschein zu besorgen, um nach Pawtuxet zu gehen, hatte aber keinen Erfolg. Der Hauptmann gab mir einen Passierschein, mit dem ich das Lager, nicht jedoch die Stadt verlassen konnte. Er befahl mir, meinen Gürtel und meine Patronentasche zu tragen, was ich nicht mochte, aber da ich es nicht wagte, einen Befehl zu missachten, behielt ich die Dinge an, während ich Abschiedsbesuche bei meinen Freunden machte. In der Nacht hatten wir eine Parade und das Lager war voll von den Freunden der Soldaten. Frederick Miller überreichte mir einen siebenschüssigen Smith & Wesson Revolver und ein Halfter, um ihn darin zu tragen. Alle Arten von nützlichen und dekorativen Dingen wurden uns von unseren Freunden überreicht. Ich hatte einen silbernen Löffel, ein Messer und eine Gabel sowie einen Tornister voll mit Sachen, die mir angeblich nützlich sein sollten.

Mittwoch, 19. Juni 1861 : Heute haben wir die Order erhalten, unsere Sachen zu packen und bereit zu sein, Rhode Island in Richtung Washington zu verlassen. Diese Arbeit ist neu für uns und das Abbauen der Zelte ging langsam vonstatten. Als es auf die Nacht zuging, legten wir unsere Tornister an und marschierten die High, die Westminster und die South Main Street hinab nach Fox Point, wo wir uns an Bord des Seitenraddampfers „State of Maine" begaben. Die Straßen waren mit Leuten verstopft und wir wurden ständig beobachtet. Mein Tornister war schwer; tatsächlich war er dermaßen schwer, dass ich unter dem Gewicht kaum vorwärtstaumeln konnte. An der Werft hatte sich eine riesige Menge versammelt und wir bestiegen unseren Dampfer mit gemischten Gefühlen von Freude und Sorge. Nach dem Verlassen der Werft stellte ich mich mit Anderen für meine Rationen an. Ein Mann stand neben einem Behälter oder Fass und als ich vorbeiging, warf er in meinen offen hingehaltenen Brotbeutel ein Stück gekochtes Corned Beef. Es stellte sich heraus, dass es vollständig aus Fett bestand und da ich Fett nicht mag, warf ich es über Bord und nahm ein Abendessen aus trockenem Brot ein. Der Oberst schickte uns früh zu Bett und so breitete ich meine Decke auf dem Boden des Schankraumes aus und legte mich zum Schlafen nieder. Es war nicht erlaubt Lärm zu veranstalten und bald war alles still.

Donnerstag, 20. Juni 1861 : Wir kamen heute Morgen in New York an und da ich New York erst einmal vorher besucht habe, genoss ich die Schifffahrt hin zur Stadt. Wir legten an einer Werft an und nach einer Pause von einigen Minuten dampften wir den Hafen hinab und gingen bei Elizabeth Port, New Jersey an Land. Hier fanden wir eine lange Reihe von Bahnwaggons vor und bald darauf hatten wir sie bestiegen und waren auf dem Weg nach Harrisburg, Pennsylvania. Den ganzen Tag lang krochen wir vorwärts oder warteten an Bahnhöfen auf andere Züge. Wir bewegten uns so langsam vorwärts, dass die Männer manchmal ausstiegen und nebenherliefen. Wir mussten im Zug schlafen und nachts dermaßen eingeengt zu sein war sehr ungemütlich. Als der Morgen dämmerte, gab die aufgehende Sonne den Blick frei auf eine Gruppe sehr erschöpfter Männer. Wir machten uns über den essbaren Inhalt unserer Brotbeutel her, aber es war nur noch wenig übrig.

21. Juni 1861 : Heute sind wir noch immer in den Waggons zwischen Harrisburg, Pennsylvania und Baltimore, Maryland unterwegs. Wir bewegen uns sehr langsam vorwärts und sind sehr interessiert an den Szenen, die sich vor den Fenstern abspielen. Die kleinen Städtchen und Siedlungen, die wir passieren, haben offenbar ihre gesamten Einwohner aufgeboten, die die Yankees anstarren, als seien wir wilde Tiere. Kurz vor Einbruch der Dunkelheit wurde Munition an die Kompanien "C" und "D" ausgegeben. Wir erhielten jeweils drei Schuss, die in unsere Munitionstaschen gesteckt wurden. Da dies die erste scharfe Munition war, die ich jemals gesehen habe, untersuchte ich meine mit großem Interesse. Einige Zündhütchen wurden ebenfalls an jeden von uns ausgegeben. Man gab uns die Order, unsere Musketen nicht zu laden, bis wir den Befehl dazu erhalten und nicht zu feuern, ehe es unser Hauptmann nicht sagt.

Unsere Musketen sind altmodische glattläufige Steinschlossflinten, die mit Perkussionsschlössern umgerüstet wurden und eine Patrone enthält eine Rundkugel sowie drei grobe Schrotkugeln. Wir erreichten Baltimore nach Einbruch der Dunkelheit und stiegen aus den Waggons aus, um durch die Stadt zum Washington-Bahnhof zu marschieren. Riesige Menschenmassen erwarteten uns am Bahnhof und die Straßen waren gesäumt von Leuten, die nach Jeff Davis schrien und uns rundheraus beleidigten. Aber wir sagten kein Wort und trotteten weiter. Gouverneur Sprague war bei uns und es wurden viele Fragen über ihn gestellt, aber wir erinnerten uns an unsere Befehle, mit niemandem zu sprechen und so nahmen wir keine Notiz von den Leuten und ihrem Gerede. Der Marsch brachte mich beinahe um, denn mein Tornister war so schwer, dass ich mich kaum bewegen konnte, aber die Angst vor den Leuten hinderte mich daran, aus der Reihe zu fallen und schließlich erreichten wir den Washington-Bahnhof. Hier bestiegen wir die Waggons und der Rest der Nacht wurde auf der Strecke zum nur 65 Kilometer entfernten Washington verbracht.

Samstag, 22. Juni 1861 : Hurra, wir sind in Washington; welch eine Stadt! Schlamm, Schweine, Gänse, Neger, Paläste und Baracken überall. Wir marschierten zu einem Platz namens Gales Woods, wo wir lagern werden und wir stellten unsere Waffen in Camp Sprague, dem Lager der 1. Rhode Island Milizabteilung, zusammen. Hier wurden wir von unseren Kameraden aus Rhode Island herzlich begrüßt und erhielten Frühstück. Ich nahm mein Frühstück im „Tigers' Retreat" ein, diesen Namen haben die Unterkünfte von Kompanie "A", auch die „Staatlichen Kadetten" des Ersten Regiments genannt, erhalten. Nach dem Frühstück begaben wir uns in den Wald und schlugen unsere Zelte auf. Unser Lager ist „Camp Clark" getauft worden, zu Ehren von Ordinarius Thomas M. Clark aus Rhode Island. Von nun an stehen uns wohl das richtige Soldatenleben und die entsprechende Arbeit bevor.

Sonntag, 23. Juni 1861 : Unser erster Sonntag fern von unserem Zuhause, und es war ein wunderlicher Tag für mich. Um 11.00 Uhr schloss sich unser Regiment mit dem Ersten Regiment zum Gottesdienst zusammen. Die Szene wirkte feierlich und beeindruckend auf mich. Unser Geistlicher, Pfarrer Thorndike C. Jameson, las eine schöne Predigt.
Das Lager ist den ganzen Tag über voll von Besuchern und es geht lebhaft zu. Es ist nicht wie ein Sonntag in Rhode Island, aber trotzdem haben wir versucht, den Tag heilig zu halten und uns der Tatsache zu entsinnen, dass Gott noch immer unser Herr ist.

Montag, 24. Juni 1861 : Heute putzten wir uns heraus und marschierten nach Washington, wo wir vom Präsidenten besichtigt wurden. Als wir das Weiße Haus passierten, sah ich zum ersten Mal Abraham Lincoln. Er sieht aus wie ein guter, ehrlicher Mann und ich vertraue darauf, dass er mit Gottes Hilfe unser Land sicher aus der Gefahr führen kann. Das Stadtbild gefiel mir nicht sonderlich, aber ich war überwältigt von der Größe der öffentlichen Gebäude. Das Kapitol, obgleich unvollendet, ist ein herrliches Bauwerk und jeder Amerikaner sollte stolz auf es sein. Nach der Besichtigung kehrten wir zu unserem Lager zurück.

Donnerstag, 28. Juni 1861 : Die letzten Tage waren wir damit beschäftigt, Camp Clark in Ordnung zu bringen und jetzt werden wir uns der Arbeit und den Drillübungen widmen. Heute hatten wir mit dem Ersten Regiment eine Parade auf dessen Paradeplatz. Es war ein schöner Anblick, zwei große Regimenter in einer Reihe antreten zu sehen. Die Parade endete mit einem Gebet und dem Singen einer Doxologie durch die Männer.

Sonntag, 31. Juni 1861 : Heute haben wir Regen, also wurden die Gottesdienste abgesagt. Wir haben unsere Zeit damit verbracht, Briefe an unsere Freunde zu schreiben und zu lesen. Unsere Sibley-Zelte sind sehr bequem und wir fühlen uns recht heimisch. Für unsere Mahlzeiten marschieren wir hinauf zum Lager des 1. Rhode Island, wo das Essen gekocht wird. Wir haben ausgezeichnetes Essen und es ist überhaupt nicht so, wie ich es erwartet habe. Ich schätze, wenn wir im Felde sind, wird sich unser Essen ändern. Serviettenklöße, Honigkuchen und Milch sowie andere gute Dinge sind täglich verfügbar.

Camp Clark, 4. Juli 1861 : Unser erster Unabhängigkeitstag in der Armee und wir haben eine große Feier veranstaltet. Pfarrer Augustus Woodbury, der Geistliche der 1. Rhode Island Milizabteilung, verlas um 09.00 Uhr die Unabhängigkeitserklärung vor dem 1. und dem 2. Rhode Island Regiment. Der Geistliche Jameson von den 2. Rhode Island Freiwilligen las ein Gebet und Pfarrer Quinn, Hilfsgeistlicher beim 1. Rhode Island, hielt eine schöne Rede. Es folgte Hauptmann Cyrus G. Dyer von Kompanie "A" der 2. Rhode Island Freiwilligen mit einem ausgezeichneten Gedicht.

Um 12.00 Uhr mittags wurde von der leichten Geschützbatterie ein nationaler Salut abgefeuert und wir wurden zu einem feinen Mahl eingeladen. Professor Benoni Sweet, ein Mitglied von Kompanie "H", bot eine Seiltanzvorstellung auf einem straff gespannten Seil. Unser Lager ist den ganzen Tag lang voll mit Leuten. Tatsächlich sind wir es gewohnt, bei unserer Parade viele bedeutende Männer zu sehen.

In der vorgestrigen Nacht (2. Juli) waren der ehrenwerte Salmon P. Chase, der Finanzminister, Oberst John C. Fremont, der große Entdecker, der ehrenwerte James F. Smith aus Rhode Island und Andere anwesend.

9. Juli 1861 : Wir hatten heute einen traurigen Unfall. Während einer Drillübung explodierte ein Munitionswagen, der zu unserer Batterie gehörte, tötete zwei Männer und verwundete drei weitere. Dieses traurige Ereignis hat einen Schatten über unser Lager geworfen und es gibt uns einen ersten Eindruck von der schrecklichen Wirkung von Schießpulver. Gouverneur Sprague hat sein Quartier bei unserem Regiment aufgeschlagen.

Camp Clark, 11. Juli 1861 : Heute statteten Präsident Lincoln und Gattin unserem Lager einen Besuch ab und sie wurden von den Truppen großartig empfangen. Am Nachmittag hielten beide Regimenter eine Parade ab, nach der wir zur Besichtigung vor dem Präsidenten vorbeimarschierten. Wir hörten Gerüchte über eine Bewegung der Armee, aber wir wissen nicht viel darüber. Ich bin mit Wachdienst an der Reihe und ich kann nicht gerade behaupten, dass ich es mag, nächtens herumzusitzen. Da ich Korporal bin, muss ich nicht Wache stehen oder Patrouille laufen, aber als Korporal habe ich das Kommando über eine der Ablösungen, die in unserem Lager 16 Männer zählt und ich muss sie aufstellen, wie es verlangt wird und sie zu ihren Patrouillen bringen.
Alle paar Minuten ruft irgendeine Wache den Korporal der Wache zu Posten Nr. 1, 2 oder 16 oder wohin auch immer und dann muss ich meine Waffe schnappen und zu dem Posten rennen, um zu sehen, was los ist. Während wir die Postenlinie entlanglaufen, müssen andere Korporale stehen bleiben und das Passwort geben, was Verzögerungen verursacht. Natürlich ist kein Feind in der Nähe, aber wir müssen unsere Pflicht genauso tun, als wenn die Rebellen in Washington wären. Ich beklage mich nicht darüber, denn ich möchte alle Pflichten eines Soldaten kennenlernen.

16. Juli 1861 : Wir haben den Befehl uns marschbereit zu halten, aber wohin es gehen soll, vermag niemand zu sagen. Es werden Rationen gekocht und wir erwarten, sehr bald loszumarschieren. Es beginnt nach Krieg auszusehen und wir werden wahrscheinlich die Gelegenheit haben, unseren Brüdern aus dem Süden sehr bald einen Besuch auf dem heiligen

Boden von Virginia abzustatten. Nun, ich hoffe, wir werden erfolgreich sein und die Rebellen ordentlich dreschen.

Camp Clark, 16. Juli 1861 : Hurra! Wir haben alle unsere Sachen gepackt und sind marschbereit. Unsere Brotbeutel sind gefüllt mit gesalzenem Schweinefleisch und Hartkeksen und unsere Feldflaschen mit Wasser. Heute Morgen ließ mein Hauptmann (Steere) nach mir schicken und sagte: „Korporal 64" (Das ist meine Kompanienummer, und der Hauptmann benutzt sie, um die Männer anzusprechen) „Sie sind dazu eingeteilt, mit einer Wache im Lager zu bleiben, um die Zelte und die Besitztümer der Kompanie zu bewachen, während das Regiment abwesend ist." Ich widersprach seiner Absicht und versicherte ihm schließlich, wenn er mich im Lager zurückließe, würde ich weglaufen und mich bei Einbruch der Dunkelheit dem Regiment auf der Straße anschließen. Er versuchte, mich zu überzeugen, dass ich zu zierlich gebaut sei, um zu marschieren, aber ich bestand darauf, dass ich mitgehen würde, Befehle hin oder her und er sagte mir schließlich, ich solle zu meinem Zelt gehen und meine Sachen packen und er würde einen anderen Korporal einteilen, im Lager zu bleiben. Ich packte alle Sachen von denen ich dachte, sie seien wichtig und ließ alle weiteren angesammelten Schätze in der Kompanietruhe. Unsere großen Filzhüte mit der blauen Kordel und dem Messingadler wurden in den Zelten des Stabsfeldwebels gelassen.
Kurz vor dem Aufbruch des Regiments sagte mir Hauptmann Steere, ich solle mich eiligst mit zwei Soldaten bei Oberst Slocum melden. Wir rannten hinauf zum Hauptquartier und der Oberst zeigte auf einen Zivilisten knapp außerhalb des Lagers und befahl mir, ihn zu verhaften. Der Mann rannte los und wir jagten ihm mindestens anderthalb Kilometer weit auf der New York Avenue in Richtung Stadt hinterher. Er rannte eine Treppe an der Außenseite eines Hauses hinauf und betrat das zweite Stockwerk. Wir folgten ihm, aber nachdem wir das Haus gründlich durchsucht hatten, mussten wir ohne einen Gefange-

nen zum Lager zurückkehren. Dieser Mann hat anscheinend ein kleines Mädchen angegriffen, welches im Lager Kuchen verkaufte und er ergriff die Flucht, als der Oberst ihn ansprach. Nach meiner Rückkehr nahm ich meinen Platz in der Reihe ein und wir begaben uns hinaus auf die Straße. Hier trafen wir die 2. New Hampshire Freiwilligen und die 71. New York Miliz, die zusammen mit den 1. und 2. Rhode Island Regimentern eine Brigade unter dem Kommando von Oberst Ambrose E. Burnside vom 1. Rhode Island bilden sollen. Ein Offizier der regulären Armee hat sich unserem Regiment angeschlossen. Er kommt aus Rhode Island und ist der Sohn unseres Feldarztes Francis L. Wheaton. Sein Name lautet Frank Wheaton und soweit wir wissen, soll er unser Oberstleutnant werden. Er ist ein gutaussehender Kerl und sieht so aus, als könne er kämpfen.

Wir marschierten durch Washington und Menschenmengen betrachteten uns von den Bürgersteigen und den Häusern aus und schließlich erreichten wir die Long Bridge und setzten nach Virginia über. Dies ist mein erster Besuch des „Old Dominion" und alles hier weckt mein Interesse.

Am Kopf der Brücke auf der Virginia-Seite liegt ein großes Fort namens Fort Runyon. Wir sahen mehrere Forts auf den Hügeln und überall Soldaten. Es war fast dunkel, als wir die Brücke überquerten, also war unser Marsch kurz.

Wir lagern an einem kleinen Ort namens Annandale und unser Regiment hat seine Waffen auf einer großen Wiese zusammengestellt. Hier standen zahlreiche Lattenzäune und wir hatten bald mehrere Feuer brennen und kochten Kaffee in unseren Tassen. Das Neue an dieser Szene interessierte mich sehr und ich genoss es, am Abend beim Feuer zu sitzen und darüber zu spekulieren, was wohl am Morgen geschehen möge. Da wir keine Zelte bei uns tragen, lagen wir auf unseren auf dem Boden ausgebreiteten Gummidecken und schliefen tief und fest.

17. Juli 1861 : Als ich heute Morgen erwachte, fühlte ich mich ein wenig steif und meine Kleidung war nass vom Tau. Aber die heiße Sonne trocknete bald unsere Decken und nach einem Frühstück aus dem Inhalt unserer Brotbeutel begaben wir uns wieder auf die Straße und setzten unseren Marsch fort. Kompanie "D" unter Hauptmann Steere wurde als Flankenschutz für die Brigade eingeteilt und während die Truppen auf der Straße marschierten, gingen wir durch die Felder zur Rechten der Kolonne. Es war ein großartiger Anblick: die lange Linie der Soldaten mit ihren glänzenden Gewehrläufen und ab und zu bewegte sich eine Geschützbatterie zwischen zwei Regimentern. Unsere Kompanie marschierte in einer Reihe an der Flanke, mit Zwischenräumen von mehreren Schritten zwischen den Männern. Wir versuchten, in Sichtweite der Straße zu bleiben, aber das gelang uns nicht immer, da wir öfters durch dichtes Gehölz mussten. Auf dem Weg fanden wir einen alten Bahndamm und noch nie habe ich irgendwo üppiger wachsende Brombeeren gesehen. Wir hielten an, aßen so viele wir wollten und marschierten dann weiter. Gegen Mittag verließ ich mit zwei weiteren Männern die Linie und begab mich auf einen Hügel, wo wir links hinter uns einen Kirchturm und mehrere Häuser sahen. Ich dachte, es sei Fairfax Court House und rief Hauptmann Steere, der die Landschaft mit seinem Fernglas begutachtete. Der Hauptmann ließ die Kompanie antreten und ein Karree bilden. Auf diese Weise marschierten wir den Hügel hinab auf das Städtchen zu und betraten es durch eine Seitenstraße. Als wir die Hauptstraße erreichten, sahen wir eine Anzahl von Tornistern, welche die Rebellen weggeworfen hatten und unsere Jungs wollten anhalten und sie untersuchen, aber der Hauptmann ließ die Kompanie weitermarschieren und wir waren bald auf der Hauptstraße und im Zentrum des Dorfes. Wir warteten einige Minuten, bevor wir die Spitze der Hauptkolonne die Straße hinaufkommen sahen. Eine Rebellenflagge wehte über dem Gerichtsgebäude, aber keiner von unseren Jungs dachte daran, sie vor der Ankunft des

Regiments herunterzuholen. Die Flagge wurde schließlich eingeholt von Andrew McMahon von Kompanie "A" der 2. Rhode Island Freiwilligen. Hier schlossen wir uns wieder unserem Regiment an und Kompanie "D" schlug ihr Lager im Hof des Anwesens auf, das vorher vom Rebellengeneral Beauregard bewohnt worden war.

Ich fand einen Verpflegungsbericht, in dem die Anzahl der Männer und der Zeitpunkt, wann gestern die Verpflegung ausgegeben wurde, verzeichnet waren. Ich gab ihn Hauptmann Nelson Viall und er schickte ihn an General Hunter. Einige der Männer versuchten, sich Zugang zu den Häusern zu verschaffen, aber die Offiziere setzten dem bald ein Ende, jedoch nicht, bevor bereits ein Klavier demoliert und in den Hof geschleppt worden war. Soldat Thomas Parker aus unserer Kompanie "D", ein alter englischer Soldat, der an der Krim gedient hat, kam die Straße herab mit einer großen Bibel unter einem Arm und einem Bild von General Washington unter dem anderen. Hauptmann Viall sah ihn und schickte ihn zurück zu dem Haus, um die Dinge zurückzubringen. Das Einzige, was ich mir nahm, war ein alter Hahn und ich hatte meine liebe Not, ihn zu fangen. Ich jagte ihn im Hof herum, bis er unter eine Kornkrippe rannte. Leander Shaw, ein Soldat aus unserer Kompanie, kroch auf Händen und Knien unter die Krippe und zog ihn heraus. Wir töteten ihn und rupften ihm hastig die Federn aus. Nachts steckte ich ihn in einen Kessel und war einverstanden, auf ihn aufzupassen, während er kochte. Da ich kein Salz hatte, konnte ich nur Hartkekse zu dem Mahl beisteuern und irgendwann spät in der Nacht weckte ich meinen Kumpel Fred. A. Arnold und einige anderen und wir versuchten, den Hahn zu essen. Aber er war zäh und wir mussten aufgeben. Ich legte mich bei einem Zaun zum Schlafen nieder, in der Gewissheit, dass ich sehr wenig vom Kochen von Hähnen verstand.

20. Juli 1861 : Heute verließen wir Fairfax Court House und schlugen einige Kilometer weiter, nahe Centreville, unser Lager auf. Hier errichteten wir uns Schutzdächer aus Kiefern- und Zedernzweigen und nannten das Lager „Bush Camp". Hier haben wir unseren ersten feindlichen Schuss gehört und wir fragen uns, was wohl noch kommen wird.

21. Juli 1861 : Heute Morgen gegen 02.00 Uhr verließen wir „Bush Camp", marschierten den Hügel hinab, durch Centreville und sahen, dass der Wald vollgestopft war mit Wagen und Truppen, die nicht rechtzeitig aufgebrochen waren. Das 2. Rhode Island verließ bald die Hauptstraße und bog nach rechts auf einen Waldpfad ab, der durch viele Hindernisse versperrt war. Da wir die Brigade anführten, fiel uns die Aufgabe zu, den Weg freizuräumen und es war harte Arbeit. Gegen 09.00 Uhr am Vormittag erreichten wir Sudley Church und ein weit entferntes Geschütz erschreckte uns, aber wir begriffen nicht, dass unsere erste Schlacht so unmittelbar bevorstand. Wir nahmen eine Seitenstraße, die an einem Wäldchen vorbeiführte und legten eine gewisse Strecke zurück, wobei die Männer sich die Zeit mit Gelächter und Scherzen vertrieben und gelegentlich zum Beerenpflücken anhielten.

Als wir eine Lichtung erreichten und durch einen Balkenzaun von unserer linken Flanke getrennt waren, wurden wir mit einer Musketensalve begrüßt, die jedoch so hoch abgefeuert war, dass alle Kugeln über unsere Köpfe flogen. Ich erinnere mich, dass meine erste Empfindung Erstaunen über das eigenartige Pfeifen der Kugeln war und dass das Regiment sich sofort zu Boden warf, ohne auf Befehle zu warten.

Oberst Slocum gab das Kommando: „Nach links in Gefechtslinie - MARSCH!" und wir begannen mit der Überquerung des Feldes. Einer unserer Jungs namens Webb stürzte vom Zaun und zerbrach sein Bajonett. Das sorgte für einige Belustigung, denn selbst jetzt waren wir uns nicht bewusst, dass wir unmittelbar davor waren, an der Schlacht teilzunehmen.

Als wir den Zaun überstiegen, flohen die Rebellen einen Abhang hinunter zum Wald, nachdem sie wenige, vereinzelte Schüsse abgefeuert hatten. Wir rückten nach zum Kamm des Hügels und eröffneten das Feuer. Unsere Batterie wurde zu unserer Rechten in Stellung gebracht und antwortete der Rebellenartillerie, welche ihre Granaten in unsere Linie schoss. An das, was jetzt folgte, habe ich nur noch eine sehr vage Erinnerung. Ich erinnere mich, dass meine glattläufige Muskete dermaßen verschmutzt wurde, dass ich gezwungen war, den Ladestock gegen einen Zaun zu schlagen, um die Kugel in den Lauf zu rammen und ich tauschte die Muskete bald gegen eine andere. Vor unserer Linie befand sich ein Heuhaufen und einige der Jungs suchten hinter ihm Schutz. Der Einschlag einer feindlichen Granate bedeckte die Männer mit Heu und sie erhoben sich und nahmen wieder ihre Plätze in der Linie ein. Um diese Zeit nahm Soldat Thomas Parker aus Kompanie "D" einen Gefangenen, einen Soldaten des „Louisiana Tiger" Regiments, und als er ihn nach hinten brachte, wurde er von Oberst Slocum angesprochen.

Oberst Slocum hatte einen Balkenzaun vor unserer Front überquert und war näher an den Kamm des Hügels herangerückt als der Rest des Regiments. Als er zurückkehrte und gerade dabei war, über den Zaun zu klettern, fiel er neben dem Regiment auf die Seite. Da ich zu diesem Zeitpunkt der am nächsten zu ihm stehende Mann war, richtete ich ihn auf, war aber nicht in der Lage, ihn von der Erde hochzuheben. Als ich nach Hilfe rief, ließ Soldat Parker seine Waffe fallen und kam zu meiner Unterstützung. Zusammen trugen wir ihn zu einem kleinen Haus zur Linken der Linie, legten ihn auf den Boden und riefen nach Oberst Burnside, Feldarzt Francis L. Wheaton und den Geistlichen Thorndike Jameson, welche innerhalb weniger Augenblicke kamen, da eine Feuerpause im Gefecht eingetreten war. Der Geistliche Augustus Woodbury und der Assistenzarzt James Harris von der 1. Rhode Island Milizabteilung waren bereits zugegen.

Mit dem Schwamm aus meiner Mütze wusch ich das Blut von seinem Kopf und sah, dass die Kugel eine Furche von hinten nach vorne durch seine Schädeldecke gezogen hatte, aber nicht stecken geblieben war. Sein Fußknöchel war ebenfalls getroffen und wies zwei Verwundungen auf. Obwohl er nicht in der Lage war zu sprechen, schien er doch bei Bewusstsein und auf meine Bitte hin nahm er seine Hand von seinem verwundeten Kopf. Wir entschieden uns, ihn zu einem Ambulanzwagen zu bringen und ich hob mit dem Schraubenzieher meiner Waffe die Tür aus den Angeln und half dabei, ihn auf dieser Tür zum Ambulanzwagen zu tragen.

Das 2. Regiment kämpfte etwa 30 Minuten lang ohne Unterstützung, bis der Rest der Brigade nach vorne gebracht wurde und die Schlacht in voller Stärke losging. Das 8. Georgia Regiment stand direkt vor uns und ihm wurde die Wohltat unseres Feuers zuteil. Kugeln und Granaten schlugen ständig in oder nahe unserer Linie ein und die Truppen gerieten in beträchtliche Unordnung. Da ich meine eigene Kompanie aus den Augen verloren hatte, schloss ich mich Kompanie "F" unter dem Kommando von Leutnant William B. Sears an und blieb bei ihr, bis die Schlacht endete und wir uns zurückzogen, um unsere Munition aufzufrischen.

Gegen 15.00 Uhr nachmittags verschwand der Feind vor uns und das Feuer ebbte ab. Wir dachten, wir hätten einen Sieg errungen. Die Verwundeten wurden versorgt und dann erreichte uns der Befehl, uns zu einem Wäldchen hinter uns zurückzuziehen und unsere Patronenkästen wieder aufzufüllen.

Im Wald fanden wir das 1. Rhode Island mit zusammengestellten Musketen und einige der Männer kochten Essen. Ich traf Freunde im 1. Regiment und gratulierte ihnen zu unserem Sieg, da ich vom letztlichen Ausgang der Kämpfe des Tages noch nichts ahnte. Das Feuer, welches sich allmählich wieder gesteigert hatte, schien jetzt näher zu sein und bald kündete eine Granate, die im Wald landete, davon, dass der Feind den Kampf wieder aufgenommen hatte.

Ich vermag die Ursachen der folgenden Geschehnisse nicht zu erklären. Die Wälder und Straßen waren bald überfüllt mit fliehenden Männern und unsere Brigade wurde nach vorne beordert, um den Rückzug zu decken, welcher nun eindeutig nicht mehr zu stoppen war. Oberstleutnant Frank Wheaton, der nach dem Ausfall von Oberst Slocum das Kommando übernommen hatte, stellte das Regiment hinter einem Zaun zur Linken unserer ersten Position auf. Das Feld war bald frei von Truppen, mit Ausnahme unserer Brigade, von der alle außer dem 2. Rhode Island weiter hinten hinter dem Kamm des Hügels positioniert waren. Die Rebellen kamen in hervorragender Ordnung heran und schoben zwei leichte Feldgeschütze nach vorne. Wir empfingen ihr Feuer und hielten sie solange in Schach, bis die Brigade ihren Marsch begonnen hatte, dann folgten wir und verließen als Letzte das Feld. Die Rebellen folgten uns für eine kurze Strecke und beschossen unsere Nachhut mit Granaten, aber schließpich konnten wir unseren Marsch ungestört fortsetzen, bis wir die Gegend der Brücke über den Bach Cub Run erreichten. Hier eröffnete eine Rebellenbatterie vom Rande des Waldes aus das Feuer auf uns und die wilde Flucht begann. Die Brücke war bald unpassierbar, da die Wagen sie versperrten und hier verloren wir fünf der Geschütze, die zu unserer Batterie gehören. Viele Männer wurden hier getötet und verwundet und Panik schien sich jedes Mannes zu bemächtigen.

Da die Organisation unseres Regiments jetzt auseinandergebrochen war, suchte ich nach einer Stelle zum Überqueren des Baches, weil ich nicht wagte, es über die Brücke zu versuchen. Ich sprang in den Wasserlauf, hielt meine Waffe über meinen Kopf und mühte mich auf die andere Seite, wobei mir das Wasser bis zur Hüfte stand. Nach der Überquerung sammelte sich das Regiment allmählich wieder und wir setzten unseren Marsch nach Centreville fort, wo wir Oberst Blenkers Truppen quer über die Straße aufgestellt sahen, um den Rückzug zu decken. Wir passierten ihre Reihen und betraten unser altes

Lager „Bush Camp" in dem Glauben, der Rückzug sei jetzt zu Ende.

Erschöpft, hungrig und durchnässt legten wir uns nieder, nur um gegen 23.00 Uhr nachts geweckt zu werden, um unseren Marsch nach Washington inmitten eines Regengusses fortzusetzen. Das Regiment verließ das Lager, marschierte in guter Ordnung nach Fairfax Court House und ruhte sich in den Straßen aus. Gruppen von Soldaten eilten vorbei und die Straßen waren mit Wagen verstopft. Nach einer Rast von wenigen Minuten machten wir uns wieder auf den Weg und in der Dunkelheit, dem Regen und dem Gewimmel brach die Organisation bald ziemlich auseinander.

Den Horror dieser Nacht kann ich nicht beschreiben. Ich litt unsägliche Qualen durch Durst und Erschöpfung, aber mit meinem Munitionskästchen und meine Muskete umklammernd schleppte ich mich weiter. Viele Male setzte ich mich in den Schlamm, entschlossen, keinen Schritt weiter zu gehen und bereit zu sterben, um mein Elend zu beenden. Aber bald kam ein Freund des Weges, drängte mich zu einer weiteren Anstrengung, und ich schleppte mich einen weiteren Kilometer vorwärts. Bei Anbruch des Tages konnten wir die Dächer von Washington sehen und welch willkommener Anblick waren sie! Gegen 08.00 Uhr erreichte ich Fort Runyon nahe der Long Bridge, gab meine Muskete einem Offizier, der die Waffen einsammelte, betrat ein Zelt und war bald eingeschlafen. Gegen Mittag erwachte ich und versuchte, zusammen mit meiner Kompanie die Long Bridge zu überqueren, fiel jedoch entkräftet zu Boden, bevor wir die Washingtonseite erreichten. Meine Offiziere setzten mich freundlicherweise in einen Armeewagen und ich wurde ins Lager gebracht, wo ich mich nach etwas Ruhe und ärztlicher Zuwendung rasch erholte und meinen Dienst wieder aufnahm.

Die Verluste des Regiments in dieser katastrophalen Angelegenheit betrugen 93 Tote, Verwundete und Vermisste. Unter dieser Zahl waren vier tote Offiziere, namentlich Oberst John

S. Slocum, Major Sullivan Ballou, Hauptmann Levi Tower und Hauptmann S. James Smith. 26 Soldaten wurden getötet oder tödlich verwundet. Meine Kompanie "D" verlor vier Tote, drei Verwundete, von denen einer gestorben ist, und einen Vermissten.

Nach seiner Rückkehr von der Schlacht von Bull Run bezog das 2. Rhode Island Regiment das alte Lager bei Gales Wood und wurde reorganisiert. Oberstleutnant Frank Wheaton wurde Oberst, Hauptmann William H.P. Steere aus Kompanie "D" wurde Oberstleutnant, und Hauptmann Nelson Viall aus Kompanie "C" wurde Major.

25. Juli 1861 : Die 1. Rhode Island Milizabteilung verließ uns heute Nacht in Richtung Heimat, ihre Dienstzeit ist abgelaufen. Wir fühlten uns einsam als wir sie zum Depot abmarschieren sahen, während wir hier bleiben und weiterkämpfen müssen. Sie tauschten ihre Springfield-Gewehre gegen unsere Glattläufe bevor sie gingen. Soweit ich weiß, sollen wir die Baracken von Camp Sprague beziehen.

27. Juli 1861 : Wir sind jetzt in den Baracken bei Camp Sprague, aber das Gerücht geht um, dass wir bald in ein neues Lager einrücken sollen.

30. Juli 1861 : Nichts, außer Drill und Wachdienst. Selbst die Schlacht von neulich ist bereits ein alter Hut. Einige unserer Männer wurden durch die Aufregung tatsächlich verrückt. Ich habe meine Kräfte wiedererlangt und denke, dass ich ohne große Probleme an einem weiteren Feldzug teilnehmen kann.

06. August 1861 : Alle Kranken unseres Regiments wurden heute unter der Leitung des Sanitätsoffiziers Francis L. Wheaton fortgebracht. Heute sammelten wir unsere Habseligkeiten zusammen und machten uns auf den Weg nach einem kleinen Ort namens Brightwood in etwa sechs Kilometern Entfernung.

Wir marschierten durch die 7th St. Road und nachdem wir das Hotel von Brightwood passiert hatten, schwenkten wir auf einen Feldweg und schlugen unser Lager auf dem Farmgelände eines gewissen Herrn Ray auf.
Der Tag war furchtbar heiß und wir litten sehr unter unseren vollgepackten Tornistern. Hier werden wir ein dauerhaftes Lager errichten und wir werden mit anderen Regimentern zu einer Brigade zusammengelegt.

11. August 1861 : Unser Lager mit dem Namen „Camp Brightwood" liegt in Maryland, knapp außerhalb der Grenze des District of Columbia und es befindet sich an einer Straße, die in der einen Richtung nach Rockville und in der anderen Richtung nach Bladensburg führt. Heute empfingen wir eine ordentliche Anzahl Rekruten für unser Regiment. Ich hatte Postendienst bei der Straße, als sie ankamen.

30. August 1861 : Den Monat verbrachten wir mit harter Arbeit. Wir haben ein großes Fort errichtet und es nach unserem ersten Oberst „Fort Slocum" benannt. Die Stadt Washington ist nun von einem Befestigungsgürtel umgeben und wir denken, dass sie sicher vor Angriffen ist. Wir haben viele ermüdende Stunden lang gegraben, aber wir spüren, dass unsere Arbeit noch von Nutzen sein wird. General Darius N. Couch führt das Kommando über unsere Brigade, die aus den 2. Rhode Island Freiwilligen, den 7. und 10. Massachusetts Freiwilligen sowie den 36. New York Freiwilligen besteht. Das Lagerleben ist eintönig, aber ich vermute, es ist fester Bestandteil der Pflichten eines Soldaten und vor unserer Heimkehr wird es wohl noch lebhaft genug hergehen. Nun, es ist alles für die Union.

1. September 1861 : Heute wurde der Sold ausbezahlt.

Sonntag, 29. September 1861 : Heute Morgen wurden Gottesdienste abgehalten und heute Nachmittag trafen wir Vorbereitungen zum Aufbruch, allerdings kamen die entsprechenden Befehle nicht und so verbleiben wir im Lager. Ein wundervoller Tag, klar und sonnig. Habe von zuhause ein Päckchen voll mit guten Dingen erhalten, die sich jedoch nicht lange hielten.

30. September 1861 : Das Regiment hat wieder seine Sachen gepackt und sich marschbereit gemacht. Lauben wurden niedergerissen, Bettzeug ausgeleert und das Stroh verbrannt und nachts formierten wir uns marschbereit in Linie. Nachdem wir eine Stunde in Linie gestanden hatten, kam der Befehl, die Männer wegtreten zu lassen.

1. Oktober 1861 : Warten noch immer auf den Abmarsch. Das Gerücht geht um, die Rebellen seien auf die Forts nahe der Chain Bridge vorgerückt, hätten sich aber ohne anzugreifen wieder zurückgezogen. Kompanie "D" trat letzte Nacht ihren Postendienst an. Da ich einer der Korporale der Fahnenwache bin, ging ich nicht mit ihnen, aber am Nachmittag des Ersten brachte ich ihnen die Post hinaus.

7. Oktober 1861 : Wir haben einen schweren Sturm mit Regen, Donner und Blitzen. Kompanie "D" tut Dienst als Lagerwachen. Das Regiment wurde durch einen von General McClellans Stabsoffizieren inspiziert. Die Arbeit an Fort Slocum geht weiter. Beim Graben wurde eine Eisenerzader entdeckt. Einige der Forts halten Zielübungen mit ihren schweren Geschützen ab. Die Zelte leckten und wir wurden nass.

10. Oktober 1861 : Wir haben gerade von der Ankunft der 4. Rhode Island Freiwilligen in Washington gehört. Die Kastanien werden reif und jeden Tag haben wir welche im Lager. Die Kakis werden auch langsam essbar und wir sammeln sie, wenn wir welche finden.

11. Oktober 1861 : Heute Morgen beschaffte ich mir einen Passierschein und besuchte das Lager der 4. Rhode Island Freiwilligen. Ich begab mich nach Camp Sprague, wo ich Batterie "E" der leichten Artillerie von Rhode Island antraf und nach Frank Butts schicken ließ, der dort als Korporal dient. Dann ging ich zum Lager des 4. Rhode Island und nachdem ich der Wache meinen Passierschein gezeigt hatte, wurde ich zum Feldwebel der Wache, dann zum Offizier der Wache und schließlich zum Offizier vom Dienst geschickt, der mich schließlich passieren ließ. Dieses Regiment trägt hübsche Uniformen, die Offiziere goldene Epauletten und die Feldwebel wollene. Es war ein ziemliches Spektakel für mich, da unser Regiment nie versucht hat, sich sonderlich fein zu kleiden.
Gouverneur Sprague war im Lager zugegen und die Kapelle spielte bei der Parade. Ich sah mehrere von meinen Freunden aus Pawtuxet.

Sonntag, 12. Oktober 1861 : Die Männer in Messe Nr. 5:
Korporal Elisha H. Rhodes
Korporal William C. Webb
Soldat George F. Phillips
Soldat Thomas W.D. Markham
Soldat Noah A. Peck
Soldat Cyrus W. Johnson
Soldat Sidney M. Turner
Soldat Hollis H. Martin
Soldat John C. Tiffany
Soldat William A. Turner
Soldat William E. Reynolds
Gestern hatten wir einen weiteren Alarm und erhielten den Befehl zum sofortigen Abmarsch, aber die Order wurde widerrufen. So langsam nerven mich Marschbefehle und ich wünsche mir, wir könnten uns endlich bewegen, denn wir sind bereits seit zwei Monaten in Camp Brightwood und ich kenne jeden Baum in einem Umkreis von drei Kilometern.

Ich versehe den Postdienst für Kompanie "D". Jeden Abend gehe ich zum Zelt des Hauptmanns, sortiere die Briefe und trage sie ins Lager. Die Männer drängen sich um mich während ich die Namen auf den Umschlägen verlese. Einige sehen zufrieden aus, nehmen ihre Briefe und gehen in ihre Zelte, während andere in enttäuschtem Ton fragen, ob ich sicher bin, dass ich nichts für sie habe. Pfarrer Jamesons Frau und Tochter sind bei ihm im Lager. Wir erwarten, am nächsten Dienstag unsere Fahnen aus Kalifornien zu erhalten. Eine Parade beschließt diesen ruhigen Sonntagabend.

Pfarrer Jameson predigte heute Vormittag, und General Don Carlos Buell und sein Stab waren interessierte Zuhörer. Gouverneur Sprague erreichte uns letzten Dienstagabend. Das Regiment nahm mit der Kapelle Aufstellung und empfing ihn mit den gebührenden Ehren. Er hielt eine Ansprache, die laute Jubelrufe hervorrief. Er ist bei unseren Männern sehr beliebt.

Das Armeeleben ist nicht so unangenehm wie ich es mir vorstellte und ich hoffe, dass ich bereit bin, meine ganze Pflicht zu tun, bis zum Tode, wenn nötig. Ich vertraue darauf, dass ich leben und, wenn es sein muss, sterben werde wie ein christlicher Kämpfer.

16. Oktober 1861 : Wir haben soeben unseren so genannten „California Oven" aufgebaut, um unser Zelt zu wärmen. Er besteht aus einem großen, mit Steinen bedeckten Loch in der Mitte des Zelts, das über einen Kanal oder eine Passage verfügt, mittels derer der Rauch abziehen kann, sowie einem zweiten Kanal, der einen Luftzug hereinlässt. Die Kanäle liegen unterirdisch und wir haben den obersten Stein des Ofens weggelassen, um Holz hineinwerfen zu können. Er funktioniert gut und hält uns sehr warm.

Bischof Clark aus Rhode Island kam heute an, gerade als wir zur Parade aufmarschierten. Er wandte sich an das Regiment und sagte uns, dass es Hauptmann Steere, der abwesend ist, besser geht, und dass er bald wieder zu uns stoßen wird.

Wir haben täglich Bataillons-Drillübungen und sie werden für gewöhnlich mit doppeltem Tempo absolviert.

Donnerstag, 17. Oktober 1861 : Heute um 13.00 Uhr marschierten die Regimenter etwa fünf Kilometer in die Umgebung des Columbia College, wo wir uns den anderen Regimentern der Brigade (7. & 36. New York) anschlossen und von General Darius N. Couch, unserem Brigadekommandeur, gedrillt wurden. General Buell war anwesend, und beide Offiziere gratulierten Oberst Wheaton und seinem zweiten Regiment zu ihrer Professionalität. Wir kamen gegen Einbruch der Dunkelheit zurück und als die Linie entlassen wurde, trat ich aus Versehen in ein Loch und verdrehte mir den Knöchel.
Mir wurde gesagt, seit dem Mexikokrieg habe in den Vereinigten Staaten keine Drillübung auf Brigadeebene mehr stattgefunden. Es war ein schöner Anblick, so viele Truppen beim Manöver auf der weiten Ebene zu sehen.

Freitag, 18. Oktober 1861 : Da ich lahm bin, war ich heute vom Dienst bei der Fahnenwache entschuldigt und hatte somit eine gute Möglichkeit, die Übergabe der Flaggen, die von in Kalifornien lebenden Rhode Island-Stämmigen gespendet wurden, zu sehen. Um 13.00 Uhr formierte sich unser Regiment in Linie, wobei die Männer ihre besten Uniformen und weiße Handschuhe trugen. Das 4. Rhode Island und eine Artilleriebatterie aus Pennsylvania waren zu unserer Linken. Die Generäle Buell und Couch sowie viele andere Offiziere waren anwesend.
Die Truppen wurden von Gouverneur Sprague besichtigt, gegen 15.00 Uhr erschienen Präsident Lincoln und seine Gruppe und eine weitere Besichtigung durch den Präsidenten fand statt. Die Fahnen wurden durch Gouverneur Sprague überreicht. Die Trommeln wurden gerührt und die Batterien feuerten einen nationalen Salut ab. Dann stellte sich das Regiment dicht zusammen, Bischof Clark hielt eine Ansprache und ein anwesender Geistlicher sprach ein Gebet. Es war bereits

dunkel, als wir entlassen wurden und uns zurück zu unseren Zelten begaben, um unser Abendessen einzunehmen, während die Offiziere und Gäste Oberst Wheaton zu seinem Quartier begleiteten, wo es Truthahn zu essen gab. Das Essen für uns Soldaten bestand aus Reis.

Wir hatten heute einen regelrechten Feiertag, quasi einen 4. Juli, und ich habe ihn sehr genossen.

Oberst Wheaton ließ eine begrünte Laube errichten und sie mit Flaggen schmücken, wodurch sie zur malerischen Szenerie beitrug. Das Regiment sah hübsch aus mit seinen neuen Gürteln und Messingschnallen. Der Oberst überreichte den Mitgliedern der Fahnenwache neue weiße Handschuhe.

Sonntag, 20. Oktober 1861 : Heute wurden die regulären Gottesdienste gehalten. Feldwebel Andrew Bates und Korporal William Baker vom 4. Rhode Island waren heute bei mir und wir besuchten Fort Slocum, das mit seinen durch die Schießscharten drohend auf uns herabblickenden großen Eisengeschützen sehr kriegerisch aussieht.

Hauptmann Edward H. Sears hat das Kommando über Kompanie "D" niedergelegt und einen Posten als Oberleutnant in einer der Rhode Island Batterien angenommen. Wir vermögen nicht zu sagen, wer unser neuer Hauptmann sein wird. Wir hätten gerne, dass Leutnant William Ames befördert wird, aber wir fürchten, dass diese Hoffnung enttäuscht werden wird.

Montag, 21. Oktober 1861 : Kompanie "D" hat heute Postendienst. Ich fuhr hinaus zur Linie auf einem Gepäckwagen, der ihre Rationen transportierte, und verteilte die Post.

Mittwoch, 23. Oktober 1861 : Kalt und regnerisch. Es passiert nicht viel, und die Jungs sitzen über ihren Feuern in den Zelten.

25. Oktober 1861 : Noch immer sehr kalt. Leutnant Ames hat ein Paket Decken aus Rhode Island erhalten und sie an unsere Kompanie verteilt. Mehrere Päckchen sind angekommen und eines von ihnen ist für mich. Die Päckchen werden alle nach Spirituosen durchsucht, bevor sie an die Männer ausgegeben werden. Ich stimme dieser Maßnahme zu, da es viel Ärger vermeidet, denn einige Männer neigen dazu, sich zu betrinken, sobald sich eine Möglichkeit bietet.
Heute besuchte ich Fort Slocum. Einige vom 4. Rhode Island Regiment kamen heute in unser Lager.

Sonntag, 27. Oktober 1861 : Pfarrer Osgood aus Lynn, Massachusetts predigte heute Morgen vor dem Regiment. Bei der Parade wurde eine Meldung verlesen, in der der Tod von Oberst Baker des Kalifornien-Regiments, getötet bei Ball's Bluff, bekannt gegeben wurde.
Die Männer haben ihre Zeit heute damit verbracht, ihre Freunde in anderen Bereichen des Lagers zu besuchen. Neue Uniformjacken wurden heute ausgegeben, aber da noch nicht alle Kompanien diese erhalten haben, trugen wir sie bei der Parade noch nicht. Ich mag die Rhode Island Bluse noch immer am liebsten, da sie locker sitzt und bequemer ist.

Wir machen das Beste aus unserer Lage und sind inzwischen recht einfallsreich darin, alle möglichen Annehmlichkeiten für unsere Zelte zu erfinden.

30. Oktober 1861 : Heute hatten wir eine schöne Drillübung. Die Übung fand nahe den Kalorama Heights statt und die folgenden Regimenter nahmen teil: 2. Rhode Island, 7. Massachusetts, 36. New York, 1. U.S. Chasseurs (65. New York), 23. Pennsylvania, 61. New York und die 1. Long Island Freiwilligen. Die 6. Pennsylvania Kavallerie „Rush's Lancers" wurde zur gleichen Zeit gedrillt. Ein Sturmangriff der Reiterei erstaunte uns ziemlich, aber ich bevorzuge es, zu Fuß zu kämpfen, mit einer guten Muskete in der Hand. Unser Regiment übte die Karreeformation, um der Kavallerie widerstehen zu können und wir denken, wir sind in guter Verfassung für den Armeedienst.

Das Geschwätz in den Zeitungen über die Armee widert uns an. Wenn diese zuhausegebliebenen Helden einmal hierher kämen, würden sie ihre Meinung über die Armee und ihre Manöver ändern.

Dienstag, 5. November 1861 : Zu meiner großen Überraschung ließ Oberst Wheaton heute nach mir schicken und fragte, ob ich gerne als Sekretär dem Hauptquartier unserer Division, kommandiert von General Don Carlos Buell, zugeteilt werden möchte.

Natürlich sagte ich ja und so wurde die entsprechende Nachricht abgefasst und bei der Parade verlesen. George Clendennin, dessen Platz ich einnehme, ist zum Oberstabsfeldwebel im zweiten Regiment ernannt worden.

Ich betrachte meine Ernennung als eine Beförderung und mit Sicherheit als einen großen Gefallen, denn sie entbindet mich sowohl vom nächtlichen Dienst als auch von den Drillübungen. General Buells Hauptquartier befindet sich in Zelten auf einem Feld nahe dem Lager und eines der Zelte wird mir als Büro zur Verfügung gestellt. Der General ist zweifellos ein guter Soldat, aber meiner Meinung nach wohl auch ein strenger Zuchtmeister, denn er verlangt von den Sekretären, stehen zu bleiben, während er im Bürozelt verweilt. Aber er ist freundlich zu mir und ich mag seine Art. Also für die nächste Zeit erstmals ein Lebewohl an die 2. Rhode Island Freiwilligen und ich werde meine Pflicht in meiner neuen Stellung tun, denn abgesehen von der Befriedigung das Richtige zu tun, weiß ich, dass ich im Falle guten Verhaltens weitere Gefälligkeiten und vielleicht eine Beförderung erhalten werde. In der Nähe unseres Hauptquartiers befindet sich Herrn Rays Haus, und ich finde es angenehm, ihn gelegentlich zu besuchen.

9. November 1861 : General Buell wurde heute von seinem Kommando über die Division entbunden und nach Westen geschickt.

10. November 1861 : Heute Morgen kam General Erasmus D. Keyes an und übernahm das Kommando über die Division. Als er das Zelt betrat, erhoben wir uns, salutierten und blieben danach stehen, so wie wir es bei General Buell getan haben. Der General sagte: „Setzt euch Jungs und kümmert euch um eure Arbeit. Ich will nicht, dass ihr für mich aufsteht. Wenn ich hereinkomme, sagt einfach >Guten Morgen, General<, ich werde sagen >Guten Morgen, Jungs<, und das ist alles, was ich verlange." Wir waren etwas überrascht, denn beide Generäle entstammen der regulären Armee, und wir dachten, alle Regulären seien gleich. Wie auch immer, wir sind zufrieden mit unserem neuen Befehlshaber und erwarten, eine angenehme Zeit mit ihm zu haben. Wir haben bisher noch nicht alle seines Stabes gesehen, aber Hauptmann Charles C. Suydam und Leutnant Bradbury C. Chetwood haben sich bereits gemeldet. Hauptmann Suydam wird Stellvertreter des Generaladjutanten sein und Chetwood Flügeladjutant des Generals.

Der Hauptmann ist ein großer, zart gebauter junger Mann und von Beruf Rechtsanwalt. Er ist sehr freundlich zu uns und da ich unter ihm dienen werde, habe ich ihn mir sehr genau angesehen.

Täglich wird eine Wache von den Truppen abgestellt, um beim Hauptquartier Dienst zu tun. Es gibt drei Brigaden in der Division, jeweils kommandiert von General Darius N. Couch, John J. Peck und L.P. Graham. Die 6. Pennsylvania Kavallerie und vier Pennsylvania Batterien sind an die Division angeschlossen. Eine rechte kleine Armee in sich selbst.

Hauptquartier Keyes Division, Washington, D.C., Sonntag, 24. November 1861 : Während der letzten Woche hat General Keyes sein Hauptquartier nach Washington verlegt und wir

befinden uns jetzt an der Ecke Pennsylvania Avenue und 19th Street im vierten Stock des Gebäudes, das vormals von McClellan belegt wurde. Wir kamen in Gepäckwagen an und brachten nur unsere Schreibpulte und unseren Tisch mit. Möbel werden demnächst hier eintreffen, wenn wir welche auftreiben können.
Heute habe ich einen Spaziergang auf dem Gelände des Präsidenten unternommen und danach das Lager des Michigan-Kavallerieregiments besucht. Obgleich ich täglich Soldaten sehe, üben sie noch immer eine gewisse Faszination auf mich aus und ich verpasse keine Gelegenheit, ein Lager zu besuchen. Mein Rückweg führte mich am Washington Monument vorbei und ich bewunderte seine großartige Architektur, obwohl es noch unvollendet ist. Wenn es jemals vollendet wird, wird es ein würdiges Monument für den „Vater unseres Landes" sein.
Ich habe heute nicht am Gottesdienst teilgenommen, da mich die Arbeit im Büro bis nach der Kirchenstunde beschäftigt hat. Ich erwarte jedoch, ab dem nächsten Sonntag regelmäßig am Gottesdienst teilnehmen zu können und ich weiß, dass ich es genießen werde, da ich schon seit fünf Monaten keinem Gottesdienst in einem Gebäude mehr beigewohnt habe.

6. Dezember 1861 : Keyes' Division ist von General McClellan besichtigt worden. Ich nutzte die Gelegenheit, um Camp Sprague zu besuchen und einige meiner Freunde von Batterie "G" zu treffen.

Sonntag, 8. Dezember 1861 : Warm und angenehm. General Keyes hat ein Haus im selben Block gemietet, in dem sich auch das Hauptquartier befindet und teilt sich den Haushalt mit einigen Mitgliedern seines Stabes. Fräulein Nellie Keyes, seine Tochter, wohnt bei ihm zuhause.

Sonntag, 22. Dezember 1861 : Es ist warm und angenehm. I ritt heute hinaus nach Camp Brightwood und besuchte die 2. Rhode Island Freiwilligen. Auf dem Rückweg zurück hielt ich bei

Camp Sprague und besuchte die Rhode Island-Jungs von der dort stationierten Batterie.

Im Hauptquartier ist ein Tag ziemlich genau wie der andere. Wir haben einen Raum, in dem vier von uns „Sekretären" schlafen: Korporal Elisha H. Rhodes, Soldat George Reading von den 1. Long Island Freiwilligen, Soldat Isaac Cooper von den 62. New York Freiwilligen und Private_____ von den _____ Freiwilligen. In dem Raum haben wir vier eiserne Bettgestelle mit guten Matratzen, die wir uns von einem benachbarten Dachboden geborgt haben. Dort wurden sie von den vorigen Besitzern dieses Gebäudes gelagert, die eine Mädchenschule betrieben. Der Tisch, den ich benutze, trägt die Inschrift:

„Nellie Gwin ist mein Name,

Amerika mein Land,

Kalifornien meine Heimat,

Gesegnet von Gottes Hand."

Wir stehen um 07.00 Uhr auf und gehen hinüber zu einem gegenüberliegenden Restaurant um zu frühstücken. Nach dem Frühstück rauchen wir. Um 09.00 Uhr beginnen die Bürostunden und prompt kommt der General. Den Tag über begibt sich der General manchmal hinaus ins Lager und viele Offiziere werden im Büro vorstellig. General Couch ist besonders gemütlich und sehr freundlich zu uns Sekretären. Die morgendlichen Berichte der Brigadehauptquartiere beginnen so gegen 10.00 Uhr einzutreffen. Es gibt 13 Infanterieregimenter, ein Kavallerieregiment und drei Batterien in der Division. Meine Aufgabe ist es, die morgendlichen Berichte zusammenzustellen und um 15.00 Uhr werden sie zu General McClellans Hauptquartier geschickt.

Nach 15.00 Uhr sind die Bürostunden vorüber und wir begeben uns zu unserem Mittagessen. Den Abend hindurch muss ein Sekretär im Büro verbleiben und die Anderen sind frei zu gehen, wohin es ihnen beliebt. Für diese Arbeit erhalte ich meinen Korporalssold, 13.00 Dollar pro Monat, 30 Cent pro Tag für Verpflegung und 35 Cent pro Tag für weitere Dienste.

Davon können wir sehr gut leben.
Wir haben Zeit, die interessanten Orte der Stadt zu besuchen und ich habe ein Pferd, das ich nach Belieben benutzen kann. Ich unternehme oft Ausritte zu den Lagern und fühle mich langsam richtig heimisch auf einem Armeepferd.
Gewöhnlich nimmt Briefeschreiben meine Abende in Anspruch, obwohl ich gelegentlich einen Abend mit jungen Damen verbringe, deren Bekanntschaft ich gemacht habe.

30. Dezember 1861 : Heute Nachmittag sah ich den General alleine im Büro, und ich ging zu ihm und sagte: „ Herr General, ich möchte nach Hause." „Sie möchten nach Hause? Und weshalb?" erwiderte er. Da mir keine Entschuldigung einfiel, sprudelte ich heraus: „Ich möchte meine Mutter sehen." „Ist sie krank?" fragte er. „Nein" antwortete ich, „ich hoffe nicht." Dann fragte er mich, wie lange ich schon nicht mehr zuhause gewesen sei und ob ich jemals so lange von daheim weg gewesen sei. Ich sagte ihm, dass ich seit sieben Monaten in der Armee diene und noch nie alleine solange von zuhause weg gewesen sei. „Nun" sagte der General, „Sie sind ein guter Junge gewesen und Sie sollen zehn Tage Urlaub bekommen." Also habe ich meine Papiere zurechtgemacht und werde aufbrechen, sobald sie unterzeichnet sind.

31. Dezember 1861 : Heute nach den Bürostunden ritt ich zu Camp Brightwood und mein Hauptmann Stephen H. Brown unterzeichnete meinen Urlaubsschein. Oberst Wheaton inspizierte die 36. New York Freiwilligen und ich ritt hinüber zu ihrem Lager. Der Oberst setzte sehr freundlich seine Zustimmung unter das Schriftstück, das ich anschließend zum Brigadehauptquartier im alten Brightwood Hotel brachte. General Couch versah die Papiere zuerst mit der Bemerkung, sie seien nicht in der vorgeschriebenen Form ausgestellt, als ich ihm aber erklärte, ich hätte das Formular aus den U.S. Armeebestimmungen herauskopiert, gab auch er seine Zustimmung.

1862

1. Januar 1862, Washington, Hauptquartier Keyes' Division : Um 12.00 Uhr mittags wurde General Keyes, begleitet von den Generälen Couch, Peck und Graham, bei Präsident Lincoln vorstellig. General Keyes trug seine gewöhnliche Uniform mit den Schulterstücken, hatte seine Hosenbeine in die Stiefel gestopft und trug noch die Abdeckung auf seiner Mütze. Die anderen Generäle trugen ihre Paradeuniformen und Hüte und boten so einen spürbaren Kontrast zu General Keyes. Dies amüsierte General Keyes sehr und nach seiner Rückkehr machte er einige Bemerkungen darüber. Er endete mit seiner üblichen Drohung, uns zurück zu unseren Regimentern zu schicken, sollten wir jemals etwas von dem, was er zu uns sagt, weitererzählen.

Washington war heute sehr fröhlich und die Straßen waren voll mit Leuten, die ihren Urlaub verlebten. Offiziere in schneidigen Uniformen und elegant gekleidete Damen entrichten ihre Neujahrsgrüße.

General Keyes hat meinem Urlaubsantrag zugestimmt und die Papiere sind zu General McClellan geschickt worden.

2. Januar 1862 : Mein Ersuchen um Urlaub ist heute Morgen nicht mit der Post vom Armeehauptquartier zurückgekommen. Ich lenkte General Keyes' Aufmerksamkeit auf diesen Umstand und er sagte mir, ich solle zum Armeehauptquartier gehen, dort Hauptmann Mason seine Hochachtung ausrichten und darum bitten, dass die Papiere genehmigt und zu mir zurückgeschickt werden. Hauptmann Mason schalt mich dafür, dass ich mit einem derartigen Ersuchen in General McClellans Büro auf-

tauche und zu Beginn verlief die Sache nicht zu meiner Zufriedenheit. Dann entdeckte ich jedoch in einem Stapel Dokumente meine Papiere und als ich seine Aufmerksamkeit darauf lenkte, unterzeichnete er sie sehr unfreundlich mit seinem Namen und schickte mich fort, nachdem er seine Ansichten über meine angebliche Unverschämtheit geäußert hatte. Ich meldete die Sache General Keyes, der darauf nach den „Sporen, die er in Mexiko getragen hatte" und dem „Schwert, das er im Kampf gegen die Indianer getragen hatte" verlangte und sehr verärgert die Treppe hinunter stiefelte.
Bei seiner Rückkehr sagte er nur: „Ich werde diese jungen Offiziere lehren, meine Sekretäre nicht zu beleidigen!" Ich war mit dem Ausgang der Geschichte zufrieden und machte mich mit dem Nachtzug auf den Weg nach Providence.

Washington Hotel, Baltimore, Maryland, 12. Januar 1862: Ich bin bei der Rückreise von meinem Urlaub gegen 10.00 Uhr hier angekommen und da Sonntag ist, fahren heute keine Züge nach Washington. Der Besuch zuhause war wundervoll und jetzt bin ich fürs Erste vom Heimweh kuriert, aber ich fürchte, irgendwann wird es mich erneut überfallen. Auf meinem Weg traf ich zwei gefangene Rebellen, die auf ihrem Weg nach Fortress Monroe waren, um ausgetauscht zu werden. Einer der beiden erzählte mir, dass er einem North Carolina Regiment angehörte und bei Hatteras in Gefangenschaft geriet. Er sagte, der Kampf sei eine einseitige Angelegenheit gewesen; die Yankees hätten sie in eine Ecke getrieben und mit Granaten zusammengeschossen. Die zwei sind aus der Gefangenschaft entlassen worden.
Am Nachmittag besuchte ich das Fort auf Federal Hill und einer der diensthabenden Soldaten führte mich herum und erklärte mir die Situation. Dies ist eine der am besten ausgebauten Feldbefestigungen, die ich je gesehen habe.

Montag, 13. Januar 1862 : Ich nahm einen sehr frühen Zug nach Washington, wo ich ankam, ehe meine Sekretärskollegen aus ihren Betten waren. Am Nachmittag ritt ich nach Brightwood hinaus, besuchte meine Kameraden vom 2. Rhode Island und überbrachte ihnen Nachrichten von ihren Freunden zuhause.

Dienstag, 14. Januar 1862 : Schnee und Schlamm haben heute das Sagen. Ich laufe wieder in der Spur und verrichte meine alte Arbeit.

Washington, 17. Januar 1862 : Ein wundervoller Tag und es ist warm wie im Frühling. Die Straßen sind allerdings durch den Matsch in einem furchtbaren Zustand, zudem sind sie von den schweren Wagenzügen regelrecht aufgerissen worden. Isaac Cooper, einer der Sekretäre, hat sich für seinen achttägigen Urlaub auf den Weg nach Hause gemacht.
Die 2. U.S. Kavallerie (reguläre Armee), die bisher den berittenen Polizeidienst verrichtet hat, wurde von der 6. Pennsylvania Kavallerie, auch „Rush's Lancers" genannt, abgelöst. Diese Soldaten sehen gut aus, wie sie so an den Straßenecken auf ihren Pferden sitzen, bewaffnet mit langen Lanzen, die mit roten Wimpeln geschmückt sind.

Sonntag, 19. Januar 1862 : Ein angenehmer Tag und im Büro steht die übliche Arbeit an. Am Abend besuchte ich den Gottesdienst bei dem Methodisten an der 20th Street.

20. Januar 1862 : Heute werden alle in Washington befindlichen Offiziere der Armee dem ehrenwerten Edwin M. Stanton, dem neuen Kriegsminister, vorgestellt. (Da ich kein Offizier bin, bin ich nicht mit von der Partie.) Eine Order wurde erlassen, die die Bewilligung weiteren Heimaturlaubes untersagt, also war ich gerade noch rechtzeitig.

22. Januar 1862 : Heute wurde ein neues Regiment aus Pennsylvania unserer Division angegliedert. Sie stapften an unserem Büro vorbei durch den Schlamm und Schneematsch und sahen ziemlich trostlos aus. Ihr Oberst war vorher Geistlicher in einem Dreimonatsregiment. Wir haben vom Lager des Quartiermeisters Zelte für General Keyes, seinen Stab und seine Sekretäre, Ordonnanzen usw. bezogen.

Unten in General Barrys Büro habe ich Gouverneur William Sprague gesehen. Der Führer der Droschke wusste nicht, wer sein Passagier war, bis ich es ihm erzählte. Er erzählte mir eine lustige Geschichte, sei sie nun wahr oder falsch: Der Gouverneur war im Büro des Leiters der Militärpolizei vorstellig geworden, um einen Passierschein zum Überqueren des Flusses nach Virginia zu erhalten. Der Wachtposten (ein regulärer Soldat) erkannte ihn nicht und verweigerte ihm außerhalb der Bürostunden den Zutritt zum Büro. Der Gouverneur begab sich also, ohne seine Identität preiszugeben, nach Georgetown und als er dort versuchte, den Kanal zu überqueren, fiel er hinein. Der Droschkenführer war darüber sehr amüsiert und ziemlich erstaunt, als er den Namen seines seltsamen Passagiers erfuhr.

Das Wetter ist schlecht und die Straßen sind beinahe unpassierbar, also bleibe ich im Büro, anstatt meine üblichen Ausritte zu unternehmen.

24. Januar 1862 : Als ich heute die Straße entlang lief, sprach mich ein Soldat in Zouavenuniform an und es stellte sich heraus, dass es William W. Aborn aus Pawtuxet war, ein Soldat in meiner Kompanie "D" der 2. Rhode Island Freiwilligen. Aborn war in der Schlacht von Bull Run am 21. Juli 1861 schwer verwundet worden und man hatte ihn im Glauben er sei tot auf dem Schlachtfeld liegen lassen. Er wurde als Gefangener nach Richmond gebracht und ist gerade freigelassen worden. Ich nahm ihn mit mir ins Büro und werde ihn in wenigen Tagen nach Hause schicken.

25. Januar 1862 : Heute ritt ich hinaus nach Brightwood und kam in Regen und einem Hagelsturm zurück. Oberstleutnant William H.P. Steere hat sich nach Philadelphia begeben.

26. Januar 1862 : Endlich ein Tag mit gutem Wetter und ich genoss nach den Bürostunden einen Ausritt nach Georgetown. William Aborn ist noch bei mir und er wird nach Hause gehen, sobald seine Papiere ihre Ordnung haben.

29. Januar 1862 : General Keyes ist auf „Fronturlaub" in New York und General D.N. Couch befehligt die Division. Das Gerücht geht um, Leutnant Chetwood, Flügeladjutant, sei mit Fräulein Nellie Keyes, der Tochter des Generals, verlobt. Sie unternehmen beinahe täglich Ausritte in den Schlamm und scheinen sich sehr zu amüsieren. Von uns Soldaten erwartet man allerdings, nichts davon zu wissen. Es besteht ein ziemlicher Unterschied, ob man ein gemeiner Soldat oder ein Offizier ist, aber das ist schon in Ordnung und ich werde auch gut behandelt. William Aborn machte sich heute auf den Weg nach Rhode Island.

31. Januar 1862 : Matsch, Matsch. Ich denke darüber nach, eine Dampfschifflinie auf der Pennsylvania Avenue zwischen unserem Büro und dem Kapitol zu betreiben. Wenn ich der Besitzer dieses Städtchens wäre, würde ich es sehr billig verkaufen. Wird der Schlamm niemals trocknen, damit die Armee sich bewegen kann? Ich hoffe doch, denn ich bin den Schlamm und die routinemäßige Arbeit leid. Ich möchte meine Arbeit als Soldat tun und den Krieg beenden, damit ich nach Hause gehen kann. Aber ich schätze, die Mächtigen wissen, was sie tun und nach einiger Zeit würde ich mich wohl nach meinem komfortablen Quartier in Washington zurücksehnen. Wir sollen einen weiteren Sekretär bekommen, um uns bei unserer Arbeit zu helfen und, so munkelt man, mehr Stabsoffiziere.

Sonntag, 2. Februar 1862 : Nach den Bürostunden ritt ich hinaus nach Camp Brightwood, aber ich fand die Straßen aufgrund des Schlammes in fast unpassierbarem Zustand vor. General Keyes ist von seinem Urlaub zurückgekehrt.

Donnerstag, 6. Februar 1862 : Schlamm und Regen und keine Aussicht auf eine Bewegung. Man sagt, der Senat habe Senator Bright aus Indiana wegen Verrats ausgeschlossen. Alle Anhänger der Copperheads-Bewegung sollten bestraft werden, denn sie sind zu feige, um uns offen zu bekämpfen und so gehen sie hinter unserem Rücken gegen uns vor.
Der Befehl wurde ausgegeben, dass alle Ausweise vom Divisionskommandeur bestätigt werden müssen. Das bedeutet mehr Arbeit für die Sekretäre.

14. Februar 1862 : Wir haben gerade Neuigkeiten über die Burnside-Expedition erfahren und freuen uns über den errungenen Sieg für die Union. Auch haben wir gehört, dass der Rebellengeneral Price im Westen geschlagen wurde.
Die 4. Batterie "C" der 1. leichten Artillerie von Rhode Island kam heute Morgen aus Virginia hierher und tauschte ihre Messingkanonen gegen Stahlgeschütze mit gezogenem Lauf. Die Batterie bot einen hübschen Anblick in den Straßen.

Sonntag, 16. Februar 1862 : Ein angenehmer Tag, der den Schnee auf den Straßen verschwinden ließ. Vor ein paar Tagen hielt die 5. U.S. Kavallerie eine Parade ab.

Montag, 17. Februar 1862 : Wie gewöhnlich erhob ich mich zum Weckruf aus meinem Bett. Wenn die Trommeln in dem Lager der regulären Truppen auf einem Platz nahe unserem Hauptquartier ertönen, stehe ich immer auf, obgleich ich es nicht tun müsste. Ich ziehe es vor, meine soldatischen Gewohnheiten beizubehalten. Es ist ein kalter, eisiger Tag.

Die Order ist ausgegeben worden, den Soldaten im Lager häufige Besuche in Washington zu erlauben. Diese Order wird beliebt sein.

22. Februar 1862, Washingtons Geburtstag : Am Morgen regnete es, gegen Mittag klarte es jedoch auf und ich ritt hinaus zum Lager meines Regiments und unterstützte die Jungs beim Feiern. Isaac Cooper, ein Sekretär, und John Simmons (2. Rhode Island), eine Ordonnanz, begleiteten mich. Professor Benoni Sweet, ein Soldat des Regiments, hatte seinen Seiltanz bereits beendet, aber wir kamen noch rechtzeitig für die Feierlichkeiten. Eine doppelte Reihe aus Kiefernbäumen ist um das Lager herum eingepflanzt worden und in den Bäumen hingen Papierlaternen. Kompanie "D" (meine Kompanie) hatte den Namen „Buell" mit Buchstaben aus Immergrün gestaltet, und er erstreckte sich über die gesamte Länge der Kompaniestraße, also über eine Distanz von sechs Zelten.

Das Regiment wurde von einem Oberst der regulären Armee besichtigt und er war sehr schmeichelhaft und sagte, die Musketen seien die saubersten, die er je gesehen habe. Die Kompanien "C" und "D" erhielten die größten Ehrbezeugungen und die Frage, welche nun die bessere ist, ist nicht geklärt worden. Eine Batterie aus Pennsylvania feuerte einen Salut aus den schweren Geschützen von Fort Slocum und auf Oberst Frank Wheatons Hauptquartier wurde eine große Flagge gehisst.

Beim Wettrennen der Offiziere gewann Hauptmann Henry H. Young den Preis, der als Trompete angekündigt worden war. Es stellte sich heraus, dass es ein Blechhorn war.

Das Sackhüpfen für die Männer fand regen Zuspruch und eine Muschelsuppe nach Rhode-Island-Art beschloss die Feierlichkeiten des Tages.

Am Abend wurde ein riesiges Strohfeuer entfacht und alle Papierlaternen wurden angezündet. Der Anblick war großartig. Oberstleutnant William H.P. Steere bot mit seinem Quartier den schönsten Anblick. Die Wände seiner Hütte waren mit

weißem Papier verkleidet und mit vergoldeten Sternen verziert. Die Holzarbeiten waren von Feldwebel Richard Kruger von Kompanie "D" mit Szenen bemalt worden und mit den Namen von Slocum und Ballou beschriftete Flaggen hingen von den Dachverkleidungen. Massen von Zivilisten und Soldaten drängten sich im Lager und alle waren fröhlich. Wir kehrten spät am Abend nach Washington zurück und sahen, dass viele Häuser zu Ehren des „Vaters unseres Landes" beleuchtet waren.
Ein weiteres Regiment wurde unserer Division hinzugefügt. Wenn es so weitergeht, werden wir eine Armee unter General Keyes haben.

Montag, 24. Februar 1862 : Heute hatten wir einen schweren Sturm, welcher die Fenster unseres Büros zerschmetterte. General Keyes amüsierte sich sehr darüber und bemerkte: „Jetzt werden wir etwas frische Luft bekommen." Eine Kirche in der 13th Street wurde zerstört und mehrere Gebäude beschädigt. Der Potomac River stieg um wenige Meter und das Wasser schwappte über die Long Bridge.

26. Februar 1862 : Heute Nachmittag begab ich mich hinunter zum Kapitol und hörte mir die Rede von Senator Henry Wilson über die Frage, ob man illoyale Mitglieder ausschließen solle, an. Wenn es nach mir ginge, würde ich jeden Copperhead aufhängen. Ich sah Vizepräsident Hamlin, der den Sitz des leitenden Vorsitzenden innehatte.
Es gibt zahlreiche Gerüchte über eine baldige Bewegung und wir haben unsere Siebensachen gepackt und sind marschbereit. Einige Truppen (nicht von unserer Division) sind nach Virginia vorgerückt.
Am Abend besuchte ich eine Ausstellung in der 20th Street, die von einer Methodistenkirche veranstaltet wurde und dort verbrachte ich eine vergnügliche Zeit. Cooper und ich gingen mit einigen jungen Damen nach Hause.

Sonntag, 2. März 1862 : Habe noch immer meine Sachen gepackt und bin marschbereit, aber die Befehle werden fast so schnell widerrufen, wie wir sie erhalten. Ich will gehen, ich will raus aus Washington und ich will, dass der Krieg endet.
Präsident Lincolns Sohn starb am 21. Februar und die Amtsräume waren an Washingtons Geburtstag nicht erleuchtet. Ich begab mich heute Abend zur Methodistenkirche in der 20th Street. Ich gehe dort hin, weil es die nächstgelegene Kirche ist. Der Pastor hielt seine Abschiedspredigt.
Es hat den ganzen Tag lang geschneit. Dies mag unsere Bewegung verzögern, aber wir werden bald aufbrechen.

6. März 1862 : Heute fand General Landers Begräbnis statt und es war eine sehr traurige Angelegenheit. General McClellan war einer der Sargträger und General Keyes und sein Stab waren anwesend. Bischof Clark aus Rhode Island las die Predigt. Ich hoffe, ich werde bald zu meinem Regiment zurückbeordert werden. Ich bin zwar nicht unzufrieden mit meiner Position hier und der General ist sehr freundlich zu mir, aber ich möchte mit den Jungs zusammen beim nächsten Feldzug
sein und meinen Teil als Soldat beitragen. Ich habe keine Angst vor der Zukunft. Wenn ich auf dem Schlachtfeld sterbe, so hoffe ich, meine Belohnung durch den Gerechten zu empfangen und ich ergebe mich dem Willen Gottes.

7. März 1862 : Es ist ein schöner Tag und Truppen sind durch die Straßen marschiert. Man sagt, sie seien unterwegs nach Virginia. Wir werden auch bald an der Reihe sein.

Camp Brightwood, 2. Rhode Island Freiwillige, 9. März 1862 : Nun, mein Wunsch wurde erfüllt und hier bin ich, wieder als Soldat zurück bei meinem Regiment.
Am Samstag ließ Oberst Wheaton, während er das Lager besuchte, nach mir schicken und informierte mich, dass ich zum Oberstabsfeldwebel des Regiments befördert worden sei.

Gut, gut, wer hätte jemals geahnt, dass dies passieren könnte? Zu sagen, ich sei erfreut, wäre reichlich untertrieben. Korporal William G. Bradford von Kompanie "G" wird meinen Platz als Sekretär im Divisionshauptquartier einnehmen.

Heute Morgen wurden meine Sachen ins Lager gebracht und ich wurde als Oberstabsfeldwebel eingemustert. Ich habe viele Glückwünsche von Offizieren und den Männern erhalten und ich bin sehr glücklich. Morgen werde ich meine Schärpe und mein Schwert erhalten. Nach gesonderter Absprache werde ich mir die Messe mit den Offizieren teilen. General Keyes brachte seine Zufriedenheit über meine Beförderung zum Ausdruck und sagte, dass ich ihm treu gedient hätte und er froh sei, mich emporsteigen zu sehen. Er sagte noch etwas über junge Männer, die auf Beförderungen aus seien, aber diese Bemerkungen treffen ebenso auf ihn selbst zu. Er war sehr freundlich zu mir und ich werde mich seiner immer mit Dankbarkeit erinnern. Der ehemalige Oberstabsfeldwebel George C. Clendennin ist zum Unterleutnant ernannt worden. Levi Carr (aus Pawtuxet) ist von seinem Heimaturlaub zurückgekehrt.

Schickt eure Briefe an:
OStFw E. H. Rhodes
2. Regt R. I. Freiw.
Camp Brightwood
Washington, D.C.
Korporal hat ausgespielt.

Montag, 10. März 1862, 03.00 Uhr : Um Mitternacht erreichte uns der Marschbefehl und die Männer sind damit beschäftigt, ihre drei Tagesrationen zu kochen. Ich habe meine Beförderung gerade rechtzeitig erhalten, um mit ihnen zu gehen. Lasst uns in Gott vertrauen, dass er uns leiten und beschützen möge. Levi Carr verrichtet heute Nacht Wachdienst als Feldwebel der Wache.

08.00 Uhr : Das Regiment verließ das Lager um 08.00 Uhr und marschierte nach Tennallytown, Maryland, wo es sich auf der Straße der Division anschloss. Dann überquerten wir den Potomac River mittels der Chain Bridge. Die Brücke ist auf der Maryland-Seite geschützt durch hohe Erdwerke, die mit zahlreichen schweren Geschützen besetzt sind.

Die Straßen waren schlecht, bis wir den Fluss überquert hatten, dann wurden sie hart und fest. Nach einem Marsch von etwa 13 Kilometern auf der Leesburg-Mautstraße lagerten wir nahe Prospect Hill.

Oberst Wheaton nahm eine Hütte aus Geäst in Besitz und lud mich ein, sein Quartier mit ihm zu teilen. Ich machte mich heute Morgen sehr tapfer auf den Weg und war entschlossen, meinen Tornister auf meinem Rücken zu tragen, aber ich wurde bald schwach und legte ihn auf einen Wagen. Von nun an wird er für mich getragen werden, oder ich werde ihn zurücklassen.

Lager bei Prospect Hill, Virginia, 11. März 1862 : Noch immer im Lager, mit dem Befehl, hier zu bleiben. Ich wurde heute bei General Keyes vorstellig. Der alte Herr ist glücklich, denn die Armee bewegt sich.

Gestern passierte er unser Regiment und wurde von den Männern laut bejubelt. Heute haben wir Vergatterung der Lagerwachen und eine Parade und ich hatte meinen ersten Auftritt als Oberstabsfeldwebel. Heute Nacht ist die Landschaft kilometerweit mit Lagerfeuern erleuchtet. Wir kennen unser Ziel nicht und es kümmert uns auch nicht, wenn es nur den Vormarsch und das Ende des Krieges bedeutet.

Heute fand einer unserer Männer eine Granate auf dem Lewinsville-Schlachtfeld und hielt närrischerweise Feuer an die Öffnung, wodurch die Granate explodierte und einen Soldaten tötete. Dieses Ereignis hat einen Schatten über unser Regiment geworfen.

Lager nahe der Chain Bridge, Virginia, 15. März 1862 : Gestern wurden wir hierher zurückbeordert und wir sind jetzt im IV. Korps der Armee. General Keyes kommandiert das Korps und General Couch unsere Division. Ich freue mich für General Keyes, denn er hat seine Beförderung verdient. Da wir keine Zelte mit uns führten, haben wir eine harte Zeit und schlafen im Freien. Letzte Nacht regnete es und wir litten sehr unter der Kälte und der Nässe. Bei Einbruch der Dunkelheit erhielten wir den Befehl, zurück nach Brightwood zu marschieren, wo wir gegen Mitternacht total erschöpft und durchnässt ankamen. Wir erwarten einen baldigen Aufbruch von hier, und einige sagen, wir werden uns General Burnside anschließen. Ich hoffe, das ist wahr, denn ich würde gerne unter einem derart tapferen Soldaten dienen.

Camp Brightwood, Maryland, 17. März 1862 : Zurück in unseren alten Quartieren und wir sind gänzlich ausgelaugt. Samstagnacht regnete es dermaßen heftig, dass die Männer nicht schlafen konnten und so überquerten wir die Brücke und erreichten, dem Fluss hinab nach Georgetown folgend, unsere alten Quartiere. Viele der Männer sind krank und wir ließen sie alle entlang der Straße zurück. Aber sie werden wahrscheinlich heute alle hier eintreffen und ein wenig Ruhe wird sie wieder kurieren.
Wir kochen sechs Tagesrationen für eine weitere Bewegung, die zweifelsohne auf dem Wasser stattfinden wird. Das Gepäck wurde bereits weggeschickt und wir warten auf Befehle.

19. März 1862 : Noch immer in Camp Brightwood und wir warten und warten. Gouverneur Sprague war heute im Lager.

21. März 1862 : Heute bin ich 20 Jahre alt. Das vergangene Jahr war ein ereignisreiches für mich und ich danke Gott für seine Gnade mir gegenüber. Ich vertraue darauf, dass mein zukünftiges Leben in seinen Diensten stehen wird. Wenn ich zurückblicke auf den 21. März 1861, so bin ich erstaunt, wie sich alles entwickelt hat. Damals war ich ein friedlicher Angestellter in Frederick Millers Geschäft. Heute bin ich ein Soldat, der begierig auf das nächste Manöver wartet. Ich muss Gott danken, dass er mir seinen Schutz gewährte, während so viele verloren gegangen sind und ich vertraue darauf, dass er mir die Gnade gewähren wird, ihm und meinem Land weiterhin treu dienen zu dürfen. Ich bin jetzt seit zehn Monaten bei der Armee und fühle mich wie ein Veteran. Auf dem Boden zu schlafen macht Spaß und ein Bett aus Kiefernzweigen ist besser als eines aus Federn.

Wir warten noch immer auf Befehle, welche sehr bald eintreffen müssen. Viele der Männer sind vom kürzlichen Marsch erledigt, aber ich bin stärker als je zuvor.

Camp Brightwood, D.C., Sonntag, 23. März 1862 : Heute Morgen hatten wir während der Parade einen Gottesdienst und der Geistliche hielt eine Predigt.

Heute Nachmittag erhielten wir die Leichname von Oberst John S. Slocum, Major Sullivan Ballou und Hauptmann Levi Tower, Offizieren des 2. Rhode Island, die in der Schlacht von Bull Run, Virginia am 21. Juli 1861 gefallen sind. Die sterblichen Überreste wurden von Gouverneur Sprague begleitet. Das Regiment präsentierte das Gewehr, während die Prozession vorbeischritt und die Körper wurden im Quartier des Feldarztes aufgebahrt.

Vor mir liegt eine von Gouverneur Sprague unterzeichnete Erklärung, die bei der Parade verlesen wurde: „Die Rebellen gruben in der Annahme, der Leichnam von Major Ballou sei der von Oberst Slocum, den Körper aus, beraubten ihn seiner Kleidung und verbrannten die Leiche zu Asche." Der Gouverneur sammelte die verbliebenen Überreste ein und brachte sie ins Lager. Die anderen Körper wurden auf ihren Gesichtern liegend beerdigt. Dies ist schrecklich für uns und das 2. Rhode Island wird daran denken, wenn es wieder auf den Feind trifft.

Camp Brightwood, Dienstag, 25. März 1862, 01.00 Uhr : Wir werden das Lager um 07.00 Uhr verlassen, um an Bord eines Dampfers zu gehen; der Bestimmungsort ist unbekannt. Also auf Wiedersehen, altes Camp Brightwood, wo wir jede Menge Spaß hatten und das Handwerk eines Soldaten erlernt haben. Möge Gott uns segnen und uns Erfolg gewähren.

Camp Brightwood, 25. März 1862 : Heute Morgen verließen wir das Lager und marschierten etwa fünf Kilometer weit, dann warteten wir bis zum Einbruch der Dunkelheit und kehrten wieder zum Lager zurück. Wir kommen niemals von Washington weg.

26. März 1862 : Heute Morgen verließen wir erneut Camp Brightwood und nach einem Marsch durch Washington hin zur 6th Street Werft bestiegen wir den Raddampfer „John Brooks". Die 36. New York Freiwilligen sind auf dem gleichen Schiff. Unser Dampfer fuhr den Potomac River hinab und schloss sich der Flotte bei Alexandria an. Ich schätze, es waren etwa 100 Schiffe in Sicht, unter ihnen die „Canonicus" und die „Golden Gate" aus Rhode Island. Die Dampfer aus Stonington sind ebenfalls in der Flotte. Hier ankerten wir für die Nacht und ich schlief in der Damenkabine. Das Schiff ist überfüllt und die Männer haben es nicht sehr gemütlich. Die Nacht wurde singend verbracht.

U.S. Transporter „John Brooks", Potomac River, 27. März 1862 : Heute Morgen machten wir uns auf den Weg den Fluss hinab und zogen zwei mit Pferden beladene Schooner. Das Wetter ist warm und die Landschaft ist hübsch. Die Schiffe sind fröhlich mit Flaggen dekoriert und das Ganze sieht eher nach einer Vergnügungsfahrt aus, als nach einer Armee auf der Suche nach dem Feind. Wir passierten Fort Washington zu unserer Linken und eine Kapelle spielte „Red, White, and Blue". Unsere Kapelle antwortete mit „Hail Columbia".

Zu unserer Rechten passierten wir Mount Vernon und unsere Kapelle spielte „Washington's March". Der Fluss ist hier sehr breit. General Keyes befindet sich direkt vor uns auf dem Dampfer „Daniel Webster", welcher das Flaggschiff der Flotte ist. Die Batterien der Rebellen schienen verlassen zu sein und bei Acquia Creek war ein großes Feuer zu sehen.

Freitagmorgen, 28. März 1862 : Heute Morgen als ich erwachte, näherten wir uns Fortress Monroe und eine große Flotte von Kriegsschiffen, einschließlich der kleinen „Monitor" und Transportern lagen in Hampton Roads vor Anker. Wir gingen bei der Werft an Land und marschierten etwa fünf Kilometer zu dem Städtchen (oder dem, was von dem Städtchen übrig ist) Hampton. Dieser Ort wurde letzten August von den Rebellen niedergebrannt und lediglich sechs oder acht Gebäude stehen noch.
Batterie "E" der 1. leichten Artillerie von Rhode Island lagert in unserer Nähe.

Newport News, Virginia, 29. März 1862 : Wir sind jetzt bei Newport News, wo sich auch die Unionsarmee befindet. Der nächste Ort ist Yorktown, wo wir auf die Rebellen stoßen werden.

31. März 1862 : Unsere Zelte sind angekommen und wir haben es wieder gemütlich. Es gibt reichlich Rindfleisch, Schweinefleisch, Schinken, Speck, usw. Gestern hatte ich ein Beefsteak und Süßkartoffeln. Ein sehr gutes Leben für einen Soldaten. Gestern wurde ich in General Keyes' Hauptquartier vorstellig. Mir geht es gut und ich bin so zufrieden wie eh und je. Das Lagerleben sagt mir zu.

Warwick Court House, Virginia, 6. April 1862 : Während ich hier schreibe, kündet das Donnern der Kanonen davon, dass unsere Jungs ihre Arbeit tun. Dies ist ein seltsamer Ort mit nur

wenigen Häusern. Wir kamen letzte Nacht hier an - die Rebellen zogen sich aus Young Mills zurück, als wir uns näherten. Wir wurden sofort auf Postendienst hinausgeschickt und nahmen zwei Artilleriegeschütze mit uns. Wir rückten bis zum Fluss vor und brachten unsere Kanonen in Stellung.
Heute Morgen entdeckten wir ein Fort der Rebellen und seitdem schießen unsere Geschütze Granaten über den Fluss in das Fort. Die Rebellen antworteten recht heftig, aber da unser Regiment im Wald liegt, haben wir bisher keine Verluste. Die Hauptstreitmacht der Rebellen befindet sich bei Yorktown und wir werden bald dort sein. Ich bin fröhlich und guten Mutes und vertraue darauf, dass Gott uns behüten und zum Sieg führen wird.

12. April 1862 : Wir sind noch immer bei Warwick Court House. Die Freude war groß, als letzte Nacht die Post kam, denn es war die erste seit mehreren Tagen. Wir befinden uns noch immer vor den Forts der Rebellen, es liegt nur eine Distanz von drei Kilometern zwischen uns. Ich habe auf dem Dachboden eines Blockhauses geschlafen, aber jetzt habe ich ein Zelt. Wir haben in unseren Geplänkeln mehrere Gefangene gemacht und sie scheinen alle froh zu sein, von der Rebellenarmee wegzukommen. Beide Seiten errichten Befestigungen und eine große Schlacht kann nicht mehr lange hinausgezögert werden. Möge Gott uns helfen, einen Sieg zu erringen.

Camp Winfield Scott, Virginia, 15. April 1862 : Wir befinden uns noch immer bei Warwick Court House. Die Auseinandersetzung, die wir mit den Rebellen hatten, als wir in der Nacht des 5. Mai ankamen, war seit Bull Run das erste Mal, dass wir wieder auf den Feind gefeuert haben. Unsere Jungs betrugen sich gut und erhielten ein rasselndes Musketenfeuer aufrecht, solange der Feind in Sichtweite war. Da der Warwick River uns trennte, kam es nicht zum Nahkampf. Die Posten der Rebellen zeigten uns einige Brotbeutel und Feldflaschen mit dem

Aufdruck „2. R.I.F.", die sie bei Bull Run erbeutet haben. Sie fragten uns nach Gouverneur Sprague. Wir leben auf den Feldern ohne Zelte, und jeder Mann kocht seine eigenen Rationen.

15. April 1862 : Gestern unternahm ich einen langen Ausflug, um mir die Sehenswürdigkeiten anzusehen. Ich ging bis nach Young's Mills, wo wir zuerst auf die Rebellen gestoßen waren, als wir uns in der Nacht des 5. April näherten. Ich untersuchte ihre verlassenen Forts und war überrascht herauszufinden, dass sie dermaßen komfortable Quartiere gehabt hatten. Ihre alten Lager sahen aus wie Dörfer, mit solide gebauten Hütten aus Kieferholzplatten. Die Forts liegen auf dem Kamm eines Hügels, unter dem sich ein Sumpf erstreckt. Mittels eines Dammes hatten sie einen Teich geschaffen und es gab ein Tor, das geöffnet werden konnte, um das Wasser auf uns loszulassen, falls wir versucht hätten, den Sumpf zu passieren. Aus irgendeinem Grund haben die Rebellen nicht auf uns gewartet, sondern sind bei unserem Vormarsch geflohen. Wir hören noch immer die Kanonen bei Yorktown.
General George B. McClellan stattete unserem Regiment heute einen Besuch ab und wurde gebührend mit Rhode Island Jubelrufen und Musik von der Kapelle empfangen. Er ritt vor unserer Linie entlang, nahm seinen Hut ab und sagte: „Gute Nacht, meine Freunde; wir werden herausfinden, was genau sich vor uns befindet und dann werden wir auf sie losgehen." Der General ist bei den Truppen sehr beliebt und wir erwarten große Taten von ihm. Kaffee und Suppe in derselben Tasse zu kochen ist nicht gerade meine Stärke, aber ich muss es tun oder verhungern.

18. April 1862 : Heute Morgen begaben Levi Carr und ich uns hinaus, um uns Rebellenforts anzusehen und unsere Männer zu beobachten, wie sie sie mit Granaten beschossen. Wir konnten keinen einzigen Rebellen sehen, da Oberst

Berdans Scharfschützen sie daran hinderten, sich zu zeigen.
Wir sahen einen armen Kerl vom 2. Vermont Regiment, der tot auf einem Bretterhaufen lag.
Letzte Nacht war der Beschuss furchtbar, und wir konnten vor Lärm nicht schlafen. Da wir nur eine kurze Distanz von den Linien der Rebellen entfernt sind, wundert es mich, dass sie unser Lager nicht beschießen. Wir haben Brustwehren aus Sand errichtet, um unsere Kanonen zu schützen.

23. April 1862 : Wir sind gerade von einem Marsch nach Yorktown zurückgekehrt, wo wir ein kleines Gefecht hatten. Die Rebellen verjagten die Posten der 2. Rhode Island und 7. Maine Freiwilligen und feuerten in unser Lager. Wir formierten uns und trieben sie zurück. General Davidson, der das Kommando innehatte, lobte uns in den höchsten Tönen. Noch nie habe ich einen gelasseneren Menschen gesehen als Oberst Wheaton. Wenn er unter Feuer liegt, lächelt er stets und sein Geist springt über auf die Männer.
Letzte Nacht kehrten wir nach Warwick Court House zurück. Adjutant Samuel G. Smith ist jetzt in General Keyes Stab, und Oberleutnant William Ames fungiert als Adjutant. Wir fühlen uns jetzt niemals einsam, denn ständig geschieht etwas Aufregendes.

25. April 1862 : Heute borgte ich mir das Pferd des Adjutanten und unternahm einen Ausritt mit dem Geistlichen Jameson. Wir besuchten einen Ort namens „Deep Creek", wo vor unserer Ankunft eine alte dampfbetriebene Mühle stand, aus der man jedoch die Antriebsmaschine herausgenommen hatte. Wir überquerten den Bach und ritten weiter bis wir Young's Farm an der Mündung des Warwick River erreichten. Young ist angeblich Quartiermeister in der Armee der Rebellen. Seine Plantage umfasst etwa 2.000 Hektar und er besaß 100 Sklaven. Ein großes, dreistöckiges Haus steht auf einem Hügel und die Schornsteine befinden sich auf der Außenseite. Etwa ein

Dutzend Hütten stehen im Hof zerstreut und ein Pfad führt zum Brunnenhaus. Das Haus ist dem Fluss zugewandt und ein hübscher Blumengarten befindet sich an seiner Frontseite. Ich pflückte mir einen schönen Strauß und nahm ihn mit zurück ins Lager. Der Strand vor dem Haus ist bedeckt mit feinem, schwarzen und weißen Sand. Die Rebellen haben einige Forts auf der anderen Seite des Flusses, aber obgleich wir den Strand entlang liefen, schossen sie nicht auf uns. Das Rebellen-Kanonenboot „Teazer" kam letzten Dienstag hierher und feuerte ein 65-Pfund Geschoss durch eine von Youngs Scheunen. Die Belagerung von Yorktown geht tapfer weiter und eines Tages wird es uns gehören.

Lager nahe Young's Farm, 30. April 1862 : Am Montag beschoss das Kanonenboot der Rebellen „Teazer" unsere Batterien nahe Young's Farm und da anzunehmen war, dass sie Truppen an Land setzen würden, wurde unser Regiment hinuntergeschickt. Wir erreichten den Ort um 01.00 Uhr am Dienstagmorgen, wurden in Youngs Haus untergebracht und die Fenster wurden verdunkelt.

Heute Morgen begaben wir uns zu einem Wäldchen und dort haben wir ein schönes Lager. Unsere Batterien beschießen die Rebellen über den Fluss hinweg und es klingt wie eine Feier zum 4. Juli. Wir können hören, wie die Rebellen in ihren Lagern die Trommeln rühren, aber unsere sind still, da wir unsere Position nicht verraten wollen. Wir können hören, wie unsere Granaten hinüber zu den Linien der Rebellen fliegen und wenn es denen so gut gefällt wie uns, dann haben sie eine schöne Zeit. Levi Carr war letzte Nacht draußen auf Postendienst. Es gibt eine schöne Pfirsichplantage in unserer Nähe, aber leider sind die Pfirsiche nicht reif. Die Neuigkeit von der Einnahme von New Orleans, Louisiana hat uns erreicht und wir freuen uns sehr.

Nun, der Krieg wird enden, sobald Gott es für richtig hält und wir werden Frieden haben. Aber die Rebellen müssen ihre

Waffen niederlegen, bevor die Vereinigten Staaten Frieden mit ihnen schließen werden.

Schlachtfeld von Williamsburg, Virginia, 7. Mai 1862 : Letzten Sonntag erreichte uns die Neuigkeit über die Evakuierung von Yorktown und wir erhielten die Order, unser Lager bei Young's Farm zu verlassen und uns der Hauptarmee anzuschließen. Wir überquerten den Fluss bei Lee's Mills und folgten dann der Linie von Befestigungen und Schützenlöchern bis um Mitternacht, als wir uns in einem verlassenen Rebellenlager niederließen. Alles zeugte von der Hast, in welcher die Rebellen ihre Befestigungen verlassen hatten. Die ganze Nacht regnete es heftig und wir lagen im Schlamm und Wasser, aber wir fühlten uns glücklich, denn jetzt waren wir an der Reihe, sie zu jagen und die Rebellen mussten rennen. Am Montagmorgen in der Frühe marschierten wir in Richtung Williamsburg und gegen Mittag begannen wir, das Donnern der Kanonen und das Rasseln der Musketen zu hören. Wir drängten weiter durch den Schlamm vorwärts, in dem Wagen stecken blieben und Batterien anhalten mussten, aber indem wir die Wälder und Felder ausnutzten, wo der Boden nicht so weich und aufgerissen war, kam unsere Division um 16.00 Uhr unter Beschuss an ihrem Bestimmungsort an. Hier wurden wir der Reserve zugeteilt und blieben dort bis kurz vor Einbruch der Dunkelheit, als unsere Brigade nach vorne geschickt wurde und am Rande eines Wäldchens etwa 500 Meter vor Fort Magruder Stellung bezog. Bis zum Einbruch der Dunkelheit konnten wir die Artilleristen der Rebellen sehen, wie sie ihre Geschütze vom Fort aus luden und abfeuerten und wir mussten es ertragen, denn aus irgendeinem Grund hatten wir den Befehl, nicht zu feuern. Die ganze Nacht lang explodierten die Granaten über unseren Köpfen. Im Schlamm und in unserem Unbehagen beteten wir für Tageslicht. Einige Zeit nach Mitternacht hörten wir das Poltern von Wagenzügen aus der Richtung von Williamsburg und gerade als der Tag anbrach, krochen Major Nelson Viall und ich auf das Fort zu. Nachdem wir uns beträchtlich genähert hatten und niemanden sahen, erhoben wir uns, liefen über das Glacis und schauten durch eine Schießscharte. Siehe da, das Fort war verlassen. Wir hasteten zur Rückseite und durchschritten das Tor. Der Boden war bedeckt mit toten Männern und Pferden. In einem der noch stehenden Zelte fand ich einige Dokumente, die die Stärke der Garnison angaben. Während wir im Fort waren, stürmte das 10. Massachusetts über die Ebene und drang in das Fort ein. Sie waren überrascht, es bereits im Besitz von zwei Soldaten aus Rhode Island zu finden. Sowohl General Couch als auch General Charles Devens, der unsere Brigade kommandiert, richteten eine Ansprache an unser Regiment und dankten den Männern für ihre Gelassenheit unter Feuer.

Das Feld bot einen furchtbaren Anblick und an einer kleinen Stelle zählte ich 60 Leichen. Die Rebellen haben viel von ihrem Gepäck weggeworfen und die Straße ist voll von zusammengebrochenen Wagen und Geschützlafetten. Unsere Kavallerie verfolgt sie jetzt und es werden viele Gefangene nach hinten gebracht. Gott sei Dank für diesen Sieg und mögen wir noch viele weitere haben, um so den Krieg zu beenden.

8. Mai 1862 : Montagnacht erhielten wir die Order, eine leichte Brigade unter dem Kommando von General George Stoneman zu bilden und den zurückweichenden Rebellen zu folgen. Die 2. Rhode Island Freiwilligen unter Oberst Frank Wheaton; die 98. Pennsylvania Freiwilligen unter Oberst John F. Ballier; die 6. U.S. Kavallerie; die 8. Illinois Kavallerie sowie Oberst Farnsworth Robertsons und Tidballs reguläre Batterien wurden für diese Aufgabe abgestellt. Oberst Wheaton kommandiert die beiden Infanterieregimenter und Oberstleutnant Steere das 2. Rhode Island. Wir sind jetzt 25 Kilometer von Williamsburg entfernt auf der Straße in Richtung Richmond und mit jedem Kilometer sammeln wir mehr Gefangene auf. Das Horn hat gerade zum Vormarsch geblasen und wir müssen weiter.

Lager nahe dem Pamunkey River, Virginia, 11. Mai 1862 : Am Freitag geriet unsere Kavallerie mit den Rebellen aneinander und stürmte durch die Linien und als sie in einen Hinterhalt gerieten, machten sie kehrt und kamen zurück. Die Kavallerie verlor drei Tote und mehrere Verwundete, brachte jedoch einige Gefangene mit zurück. Die Rebellen eröffneten ein gut gezieltes Feuer und wir wurden nach vorne beordert. Unsere Artillerie erwiderte das Feuer und die Nachhut der Rebellen zog weiter. Wir folgten ihr bis hierher und warten jetzt auf Befehle. Nahrung ist rar und alles was wir zu essen haben, ist das Vieh, das wir unterwegs töten. Es gibt kein Brot oder Salz im Regiment und ich bin komplett ausgehungert. Aber es ist alles für die Union und wir beklagen uns nicht.

12. Mai 1862 : Am Abend verließen wir das Lager und marschierten nach White House Landing am Pamunkey River. Hier trafen wir auf drei Kanonenboote und fühlen uns gleich behaglicher. Am Abend besuchten wir ein religiöses Treffen der Neger im Freien. Einer von ihnen hielt eine Predigt. Er versuchte anhand der Bibel die Wahrheit zu beweisen, dass jeder Mann seine eigene Erlösung suchen müsse. Er sagte: „Brüder, die Heilige Schrift sagt >jeder Mensch für sich selbst. Jede Wanne auf ihrem eigenen Boden<." Nicht gerade wortgetreu die Heilige Schrift, aber es kam der Wahrheit nahe. Unser Geistlicher wandte sich an die Sklaven und es war eine ausgelassene Szene.

White House Landing, Virginia, 13. Mai 1862 : Dies ist historischer Boden, denn in jenem Haus heiratete George Washington. Von diesem Haus besorgte sich Oberst Wheaton ein schönes schwarzes Reitmaultier. Wir sind jetzt weniger als 40 Kilometer von Richmond entfernt und in der Ferne ist schweres Feuer hörbar. Franklins Division erreicht uns über den Fluss und West Point.

ALLES FÜR DIE UNION

Macons Plantage, Virginia, 16. Mai 1862 : Am Mittwoch verließen wir das White House und kamen zu diesem Ort hier, in einer Entfernung von etwa fünf Kilometern und an der Richmond & West Point Bahnstrecke gelegen. Letzte Nacht geriet eine von Rebellengeneral Stewarts Ordonnanzen aus Versehen an die Linien unserer Kavallerie und wurde gefangen genommen. Zwei unserer Kompanien hatten gestern ein Gefecht mit den Rebellen. Wir liegen auf einem hohen Hügel und unsere Batterien dominieren die umliegende Gegend. Diese Plantage ist im Besitz eines gewissen Dr. Macon. Eines unserer Kanonenboote feuerte eine 11-Zoll Granate ab, die in seinem Garten landete. Eigentum wird hier ebenso respektiert, wie es in Washington respektiert wurde. Selbst die Generäle schlafen im Freien und die Rechte der Leute werden respektiert. Die hier lebenden Männer sind deswegen überrascht, denn man hat ihnen gesagt, dass die Yankees alles zerstören würden. Der weibliche Teil der Bevölkerung ist sehr verbittert und sie beleidigen jeden Soldaten, den sie treffen, oder zumindest denken sie, dass sie es tun. Als die U.S. Flagge an ihrem Haus vorbei getragen wurde, sagte eine von ihnen: „Ich hätte nicht gedacht, dass ich das jemals erleben würde." Stünden die Rebellen nicht vor uns, so könnten wir in kurzer Zeit mit dem Zug nach Richmond fahren, denn die Entfernung beträgt nur etwa 30 Kilometer. General McClellan hat unser Lager besucht.

Cold Harbor, Virginia, 20. Mai 1862 : Samstagnacht verließen wir die Macon Plantage, marschierten etwa drei Kilometer, schlugen unser Lager auf und blieben dort bis Sonntagmittag, als wir eine kurze Strecke marschierten und erneut unser Lager aufschlugen. Gestern marschierten wir zu diesem Ort hier, der etwa 20 Kilometer von Richmond entfernt liegt und etwa sechs Kilometer vom Chickahominy River, wo die Rebellen behaupten, ihre letzte Verteidigung vorbereitet zu haben. Wir hatten einen ermüdenden Marsch.

Jede Nacht wurde Holz unter unsere Wagen gelegt, um sie sofort in Brand setzen und zerstören zu können, falls der Feind uns überraschen sollte. Die Männer mussten ihre Ausrüstung Tag und Nacht tragen, und wir griffen auf allerlei Tricks zurück, um die Rebellen zu täuschen. Manchmal entzündeten wir nachts in allen Richtungen Feuer, um sie Glauben zu machen, eine große Streitmacht würde ihnen folgen. Hätten sie gewusst, dass wir nur etwa 4,000 Mann stark waren, hätten sie umkehren und uns vernichten können, allerdings nicht ohne einen Kampf. Gestern eroberte unsere Kavallerie einen Zug der Rebellen mit 100 Fässern Mehl und 50 Maultieren. Die Plantagen sind in der Regel verlassen, zeigen jedoch, dass dies vor dem Krieg eine schöne Gegend war.

Gaines Mills, 20. Mai 1862, 18.00 Uhr : Wir begaben uns heute Nachmittag zu diesem Ort hier und Richmond liegt nur etwa 15 Kilometer entfernt. In der Mühle habe ich etwas Mehl gefunden und werde „Johnny-Cakes" zum Abendessen haben. Ich würde einen guten Preis für eine anständige Mahlzeit bezahlen, denn die meiste Zeit über ist das Essen knapp. Unsere Batterien sind so aufgestellt, dass sie den Chickahominy River im Umkreis von knapp drei Kilometern dominieren. Die Rebellen haben auf der anderen Seite des Flusses eine Batterie in Stellung. Unser Vormarsch war bisher langsam. Nachdem wir wenige Kilometer marschiert sind, warten wir darauf, dass die Hauptarmee zu uns aufschließt. Die Neger sind froh, uns zu sehen, aber die Weißen schauen drein, als wollten sie uns umbringen. Ein Mann war überrascht, als ich ihm erzählte, dass im Norden die Schulen geöffnet sind und die Mühlen arbeiten. Sie scheinen zu denken, der Norden müsse genauso leiden wie der Süden. Ich habe den Marsch die Halbinsel hinauf sehr genossen und dank Oberst Wheaton und Major Viall hatte ich ab und zu die Gelegenheit, zu reiten.

Nahe New Bridge, Chickahominy River, 24. Mai 1862 : Letzte Nacht verließen wir unser Lager und machten uns auf den Weg nach einem Ort namens „Ellisons Mills". Gerade als wir eine Brücke über einen Bach überquerten, donnerte eine Kanone und ein Geschoss schlug weniger als drei Meter von mir entfernt ein. Ich dachte, meine Zeit sei gekommen und so stand ich da, dümmlich auf die Explosion wartend. Es stellte sich jedoch heraus, dass es eine massive Kugel war. Bald flogen überall um uns herum die Granaten und eine unserer Batterien bezog Aufstellung und antwortete entsprechend. Unser zweiter Schuss demontierte ein Rebellengeschütz und sie wechselten die Position und eröffneten erneut das Feuer. Sie feuerten etwa 100 Schuss ab, dann protzten sie ihre Geschütze auf und machten sich davon. Heute Morgen überquerten wir den Bach und unsere Kavallerie ritt weiter und zerstörte einen Teil der Richmond & Fredericksburg Bahnstrecke. Ein Infanterieregiment von General Davidsons Brigade überquerte in Begleitung eines Kavallerieregiments die New Bridge und sie brachten 32 Gefangene mit zurück, außerdem hatten sie mehrere getötet und verwundet. Unsere Seite verlor sieben Männer. Von einem nahe gelegenen Hügel aus können wir die Kirchtürme in Richmond sehen. Oberst Lowe steigt jeden Tag in seinem Ballon auf. Es hat fast den ganzen Tag lang geregnet und wir sind nass und fühlen uns ungemütlich.

Die Neger sind sonderbare Leute und scheinen den Krieg zu verstehen. Sie machen sich auf den Weg nach Fortress Monroe, sobald sie hinter unsere Armee gelangen können. Ich bedaure sie für ihren erniedrigenden Zustand, aber daran sind die Weißen schuld.

Die Erdbeeren und die Erbsen sind reif und gelegentlich bekommen wir ein paar davon. Nach dem oben beschriebenen Geplänkel fanden wir heraus, dass wir in der Nähe eines Ortes namens Mechanicsville waren und ich begab mich in das Städtchen. Die Häuser waren durchlöchert von den Geschossen, die beide Seiten während des Kampfes abgefeuert hatten.

Nahe Hanover Court House, 28. Mai 1862 : Gestern kehrten wir zu unserem alten Lager zurück und die Männer erhielten Order, ihre Tornister zu Haufen zusammenzulegen und zurückzulassen und sie marschierten fünf Kilometer zu dem Ort, wo die Kavallerie am Samstag die Bahnstrecke aufgerissen hatte. Wir sahen, dass die Rebellen die Strecke repariert hatten und die Späher der Kavallerie meldeten, ein Zug käme aus der Richtung von Hanover. Wir brachten Artillerie in Stellung und als die Waggons um eine Kurve kamen, sandten wir ihnen eine höfliche Aufforderung stehen zu bleiben in Form einiger Granaten. Der Zug stoppte und etwa 75 Soldaten sprangen ab und rannten in die Wälder. Hauptmann Edward Stanley begab sich hinunter zum Zug und fuhr ihn an unsere Linien heran. Es waren vier Waggons, beladen mit Munition und anderen Vorräten. Wir zerstörten die Strecke, indem wir die Gleise herausrissen. Riesige Haufen von Schwellen wurden aufgeschichtet und entzündet und die Gleise darüber gelegt. Wenn das Feuer die Gleise erreichte, verbogen diese sich durch ihr eigenes Gewicht und wurden somit unbrauchbar. Wir öffneten einen Kanal und ließen die Lokomotive hinein rollen, anschließend verbogen wir alle Gleise, an die wir herankamen und zündeten über allem ein riesiges Feuer an. Die Waggons wurden gesprengt, nachdem wir alles herausgeholt hatten, was wir brauchen konnten. Ich nahm mir ein feines Paar neuer, grauer Hosen.

Während alldessen fand etwa sechs Kilometer von uns entfernt bei Hanover Court House eine furchtbare Schlacht statt, bei der General Fitz-John Porter einen Sieg über die Rebellen errang und viele Gefangene nahm. Ich sah etwa 400 von ihnen, als die Kavallerie sie nach hinten brachte. Wir nahmen fast alle Soldaten, die in dem Zug gewesen waren, gefangen. Heute Morgen rückten die Rebellen in großer Stärke gegen uns vor und da unser Werk der Zerstörung vollbracht war, kehrten wir zu unserem Lager zurück, wo wir unsere Tornister zurückgelassen hatten.

Nahe Mechanicsville, 31. Mai 1862 : Der Ort, wo wir die Bahnstrecke zerstörten heißt Atlee's Station. Das Gerücht geht um, die Vorhut solle aufgelöst werden und dass wir zu General Devens' Brigade im IV. Korps zurückkehren sollen. Kämpfe dauern schon den ganzen Tag an und noch immer hören wir das Grollen der Kanonen in der Entfernung. Wir sind an einem Ort namens Four Corners.

Nahe Mechanicsville, Virginia, 4. Juni 1862 : Wir sind noch immer an diesem Ort hier und scheinen an der rechten Flanke der Armee zu stehen. Große Schlachten werden ausgefochten, aber wir werden nicht eingesetzt. Unsere Zeit wird früh genug kommen. Der Samstag war ein einziges Gemetzel. Unsere Division hatte fürchterliche Verluste. General Charles Devens Jr., unser Brigadekommandeur und General John J. Peck wurden verwundet. Oberst Riker vom 62. New York, den Anderson Zouaves, wurde getötet. General McClellan hat eine Order herausgegeben, dass er die Gefahren des Schlachtfeldes mit uns teilen will (warum auch nicht?) und er spricht davon, dass wir uns auf das Bajonett verlassen sollen. Wir können die Geschütze der Rebellen sehen und die Granaten fliegen über unser Lager. Sie klingen wie eine Dampfpfeife. Wir haben keine Zelte und unsere Decken sind die meiste Zeit über feucht. Aber es ist alles für die Union. Möge Gott uns helfen.

Mehrere der Männer sind krank und einige sind gestorben, aber meine Gesundheit ist gut und ich bin zuversichtlich. Wir erwarten, bald Feldblusen zu erhalten, um die Jacken zu ersetzen, die die Männer tragen. Morgen habe ich mein erstes Jahr in der Armee vollendet. Es war ein hartes Jahr, aber ich bin froh, dass ich mich eingeschrieben habe und möchte das Ende des Krieges erleben, mit der Wiederherstellung der Union und Frieden in unserem Land. Ich kann nicht sagen, wann wir wieder marschieren werden. Wir werden zweifellos aus einem guten Grund hier zurückgehalten und wir sind bereit, unsere Pflicht zu tun, wenn wir eingesetzt werden.

Nahe Mechanicsville, Virginia, 8. Juni 1862 : Wieder einmal ist es Sonntag und es ist ungewöhnlich still. Die Kanonade, die die gesamte letzte Woche über ununterbrochen stattfand, ist heute verstummt, so als habe sie Respekt vor dem Tag. Seit einer Woche haben wir ein seltsames Wetter. Die Morgen sind angenehm, aber in der Nacht haben wir furchtbare Stürme und schwere Regenfälle und die Männer schlafen in nasser Kleidung. Es wundert mich, dass wir nicht schon alle krank sind.
Jede Nacht haben wir unsere Sachen gepackt, um marschbereit zu sein, aber bisher sind wir nicht gestört worden. Das Artilleriefeuer war bis heute ununterbrochen und unser größtes Vergnügen war es, zu schätzen, wo die Granaten einschlagen würden. Der Ballon steigt täglich empor und Gefangene sagen, dass die Leute in Richmond an den Straßenecken stehen und seine Bewegungen beobachten. Die Rebellen feuern gelegentlich eine Granate auf ihn ab, aber bisher haben sie ihn noch nicht getroffen. Gestern eröffnete eine schwere Batterie das Feuer auf die Befestigungen der Rebellen. In einem Haus oder einer Hütte in der Nähe des Lagers lebt eine Frau mit ihrer Tochter und zwei kleinen Söhnen. Ihr Ältester dient in der Armee der Rebellen. Sie bat um eine Wache und ich begab mich mit einem Korporal und einer Wache hinüber, um die Sache zu untersuchen. Sie waren sehr aufgeregt und sagten, sie hätten Angst vor unseren Männern. Ich ließ die Wache dort. Dies ist ein Beispiel dafür, was wir in Virginia tun. Die Männer kämpfen gegen ihr Land und wir bewachen ihre Familien und geben ihnen sogar Nahrung. Aber das gebietet die Menschlichkeit. Nur für sehr kranke Männer benutzen wir Häuser als Hospitäler. Wenn das Wetter es erlaubt, halten wir Paraden ab, allerdings ohne Musik, da uns nicht daran gelegen ist, den Feind über unsere Position zu informieren. Nach den Paraden halten wir meist Gottesdienste ab und für gewöhnlich werden sie von den Männern gut besucht. Mr. Jameson, unser Geistlicher, predigte dem Regiment heute in den Wäldern. Heute Morgen fand eine sorgfältige Inspektion des Regiments statt.

Nahe Mechanicsville, 11. Juni 1862 : Hurra! Der Zahlmeister ist im Lager und zahlt die Offiziere und Männer aus.

Nahe Mechanicsville, Sonntag, 15. Juni 1862 : Seit zwei Tagen stehen wir ständig Gewehr bei Fuß und da unser Gepäck mit den Wagen nach hinten geschickt wurde, haben wir es nicht sehr bequem. Die Männer schlafen zeitweise und wechseln sich dabei ab, gefechtsbereit zu sein.
Die Kavallerie hält ihre Pferde in Bereitschaft und es sieht so aus, als käme Arbeit auf uns zu. An einem Tag letzte Woche kam ein von Unionskavallerie eskortierter Wagen durch unser Lager, in dem die Gattin von General Robert E. Lee von der Rebellenarmee mit ihrer Tochter und zwei weiteren Damen saß. Sie wurde unter Parlamentärflagge in den Süden gebracht. Wie es dazu kam, dass sie im Norden geblieben ist, weiß ich nicht. Einige Tage später ritt ich hinüber zu Batterie "C" der 1. Rhode Island Artillerie. Sie ist in der Nähe des Chickahominy River stationiert und steht den Rebellen gegenüber. Die Posten an dieser Linie sind gutmütig und tauschen Zeitungen aus. Es gibt mehrere Häuser in der Nähe unseres Lagers und vor ein paar Tagen nahm ich in einem von ihnen mein Abendessen ein. Es war für mich seit langer Zeit das erste Mahl, das ich in einem Haus eingenommen habe. Wir müssen viele Männer abstellen, um die Gärten zu bewachen, oder die Leute würden verhungern. Ich sehe nicht, wie sie sich für den nächsten Winter mit Essen versorgen können, aber sie ernten die Früchte ihrer Torheit.

Nahe Fair Oaks, Virginia, 20. Juni 1862 : Stonemans leichte Brigade ist schließlich aufgelöst worden und wir sind zurück in unserer alten Brigade. Letzten Mittwoch machten wir uns um 16.00 Uhr auf den Weg und überquerten den Chickahominy River auf der so genannten Tammany Bridge. Sie ist gebaut aus Kiefernstämmen und überspannt sowohl den Sumpf als auch den Fluss. Sie ist fast anderthalb Kilometer lang und wurde, glaube ich, von einem Regiment aus New York errichtet. Nach der Überquerung schlugen wir für die Nacht das Lager auf und am nächsten Morgen schlossen wir uns unserer Brigade an. Die Jungs aus Massachusetts (7. und 10. Regiment) und das 36. New York waren sehr froh, uns wiederzusehen. Wir lagerten in einem dichten Eichenwald hinter einigen von unserer Brigade errichteten Befestigungen. Die Bahnstrecke verläuft sehr nahe an unserem Lager und kontinuierlich fahren Züge vorbei. Ich war kindisch genug, um hinunter zu rennen und mir einen vorbeifahrenden Zug anzusehen und es war das erste Zeichen von Zivilisation, das ich seit langer Zeit gesehen habe. General Keyes' Quartier ist sehr nahe an unserem Lager und ich stattete ihm einen Besuch ab. Adjutant Sam J. Smith vom zweiten Regiment, der in Keyes' Stab ist, soll sich im letzten Kampf sehr tapfer verhalten haben. Heute wurden neue Uniformen an das Regiment ausgegeben. Sie bestehen aus einer dunklen Flanellbluse und hellblauen Hosen. Unsere Offiziere haben sich für weiche, schwarze Hüte entschieden.

William B. Westcott besuchte mich letzte Nacht. Er ist jetzt Oberfeldwebel von Batterie "G" der 1. Rhode Island Artillerie. Oberstleutnant Steere ist zum Oberst der 4. Rhode Island Freiwilligen befördert worden und wird uns bald verlassen. Major Nelson Viall ist zum Oberstleutnant unseres Regiments befördert worden. Er ist ein hervorragender Offizier und Mensch und ist sehr freundlich zu mir gewesen.

Nahe Fair Oaks, Virginia, Sonntag, 22. Juni 1862 : Herr Jameson, unser Geistlicher, predigte heute Morgen aus dem Evangelium. Die Predigt war ausgezeichnet und ich denke, sie wird uns gut tun. Wir haben Christen im Regiment, aber es gibt auch viele, die kein Interesse an religiösen Dingen zeigen. Ich vertraue darauf, dass Gott ihre Herzen berühren und sie zur Bußfertigkeit bewegen wird. Gestern Nacht kurz vor Einbruch der Dunkelheit versuchten die Rebellen, unsere Posten zu vertreiben, aber sie hatten keinen Erfolg. Sie erhielten die ganze

Nacht hindurch ein konstantes Feuer aufrecht und an Schlaf war nicht zu denken.

Heute Morgen um 03.00 Uhr war die gesamte Armee kampfbereit, aber bisher ist alles ruhig. Mein Freund Benjamin Hubbard machte sich mit einigen hundert Dollar, die Kompanie "D" gehörten, auf den Weg nach White House, um sie nach Hause zu schicken. Er wurde von Rebellenkavallerie gefangen genommen. Unser Marketender wurde ebenfalls zusammen mit mehreren tausend Dollar gefangen genommen.

Oberst Steere hat sich heute auf den Weg zum 4. Regiment gemacht. Als er das Lager verließ, wurde ihm zugejubelt. Das Vierte wird einen guten Kommandeur haben.

Nahe Fair Oaks, Virginia, 26. Juni 1862 : Das alte Zweite ist wieder in einer Schlacht gewesen und obgleich viele getötet und verwundet worden sind, bin ich durch die Gnade Gottes unverletzt geblieben.

Gestern Morgen, am 25., hatten unsere vorderen Posten ein scharfes Geplänkel mit den Rebellen und unsere Brigade unter General Ives N. Palmer wurde zur Unterstützung der Posten nach vorne geschickt. Wir überquerten das alte Schlachtfeld von Seven Pines, das ein einziger Friedhof ist und viele der Leichname sind nur zur Hälfte begraben. Über einige wurde nur ein wenig Erde geworfen und sie sind teilweise freigelegt. Hier stoppten wir bis zum Mittag, als wir wieder vorrückten und den Feind einen Kilometer oder weiter zurückdrängten, während unsere Artillerie über unsere Köpfe hinweg Granaten in den Wald vor uns schoss. Als wir ein Wäldchen mit einer freien Fläche davor erreichten, wurden zwei Geschütze von einer regulären Batterie herangeschafft und eröffneten das Feuer auf die Lager der Rebellen. Nach einiger Zeit antwortete eine Batterie der Rebellen. Ihre ersten Schüsse gingen zu hoch, aber sie kamen näher und näher und als sie sich auf die Entfernung unserer Geschütze eingeschossen hatten, zogen sich die Regulären über die Straße hinter uns zurück. Die Rebellen

erhielten ihr Feuer aufrecht und bald krachte eine Granate durch den Sumpf und explodierte in den Reihen von Kompanie "A", wobei sie zwei Männer tötete und einen dritten verwundete. Jetzt flogen die Granaten und Kartätschen dicht und in schneller Folge und mehrere wurden getötet und einige verwundet, darunter Hauptmann Stanley von Kompanie "E". Der Beschuss endete bei Einbruch der Dunkelheit und wir begannen, ein Schützenloch im Sumpf auszuheben, aber so schnell wir den Matsch heraus schaufelten, so schnell strömte das Wasser hinein. Wir stießen auf einen Graben, in dem die Toten von Fair Oaks beerdigt worden waren und der Anblick war einfach grauenhaft.
General Philip Kearney war zu unserer Linken in Kämpfe verwickelt und vertrieb den Feind von seiner Front. Irgendwann am Abend wurden unsere Posten von Rebelleninfanterie angegriffen, aber wir legten unsere Spaten nieder und verjagten den Feind. Während der Nacht versuchten sie dreimal, uns aus dem Sumpf zu vertreiben, aber sie scheiterten jedes Mal. Es war sehr dunkel und die Flammen aus den Musketen und den Kanonen der Rebellen erleuchteten die Landschaft, während die Kugeln wie Bienen schwirrten. Ich war damit beschäftigt, Befehle von Oberst Wheaton (der in der Nacht das Kommando über die Brigade übernommen hatte) an die anderen Regimenter zu überbringen. Ich mochte die Aufgabe nicht, aber es war meine Pflicht und ich versuche immer, meine Pflicht zu tun. Manchmal ebbte das Feuer fast vollständig ab, um dann mit neuer Stärke und Schwere wieder auszubrechen. Unsere Männer betrugen sich hervorragend und der Oberst war so gelassen wie bei einer Drillübung. Bei Anbruch des Tages wurden wir von anderen Truppen abgelöst und zogen uns zu einem Fort im Hinterland zurück, von wo aus wir, nachdem wir gewartet hatten, um zu sehen, ob wir angegriffen werden würden und die Rebellen nicht erschienen, zu unserem alten Lager zurückkehrten. Soweit bekannt haben wir fünf Tote und etwa 25 Verwundete verloren. Mein Freund Fred A. Ar-

nold aus Kompanie "D" wurde verwundet, aber ich hoffe, dass er sich erholen wird. Er wurde ins Bein getroffen.

Charles City Crossroads, Sonntagmorgen, 29. Juni 1862 : Nun, die große Armee ist auf dem Rückzug. Nach der Schlacht am 25. beschloss General McClellan die Belagerung von Richmond aufzugeben und sich zum James River zurückzuziehen. Das 2. Rhode Island und die 6. Maine Freiwilligen wurden als Erste losgeschickt und seit wir die Front verlassen haben, hören wir konstantes Gewehrfeuer hinter uns. Das riesige Versorgungsdepot bei Savage Station wurde verbrannt, um zu verhindern, dass es in die Hände des Feindes fällt. Ich habe nicht erwartet, dass dies das Ergebnis unseres Feldzuges sein würde, aber ich schätze, es ist alles in Ordnung. Wir sind Tag und Nacht marschiert und niemand kann wissen, wie sehr die Armee gelitten hat. Kein Schlaf, karges Essen und fast zu Tode erschöpft.

Heute Morgen erreichten wir diesen Ort hier und wurden von einem Regiment North Carolina Kavallerie angegriffen. Mit der Hilfe zweier Geschütze, die wir mit uns führen, rieben wir dieses Kavallerieregiment nahezu auf und nahmen viele Gefangene. Da wir in den Wäldern verborgen waren, ritt der Feind direkt auf uns zu und traf nicht einen einzigen unserer Männer. Ich nahm einen Rebellen gefangen und brachte ihn zu Oberst Wheaton. Er hatte ein Colt-Revolvergewehr, das ich ihm abnahm und der Oberst hat mir gesagt, dass er es für mich nach Hause schicken wird. Wir erhielten den Befehl, weiterzumarschieren und so nahmen wir unsere Gefangenen zwischen uns und machten uns wieder auf den Weg in Richtung James River.

Montag, 30. Juni 1862 : Heute Morgen zu früher Stunde erreichten wir einen Ort am James River namens Hacksville Landing. Nachdem wir kurz gerastet hatten, begaben wir uns wieder auf die Straße und in der Nacht erreichten wir Malvern Hill.

Malvern Hill, 1. Juli 1862 : Oh, die Schrecken des heutigen Tagewerkes, aber endlich haben wir den Vormarsch der Rebellen gestoppt und anstatt uns zu folgen, fliehen sie nach Richmond.
Die heutige Schlacht ist jenseits jeglicher Beschreibung. Der Feind rückte durch Kornfelder vor und griff unsere Linien an, die auf einem langen Höhenzug lagen. Unser Kanonenboot schoss Granaten über unsere Köpfe hinweg und in die Linien der Rebellen. Alle Versuche, uns aus unserer Stellung zu vertreiben, schlugen fehl und in der Nacht zogen sich die Rebellen zurück. Unser Regiment unterstützte die Batterien unserer Lager und hatte keine großen Verluste, aber wir sahen alles von der großen Schlacht.

Harrison's Landing, James River, 3. Juli 1862 : Letzte Nacht verließen wir Malvern Hill und inmitten eines Regengusses marschierten wir zu diesem Ort hier, den wir heute in der Frühe erreichten. Oh wie erschöpft und schläfrig ich bin. Wir haben seit dem 24. Juni keine Ruhepause gehabt und sind zu Tode erschöpft. Das Erste, was ich auf dem Fluss bemerkte, war der Dampfer „Canonicus" aus Providence. Er ließ mich an Zuhause denken. Wir stellten unsere Waffen zusammen und die Männer legten sich im Regen nieder und schliefen. Oberstleutnant Viall warf eine Zeltplane über einen Busch, breitete etwas Stroh auf dem Boden aus und lud mich ein, den Platz mit ihm zu teilen. Wir waren gerade eingeschlafen, als eine Rebellenbatterie das Feuer eröffnete und ihre Granaten über unsere Köpfe jagte. Wir erhoben uns hastig und gerade noch rechtzeitig, denn eine Kugel oder eine Granate schlug in das Stroh ein, das wir gerade verlassen hatten. Dieser Schuss bespritzte Vialls Pferd mit Schlamm. Wir erhielten den Befehl, unsere Tornister zurückzulassen und gegen diese Rebellenbatterie vorzugehen. Aber unsere Männer konnten sich kaum bewegen und nach einer kurzen Strecke stoppten wir und andere Truppen nahmen die Verfolgung auf. Batterie "E" der 1.

Rhode Island Artillerie schickte einige Geschütze nach vorne und ich habe gehört, eine der Rebellenkanonen sei erobert worden. Wir kehrten zu unseren Tornistern zurück und die Männer versuchen jetzt zu schlafen.

4. Juli 1862 : Heute Morgen wurden alle Truppen zur Arbeit an der geplanten Befestigungslinie geschickt. Als ich zur Quelle ging, traf ich General McClellan, der uns freundlich einen guten Morgen wünschte und unserer Gruppe sagte, dass wir eine Ruhepause bekämen, sobald die Befestigungen abgeschlossen seien. Er trank einen Schluck aus einer Feldflasche und entzündete seine Zigarre an der Pfeife eines der Männer. Bei Malvern Hill ritt er vor unserem Regiment entlang und wurde lauthals bejubelt. Ich bin unten am Fluss gewesen. Ich ritt das Pferd des Adjutanten und genoss den Anblick der Schiffe. Kanonenboote und Transportschiffe liegen im Strom vor Anker. Was wir jetzt wollen, ist Ruhe und ich hoffe, wir werden sie bekommen. Ich könnte eine Woche lang schlafen. Das Wetter ist sehr heiß, aber wir haben unser Lager in einen Wald verlegt, wo wir es schattig haben.

Dies ist ein seltsamer 4. Juli, aber wir haben nicht vergessen, dass es der Geburtstag unserer Nation ist und ein Salut wurde abgefeuert. Wir erwarten, bald etwas zu essen zu bekommen. Das Soldatenleben ist kein Spaß, aber die Pflicht hält uns bei der Truppe. Nun, irgendwann muss der Krieg enden und die Union wird wiederhergestellt werden. Ich frage mich, wie unsere nächste Bewegung aussehen wird. Ich hoffe, sie wird erfolgreicher sein als unsere letzte.

Harrison's Landing, Virginia, 9. Juli 1862 : Das Wetter ist extrem heiß und da die Männer an den Befestigungen arbeiten, leiden sie sehr darunter. Die Armee ist voll von kranken Männern, aber bisher scheint unser Regiment davongekommen zu sein. Der Sumpf, in dem wir lebten, als wir vor Richmond standen, verursachte Schüttelfrost und Fieber. Mir geht es sehr

gut, tatsächlich bin ich nicht im Geringsten krank. Oberstleutnant Nelson Viall aus unserem Regiment hat jetzt das Kommando über die 10. Massachusetts Freiwilligen inne, da deren Feldoffiziere alle krank oder verwundet sind. Fred Arnold ist in einem Hospital in Washington.
Letzte Nacht besuchte Präsident Lincoln die Armee. Als er die Linien abschritt wurden Salutschüsse abgefeuert und die Männer rannten nach vorne und jubelten. Wir sehen General McClellan beinahe täglich und er spricht oft mit den Männern. Wie gerne würde ich mein Zuhause wiedersehen.
Wenn Gott es für richtig hält, werde ich meine Lieben auf Erden wiedersehen oder im Himmel. Ich war den ganzen Tag damit beschäftigt, die Stammrollen und Soldlisten vorzubereiten. Wir hoffen, irgendwann ein wenig Geld zu erhalten.

Sonntag, 20. Juli 1862: Die Routinearbeit im Lager geht weiter, mit Drillübungen und Postendienst. In der letzten Woche hatten wir viel Regen und unser Lager ist überflutet worden. Heute Morgen zeigte sich die Sonne und der Schlamm trocknet. Letzte Nacht verließ uns Dr. Carr in Richtung Heimat. Hauptmann Edwin K. Sherman, der uns vor zwei Wochen wegen Krankheit verließ, ist in New York gestorben, bevor er seine Heimat erreichen konnte. Leutnant Lewis E. Bowen hat wegen Krankheit seinen Posten niedergelegt. Der Geistliche Jameson las uns heute Morgen eine Predigt, während unsere Kanonenboote flussaufwärts eine Kanonade veranstalteten. Dies ist das erste Mal, dass die Rebellen uns belästigen, seit wir hier angekommen sind.
Oberst Wheaton hat das Kommando über die Brigade inne, da General Palmer krank ist. Der Oberst machte sich heute Morgen auf den Weg nach Fortress Monroe. General Devens, unser Brigadekommandeur, der bei Fair Oaks verwundet wurde, wird bald zurückerwartet.
Leutnant William, der Bruder des Obersts, ist jetzt Mitglied des Stabes von General Palmer. Gestern inspizierte Major Davis

von der regulären Armee unser Regiment und wir werden bald mit Kleidung versorgt werden, die wir auch dringend benötigen.

Harrison's Landing, Sonntag 27. Juli 1862 : Wir haben einen schönen Tag und der reguläre Lagerdienst wurde wie bei Camp Brightwood wieder aufgenommen. Nach dem Aufziehen der Wache paradierte das Regiment vor Oberst Wheatons Quartier vorbei und danach fand unser Gottesdienst statt. Die Männer saßen im hohlen Viereck und vom Zentrum aus predigte der Geistliche. Einige Männer waren sehr aufmerksam, während andere keinerlei Interesse am Geschehen zeigten. Die Kapelle spielt gerade vor dem Zelt des Obersts und viele Grüppchen von Soldaten lauschen der Musik. Der Oberst ist von seinem Besuch bei Frau Wheaton in Fortress Monroe zurückgekehrt. Das Kriegsschiff „Dacotah" ist angekommen. Leutnant William Ames' Bruder ist Offizier an Bord des Schiffes. Einige der Jungs der Rhode Island Artillerie haben mich heute besucht.

31. Juli 1862 : Ich war einige Tage lang ziemlich krank, aber inzwischen geht es mir wieder relativ gut. Oberst Wheaton hat mich für eine Beförderung zum Unterleutnant vorgeschlagen, wegen, wie es im Schreiben heißt, „löblichen Betragens während verschiedener Gefechte auf der Halbinsel." Ich vermute, mein Patent wird bald eintreffen. Hurra!
Gestern wurde die Armee unter Waffen gehalten, da angeblich das Rebellenpanzerschiff „Merrimack" auf dem Weg hierher war. Nun, es soll nur kommen und die Rebellenarmee gleich mitbringen. Wir sind nun in der Lage, sie gebührend zu empfangen. Ich habe ein Päckchen erhalten. Der Kuchen war nicht mehr genießbar, aber die anderen Dinge waren noch in Ordnung.

Harrison's Landing, Virginia, 02. August 1862 : Heute verlegten wir unser Lager zurück in einen Kiefernhain. Einfache Zweimannzelte wurden an die Männer ausgegeben. Jeder Mann hat ein etwa zwei Meter langes und einen Meter breites Stück Zeltplane. Zwei Mann knöpfen ihre Planen aneinander und wenn man sie über zwei Stangen wirft, werden sie an den Enden abgestützt und es entsteht ein Zelt. Dieses ist an beiden Enden offen und dient als Sonnenschutz, aber wenn es regnet, nimmt man darin eine regelrechte Dusche. Jeder der Männer trägt einen Teil eines Zeltes in seinem Gepäck. Wir haben ein schönes Lager mit richtigen Kompaniestraßen. Heute Nacht hatten wir eine schöne Parade, gefolgt von einem Gottesdienst. Nahe unserem Lager befindet sich ein großes, offenes Feld, das wir für Paraden und Drillübungen benutzen. Es geht das Gerücht um, dass wir bald wieder aufbrechen werden. Ich hoffe, es wird in Richtung Richmond gehen.

03. August 1862 : Am Donnerstagmorgen um etwa 01.00 Uhr hörten wir den Schuss einer Kanone und die Explosion einer Granate in der Nähe unseres Lagers. So ging es weiter und bald schalteten sich die Kanonenboote mit den schweren Kalibern ein und wir hatten Musik. Wir sahen, dass eine Batterie der leichten Rebellenartillerie auf der Südseite des James River Stellung bezogen hatte und auf unsere Transportschiffflotte feuerte, wobei einige Schüsse zu unseren Lagern herüberflogen. Die Kanonenboote vertrieben den Feind und am nächsten Morgen überquerten Truppen den Fluss und brannten die Häuser nieder, die dem Gegner Schutz gewährt hatten. Wir sind auf der Suche nach Rekruten, aber bisher vergeblich. Wenn die Männer nicht patriotisch genug sind, um ihr Land freiwillig zu retten, so hoffe ich, dass man eine Einberufung befehlen wird.

Freitag, 07. August 1862 : Donnerstagnacht hatte General Sedgwicks Division eine lebhafte Zeit bei Malvern Hill und unsere Division erhielt den Befehl, sie zu unterstützen. Um 07.00 Uhr brachen wir mit zwei Tagesrationen versorgt auf.

ALLES FÜR DIE UNION

Zuerst marschierten wir hinunter zum James River und folgten dann einer ufernahen Straße in Richtung Richmond. Fünf Kilometer vom Lager entfernt erreichten wir die Plantage von Hill Carter. Obwohl er ein Rebell ist, ist Herr Carter froh, dass sein Eigentum beschützt wird. Er hat eine wunderbare Farm und ein kleines Dorf von weiß angemalten Häuschen für seine Sklaven. Im Mondlicht sehen sie sehr hübsch aus. Drei Kilometer weiter erreichten wir das Dorf Shirley. Es ist eines der schönsten kleinen Städtchen, die ich jemals gesehen habe. Die Häuser sind aus Backstein und haben nette Gärten an ihrer Vorderseite. Eine hübsche Backsteinkirche steht an der Hauptstraße. Man sagt, dass dieses Dorf Herrn Carter gehört und dass er 1.000 Sklaven besitzt.

Um ungefähr 03.00 Uhr hielten wir und formierten uns mit geladenen Gewehren in Linie. Bei Tagesanbruch meldeten unsere Posten, der Feind sei in Sicht, aber er griff uns nicht an. Gegen Mittag bewegten wir uns zu einem nahe gelegenen Hügel und ein Wagenzug auf dem Weg nach Malvern Hill passierte uns. Gegen 22.00 Uhr marschierten wir weiter zur Turkey Bridge und wurden bald zurück ins Lager beordert, welches wir ungefähr bei Tagesanbruch heute (Freitag) Morgen sehr müde und schläfrig erreichten. Das Manöver soll eine Finte gewesen sein, um Truppen von Richmond wegzuziehen, sodass General Pope eine Chance erhält, nördlich von Richmond zu operieren. Wir brachten einige Gefangene mit zurück. Heute Nacht ritt ich hinunter zum James River und genoss ein Bad.

10. August 1862 : Heute unternahm ich einen Ausritt und besuchte Batterie "G" der 1. Rhode Island Artillerie, wobei ich William Westcott sah. Ich hielt beim Lager der 64. New York Freiwilligen und ließ nach meinem Cousin, Arnold Rhodes Chase, schicken. Da ich ihn noch nie zuvor getroffen hatte, bereitete mir der Umstand, einen unbekannten Verwandten zu treffen, viel Freude. Er wird bald zum Hauptmann befördert werden. Oh, wie heiß das Wetter ist; viele unserer Männer sind krank. Heute hatten wir Gottesdienst mit einer interessanten Predigt.

Ich weiß nicht, was unser nächster Marsch bringen wird, aber ich denke, wir werden diesen Ort allesamt verlassen. Sollten wir wieder gegen Richmond vorrücken, warum haben wir dann Malvern Hill aufgegeben?

Seit ich die obigen Zeilen schrieb, bekamen wir den Befehl, morgen mit sechs Tagesrationen versehen aufzubrechen. Ich weiß nicht, was das bedeuten soll.

14. August 1862 : Unser gesamtes Gepäck wurde bereits auf den Weg geschickt und wir warten auf den Marschbefehl. Wohin, wissen wir noch nicht.

Lager nahe Williamsburg und Yorktown, 19. August 1862 : Seit einiger Zeit haben wir den Verdacht, dass General McClellan Harrison's Landing zu verlassen beabsichtigt, da unser gesamtes Gepäck bereits weggeschickt wurde. Unsere Division verließ das Lager am Samstag gegen Tagesanbruch und marschierte etwa 13 Kilometer, bis wir anhielten, da die Straße von Pferdegespannen versperrt war. Sonntagmorgen brachen wir erneut auf und erreichten bei Einbruch der Dunkelheit den Chickahominy River nahe seiner Mündung. Wir legten 32 Kilometer zurück und überquerten den Fluss mittels einer etwa 800 Meter langen Pontonbrücke. Kanonenboote lagen nahe jeder Brücke vor Anker und beschützten sie. Nach der Überquerung schlugen wir unser Lager für die Nacht auf. Gestern ging es weiter und nachdem wir Williamsburg passiert hatten, erreichten wir dieses Lager, das etwa acht Kilometer von Yorktown entfernt liegt. Den Feind haben wir bisher nicht gesehen. Niemand weiß, wohin unser Marsch führen wird, aber einige vermuten, dass wir zu General Popes Armee stoßen werden.

20. August 1862 : Heute Morgen verließen wir das Lager und marschierten durch Yorktown und jetzt sind wir in einem Lager nahe des Dorfes. Die alten Befestigungen stehen noch und man kann fast überall Kugeln und Granaten aufsammeln. Man sagt, dass wir auf dem Weg nach Fortress Monroe sind, aber warum weiß niemand. Mir geht es gut, aber die Lage der Dinge gefällt mir nicht. Mir scheint, wir bewegen uns in die falsche Richtung. Nun, ich hoffe, es wird sich alles zum Guten wenden.

Lager nahe Yorktown, Virginia, 24. August 1862 : Wieder Sonntagnacht und ich fürchte, wir sind dem Ende des Krieges kein Stück näher als vor fünf Monaten, als wir bei Fortress Monroe landeten. Aber wir haben auch ein paar Dinge gelernt und ich hoffe, wir werden vorwärts marschieren und Richmond einnehmen.

Wir haben unser Lager von der Nähe des Flusses auf einen Hügel verlagert, wo wir reichlich klares Wasser von einer Quelle bekommen. Das ist ein großer Luxus, da wir bei den meisten unserer bisherigen Lager gezwungen waren, weite Strecken für Wasser zu gehen. Dieser Hügel war während der letzten Belagerung von General Fitz-John Porters Korps besetzt und wir finden gelegentlich herumliegende Kugeln und Granaten. Jede Kompanie verfügt über eine breite Straße und wir haben einen Paradeplatz vor dem Lager. Es sieht so aus, als ob unser Korps (Keyes' IV.) auf der Halbinsel verbleiben würde, da die meisten anderen Truppen bereits weggeschickt wurden.

Ich war sehr überrascht von Yorktowns Erscheinungsbild. Wir betraten das Städtchen durch das Tor eines auf einem Höhenzug erbauten Forts. Es gibt in dem Dorf nicht mehr als zwanzig Häuser und einige von ihnen müssen bereits vor dem Unabhängigkeitskrieg erbaut worden sein, da sie noch vom alten Mansardendach-Typ sind und schon verfallen. Als wir durch die Hauptstraße gingen, sahen wir die alten Forts, die die britische Armee erbaut hatte, als sie 1781 von Washington belagert wurde. Einige dieser Forts wurden von den Rebellen benutzt.

Etwas weiter sahen wir die Rebellenbefestigungen, die aus mit Erde bedeckten Sandsäcken bestanden. Einige befanden sich auf Höhenzügen mit tiefen Gräben auf der Vorderseite. Einige der Rebellenkanonen befinden sich noch auf ihren Lafetten, während andere von unserem Feuer zerstört auf der Erde liegen. Durch ein anderes Tor kamen wir zu der Ebene, die Yorktown von unseren Geschützen trennte. Hier hielten wir uns eine kurze Zeit auf und ich besuchte einen großen, von einem Lattenzaun umgebenen Platz, über dessen Eingang ein Schild mit der Aufschrift „Unionsfriedhof" hing. Hier sind unsere tapferen Jungs nach der Einnahme des Städtchens beerdigt worden. Ein Mitglied meiner alten Kompanie "D" liegt hier begraben. Auf dem offenen Feld waren andere Gräber mit der Aufschrift „12. Mississippi Regiment". Die Ebene war bedeckt mit Mulden, vor denen Erde aufgehäuft war; sie wurden von Berdans Scharfschützen genutzt, um von dort aus die Rebellenartilleristen am Boden zu halten. Wir marschierten weiter zu unseren alten Linien, wo wir die Stellungen für die schweren Geschütze und Mörser sahen. Ein Neger sagte, die Granaten unserer Geschütze „spielten eine Melodie wie eine Fiedel". Wir gingen durch die alten Lager nahe dem Fluss. Ich besuchte mit Levi Carr eine unserer alten Brustwehren. Sie befindet sich im Vorhof einer Plantage. Der Besitzer erzählte mir, er sei weggezogen als der Kampf begann, aber er hätte in Sicherheit hier bleiben können, da nicht ein Schuss der Rebellen sein Haus getroffen habe. Er sagte, er besitze hunderte Hektar Land, aber er könne nur zweieinhalb Dollar an Bargeld aufbringen, die er von unseren Leuten erhalten habe. Die Leute sind in der Tat sehr arm. Sie ernten ihre Belohnung. General Keyes und General Devens stehen neben dem Zelt und reden mit Oberst Wheaton.

Nahe Yorktown, Virginia, 27. August 1862 : Wir haben Order erhalten, Transportschiffe zu besteigen, aber niemand weiß, wohin es gehen soll.

Freitag, 29. August 1862 : Heute verließen wir unser Lager und begaben uns zur Werft nach Yorktown, wo wir uns auf dem Raddampfer „S.R. Spaulding" einschifften und uns auf den Weg die Chesapeake Bay hinauf machten.

Sonntag, 31. August 1862 : Nach einer schönen Seefahrt von Yorktown aus kamen wir heute bei Alexandria an. Hier haben wir erfahren, dass eine Schlacht bei, oder nahe Manassas geschlagen worden ist. Wir landeten und marschierten in Richtung des alten Bull Run Schlachtfeldes, wo, soweit wir wissen, unsere Truppen auf den Feind getroffen sind.

1. September 1862 : Heute kamen wir durch Fairfax Court House und bildeten eine Kampflinie bei Germantown, während drei Kilometer vor uns eine Schlacht stattfand. Es regnete in Strömen und noch nie in meinem Leben habe ich jemals solch einen Donner gehört und solche Blitze gesehen. Es schien, als wolle die Natur den Menschen an Lärm übertreffen, denn die ganze Zeit über donnerten die Kanonen und rasselten die Musketen, während die Luft gespickt war mit fliegenden Geschossen. Aber die Natur siegte und die Schlacht klang aus. Wir lagerten die Nacht über auf dem Feld zwischen den Toten und Sterbenden.

2. September 1862 : Heute Morgen befand sich die gesamte Armee auf dem Rückzug und unsere Division fungierte als Nachhut und gab ihr Deckung. Sobald unsere Linien formiert waren, marschierten unsere Truppen, die am Tag zuvor gekämpft hatten, durch uns hindurch nach hinten. Als die Rebellen in Sicht kamen, traten auch wir den Rückzug an, die tapfere 1. Rhode Island Kavallerie an unserer Seite. Die Rebellen schickten uns reichlich Granaten, aber wir hielten nicht an und erreichten gegen Mitternacht in guter Verfassung Alexandria.

3. September 1862 : Heute bestiegen wir bei Alexandria einen Dampfer, fuhren an Washington vorbei den Potomac River hoch, unter der Zugbrücke Long Bridge hindurch und landeten bei Georgetown. Von hier aus marschierten wir den Fluss entlang und waren nach der Überquerung der Chain Bridge wieder in Virginia. Es ist hart, wieder an dem Punkt zu sein, von dem aus wir im März aufbrachen, während Richmond immer noch die Hauptstadt der Rebellen ist.

Lager nahe Chain Bridge, Virginia, 5. September 1862 : Letzten Mittwoch, nachdem wir bei Alexandria gelandet waren, erstanden Levi Carr und ich ein Quart Milch und da wir nur eine Tasse und einen Löffel hatten, setzten wir uns nieder und genossen abwechselnd unser Mahl. Während wir aßen rief Oberst Wheaton: „Leutnant Rhodes!" Ich überquerte die Bahnstrecke, ging dorthin, wo er stand und er nahm meine Hand und gratulierte mir zu meiner Beförderung. Nun, ich bin stolz und das wohl aus gutem Grund, denn vor 13 Monaten schrieb ich mich als gemeiner Soldat ein und jetzt bin ich Offizier. Ich danke Gott für seine mir erwiesenen Gnaden.

Nahe Orcutts Cross Roads, Virginia, 7. September 1862 : Gestern marschierten wir zu diesem Ort hier, der bei einer Furt des Potomac River etwa 25 Kilometer oberhalb von Washington liegt. Ich wurde meiner alten Kompanie "D" zugewiesen. Hauptmann Stephen H. Brown, Hauptmann Dyer von Kompanie "A" und Hauptmann W.B. Sears von Kompanie "F" wollten mich in ihren Kommandos haben, aber als Kompanie "D" eine Versammlung abhielt und eine Erklärung verabschiedete, in der unser Oberst gebeten wurde, mich ihrer Kompanie zuzuweisen, entschied ich mich, ihnen beizutreten. Ich bin sehr glücklich mit meiner Beförderung, da ich mit meinen 20 Jahren und sieben Monaten einer der jüngsten Offiziere bin.

Richtet Briefe an:
Lt. E.H. Rhodes
Ko. "D"
2. R.I.F.
Devens' Brigade
Couchs Division.

Nahe Poolesville, Maryland, 11. September 1862 : Wir kamen letzte Nacht hier an und warten auf weitere Befehle. Angeblich sollen wir Edwards Ferry bewachen, aber ich weiß es nicht. Die Rebellen sind in Maryland und etwa 15 Kilometer von uns entfernt. Die meisten Leute scheinen froh zu sein, die Armee der Union zu sehen. Korporal William L. Bradford wurde an meiner Stelle zum Oberstabsfeldwebel ernannt. Er gehörte zur Kompanie "G".

Pleasant Valley, Maryland, 16. September 1862 : Wir sind fast 15 Kilometer von Harpers Ferry entfernt. Gestern passierten wir ein Schlachtfeld und sahen viele Tote unbeerdigt herumliegen. Wir erwarten jeden Moment ein Gefecht. Ich schicke dies durch einen Marketender, der sich nach hinten begibt.

Nahe Williamsport, Maryland, 21. September 1862 : Gestern hatten wir hier ein Gefecht mit der Nachhut des Feindes. Und heute Morgen sind sie nach Virginia zurückgekehrt. Gott sei Dank, Maryland ist sicher und frei von der Rebellenarmee. Die alte Armee der Republik kann doch kämpfen und ich denke, auch die Rebellen haben das jetzt begriffen. Demnächst werde ich einen Bericht über unsere letzten Bewegungen niederschreiben.

Nahe Williamsport, Maryland, 23. September 1862 : Nach dem Verlassen von Poolesville marschierten wir durch die Berge in Richtung Harpers Ferry. Die Landschaft war wundervoll und als wir auf die Täler hinuntersahen musste ich an Geschichten aus dem Feenland denken. In allen Richtungen konnte man kleine Dörfer mit weißen Kirchtürmen sehen. Das schönste Städtchen ist Jefferson. Bei Burkittsville hatte General Franklins Korps (das VI.) einen Kampf und wir marschierten am nächsten Tag über das Schlachtfeld. Die Kämpfe fanden auf der felsigen Seite eines Berges statt und wir sahen die Toten dort liegen, wo sie gefallen waren. Wir kamen durch das Städtchen und formierten uns dahinter in Linie. Hier wurde mir mit einer Wache die Aufsicht über eine Plantage übertragen. Eine der Damen wurde irrsinnig vor Angst und Aufregung.

Hier blieben wir zwei Tage und gingen dann nach Brownsville, wo unser Regiment auf der Suche nach Rebellenkavallerie in die Berge geschickt wurde; wir fanden die Rebellen nicht. Die Berghänge waren steil und das Klettern war harte Arbeit. Am nächsten Morgen, dem 17., sahen wir, wie fast zu unseren Füßen die Schlacht von Antietam ausgefochten wurde. Wir sahen die langen Schlachtreihen, sowohl Nord wie Süd und hörten das vom Schlachtfeld herüber dröhnende Donnern. Die Wagenzüge der Rebellen bewegten sich den ganzen Tag lang auf den Fluss zu. Bei Einbruch der Dunkelheit kamen wir den Berg hinunter und marschierten zum Schlachtfeld, wo wir nach unserer Ankunft campierten. Am nächsten Morgen bezogen wir Stellung in der Frontlinie. Noch niemals in meinem Soldatenleben habe ich solch einen Anblick gesehen. Die Toten und Verwundeten bedeckten den Boden. An einer Stelle lagen ein Rebellenoffizier und zwanzig Männer bei einer zerstörten Batterie. Man sagt, Batterie "A" der 1. Rhode Island Artillerie habe dies getan. Die Rebellenscharfschützen und Plänkler waren noch immer bei der Arbeit und die Kugeln pfiffen lebhaft. Gegen Mittag baten die Rebellen um Erlaubnis, ihre Toten zu bestatten, was ihnen gewährt wurde und das Feuer erstarb eine Zeit lang, wurde gegen Nachmittag jedoch wieder aufgenommen. Das 2. Rhode Island wurde nach vorne geschickt, wir stürmten einen Hügel hinauf, vertrieben den Feind und besetzten die Anhöhe. Hier lagen wir die ganze Nacht, während die

Kugeln über uns flogen.

Am nächsten Morgen bombardierte der Feind unser Regiment, aber es waren seine letzten Schüsse, denn als wir vorrückten, zog er sich zurück und wir betraten Sharpsburg. Das Städtchen ist förmlich in Stücke geschossen und hat keinen großen Wert mehr. Hier blieben wir bis Mitternacht am 19. und begaben uns dann nach Williamsport. Uns wurde gesagt, die Rebellen seien in großer Stärke dort. Nach dem Formieren unserer Linie bewegte sich die gesamte Division mit wehenden Fahnen auf die Stadt zu. Es war ein großartiger Anblick wie unsere langen Linien sich beim Vorrücken über Felder und Wälder, Hügel und Täler ausdehnte. Vor uns gab es Posten- oder Plänklerfeuer, aber nach einer gewissen Entfernung hielten wir an. Von der Division wurden mehrere getötet und viele verwundet.

Am Sonntagmorgen sahen wir, dass der Feind den Fluss wieder überquert hatte. Oh, warum haben wir ihn nicht angegriffen und in den Fluss getrieben? Ich verstehe es nicht. Aber ich bin ja auch nur ein Junge.

Nahe Downsville, Maryland, 26. September 1862 : Wir lagern hier jetzt seit drei Tagen und werden wohl noch eine Zeit lang hier verbleiben. Wir genießen eine Zeit der Ruhe und ich denke, die haben wir auch nötig, denn was das Marschieren und Kämpfen betrifft, so sind wir müde und ausgelaugt. Kleidung ist rar und erfreulicherweise werden wir bald etwas weiches Brot bekommen. Hartbrot ist gut, aber ich mag weiches Brot lieber.

Nahe Downsville, Md., Dienstag, 30. September 1862 : Noch immer in Maryland mit allerhand Gerüchten über unsere nächste Bewegung. Die Tage sind heiß und die Nächte kalt und gerade eben haben wir wundervolles Wetter mit mondlichtdurchfluteten Nächten, was den Postendienst sehr angenehm macht. Ich schätze, wir werden uns bald nach Winterquartieren umsehen.

Wir haben eine Messe bestehend aus den folgenden Offizieren: Hauptmann Samuel B.M. Read und Leutnant Benjamin B. Manchester von Kompanie "I", Leutnant Edward A. Russell von Kompanie "C" und Hauptmann Stephen H. Brown sowie Leutnant Elisha H. Rhodes von Kompanie "D". Wir haben unserer Messe drei Diener angegliedert, die unsere Decken, Zelte sowie einige einfache Kochutensilien tragen. Wenn wir lagern, stellen die Diener unsere Zelte auf und finden, wenn möglich, etwas Stroh für uns. Sie kochen für uns und kümmern sich generell um unsere Dinge. Nahe unserem gegenwärtigen Lager lebt eine alte Dame, die unsere Messe mit weichem Brot beliefert. Auf dem Marsch ist am Stock gebratenes, gesalzenes Schweinefleisch mit Hartbrot und Kaffee unsere vorherrschende Nahrung.
Heute fanden wir einen Bienenstock in einem Hain nahe dem Lager. Der Baum wurde sogleich gefällt und wir fanden ihn angefüllt mit Honig. Welch ein Fest war das für uns. Die Bienen stürzten sich auf unser Regiment und erreichten, was die Rebellen noch nie vermochten: sie schlugen uns in die Flucht. Wir können uns nun einige Extras wie z.B. Hühner und Speck leisten und unsere Männer sind ziemlich erfahren im Aufstöbern von Orten, an denen die Leute Lebensmittel verkaufen. Da wir uns in einem loyalen Staat befinden, ist Nahrungsbeschaffung natürlich nicht erlaubt und wir bezahlen für alles. Heute nahmen wir unsere regulären Drillübungen wieder auf und da Hauptmann Brown krank ist und wir keinen Oberleutnant haben, übernahm ich das Kommando. Ich war seit etwa einem Jahr auf keiner Kompaniedrillübung mehr gewesen, aber ich merkte wie mir die Dinge wieder einfielen und hatte keine Probleme.

Wir sind jetzt dem VI. Korps der Armee unter Generalmajor William B. Franklin angegliedert. Die Divisionen werden kommandiert von den Generälen Henry W. Slocum, William F. Smith und Darius N. Couch. Wir sind noch immer in

Couchs Division. Das VI. hat einen sehr guten Ruf und mit ihm werden wir wahrscheinlich zahlreiche Einsätze erleben. Letzten Sonntag starb ein Soldat von Kompanie "A" und wurde mit militärischen Ehren bestattet. Es war keine ungewöhnliche Szene für uns und doch ist es immer traurig. Zuerst spielten die gedämpften Trommeln den Trauermarsch, dann kam die übliche Eskorte für einen Soldaten. Acht Soldaten, kommandiert von einem Korporal, mit umgekehrten Waffen. Dann ein Ambulanzwagen mit der Leiche in einem gewöhnlichen, von der Flagge bedeckten Brettersarg. Kompanie "A", nur mit ihren Seitenwaffen angetan, folgte, während die Offiziere den Schluss bildeten. Nach seiner Ankunft beim Grab eröffnete der Geistliche das Gebet und machte einige Bemerkungen. Dann wurde der Sarg in das Grab hinab gelassen, drei Salven wurden von der Wache abgefeuert und das Grab wurde aufgefüllt. Die Prozession kehrte zum Lager zurück und die Trommeln spielten einen lebhaften Marsch. Im Lager ging alles weiter wie gewöhnlich, als sei nichts geschehen, denn der Tot ist so alltäglich, dass man nur wenige Gefühle an ihn verschwendet. Er ist nicht wie der Tot zuhause. Möge Gott uns alle auf dieses Ereignis vorbereiten, das früher oder später bei allen von uns eintreten wird.

Nahe Downsville, Maryland, Sonntag, 5. Oktober 1862 : Am letzten Freitag wurde unser Korps (das VI.) von Präsident Lincoln in Begleitung von General McClellan besichtigt. Trotz unserer alten, zerlumpten und zerrissenen Uniformen sahen die Truppen gut aus, als sich die Linien über die Hügel und Ebenen erstreckten. Der Geistliche Jameson ist nach Rhode Island gegangen, also hatten wir heute keinen Gottesdienst. Wir erwarten den Zahlmeister in wenigen Tagen.

8. Oktober 1862 : Unser Lager liegt in einem hübschen Eichenhain nahe Downsville. Dieses Städtchen hat eine Kirche, eine Schule, einen kleinen Kaufladen und etwa 20 Häuser zu bieten. Es ist wirklich ein sehr schönes kleines Städtchen. Wir finden die meisten Ortschaften in Maryland hübsch und der hohe Kirchturm sieht besser aus, als das Gefängnis, das wir in jedem Örtchen in Virginia vorfanden, selbst wenn es dort nicht mehr als sechs oder acht Häuser gab. Die Leute in Maryland scheinen generell loyal zu unserer Regierung zu sein und sie hatten in den letzten Wochen viel zu erleiden.

Die Nächte sind kalt und da unsere Zelte wenig Schutz bieten, verbringen die Männer einen großen Teil der Nacht an riesigen Lagerfeuern. Aber wir beklagen uns nicht, denn es ist alles für die Union. Der Krieg wird nicht enden, solange der Norden nicht aufwacht. So wie es sich zurzeit verhält, scheint mir das Ganze nur eine große Farce zu sein. Wenn gewisse Politiker, Armeelieferanten und Verräter im Norden aus dem Weg geräumt sind, werden wir Erfolg haben. General McClellan ist beliebt bei der Armee und wir denken, ihm wurde keine faire Chance gegeben.

[ANMERKUNG 1885: Seit ich das Obige als junger Bursche schrieb, haben sich meine Ansichten bezüglich General McClellan geändert. Ich bin nun der festen Überzeugung, dass er zwar ein guter Organisator auf Armeeebene war, es ihm jedoch an Geschick mangelte, um Feldzüge zu planen und große Truppenkörper zu führen.]

General D.N. Couch, der für eine lange Zeit unsere Division kommandiert hat, wird uns verlassen und das Kommando über das II. Korps übernehmen. Es tut uns leid, von ihm zu scheiden, denn er ist ein tapferer Soldat und war auf das Wohlergehen seiner Männer bedacht. Man kann dem II. Korps gratulieren, dass es solch einen guten Soldaten als Anführer erhält.

Nahe Downsville, 10. Oktober 1862: Frau Wheaton, die Gattin unseres Obersts, ist im Lager. Sie ist sehr freundlich zu den Offizieren und Männern und bei allen sehr beliebt. General Devens kommandiert jetzt unsere Division und Oberst Wheaton kommandiert die Brigade. Leutnant Ames ist krank in

Washington. Man munkelt, er solle zum Major der 12. Rhode Island Freiwilligen ernannt werden. Nun, er wird einen guten Major abgeben. Das Wetter ist sehr schön und wir hatten schon lange Zeit keinen Regen mehr. Marschbefehle haben uns erreicht und wir sind alle bereit, aber wissen nichts über unseren Bestimmungsort. Wahrscheinlich Virginia.

Lager nahe Downsville, Maryland, 15. Oktober 1862 : Die letzten vier Tage war es bewölkt und sehr kalt und da die Männer keine Mäntel haben, leiden sie ziemlich. Wir erwarten jedoch sehr bald neue Kleidung. Wir sind sehr beschämt darüber, dass die Rebellen ihren kürzlichen Einfall nach Pennsylvania unternehmen konnten. Wenn diese Armee die loyalen Staaten nicht beschützen kann, sollten wir besser den Laden dichtmachen und heimgehen. Ich sollte mich nicht beschweren, aber ich fühle mich gedemütigt bei dem Gedanken daran, dass wir keinen dieser Rebellen erwischt haben.

Wir sind alle marschbereit. Ich werde die Szene im Lager beschreiben, wenn wir eine Marschorder erhalten: Wir sehen eine Ordonnanz oder einen Stabsoffizier mit schaumbedecktem Pferd ins Lager rasen und er ruft: „Oberst Wheaton, Ihr Regiment wird in 15 Minuten abrücken!" Die Order wird an die Hauptmänner weitergegeben und sogleich werden die Zelte abgebaut, die Decken zusammengepackt und die Brotbeutel mit Rationen gefüllt. Vielleicht, und gewöhnlich passiert es, wird gerade das gesamte Stroh verbrannt, wenn eine andere Ordonnanz gemütlich ins Lager getrabt kommt und sagt: „Die Marschorder ist widerrufen." Dann machen wir uns an die Arbeit, bauen unsere Zelte auf und richten uns wieder auf das Lagerleben ein. Einige Männer sind recht froh darüber, während die Nörgler, denen es nie recht ist, sagen: „Es ist immer das Gleiche und wir werden dieses Lager niemals verlassen." Dieselben Kerle sehnen sich nach einem Marsch von einigen Kilometern ins Lager zurück. Ich bin für ein paar Tage ausführender Adjutant.

Lager nahe Cherry Run, Maryland, 22. Oktober 1862: Letzten Sonntag gegen Einbruch der Nacht erhielten wir einen hastigen Marschbefehl. Wir passierten Downsville und erreichten gegen 21.00 Uhr Williamsport, wo wir eine Stunde lang rasteten. Williamsport ist ein ordentliches Städtchen und hat drei Hotels sowie mehrere gute Läden. An dieser Stelle überquerten die Rebellen den Potomac River nach der Schlacht von Antietam. Wir verließen den Ort und marschierten elf Kilometer weiter nach Clear Spring, oder wie die Neger sagen: „Clar Spring". Die Nacht war dunkel, die Wege steinig und wir waren sehr erschöpft, als wir in einem feuchten Feld, von dem gerade das Getreide geschnitten worden war, unser Lager aufschlugen. Wir schliefen auf Getreidehalmen und sie fühlten sich wie junge Bäume an. Clear Spring ist ein reizendes kleines Städtchen und ein ziemlich geschäftiger Ort.

Sonntagmorgen folgten wir einer Straße den Fluss hinauf und entlang des Kanals ging es hoch über einen Berg. Acht Kilometer von Clear Spring entfernt fanden wir ein Haus mit einer großen Veranda und einem hohen Pfosten, von dem ein Schild hing mit der Aufschrift „Fair View Gasthaus". Nachdem wir eine kurze Zeit gerastet hatten stiegen wir die andere Seite des Berges hinab und am Fuße fanden wir eine Hütte mit der Aufschrift „J. McAllisters Indian Spring Hotel". Hier betraten wir die Nationalstraße und folgten ihr den Fluss und den Kanal entlang, bis wir 20 Kilometer von Clear Springs und drei Kilometer von der Pennsylvania-Grenze entfernt Hancock erreichten. Hier errichteten wir unser Lager nahe dem Kanal. Der Fluss stand tief und bot einen sehr sehenswerten Anblick.

Wir verblieben in Hancock bis Montag um Mitternacht und marschierten dann hierher, wo wir gestern bei Tagesanbruch ankamen. Wir befinden uns bei einer Furt am Potomac River und werden ihn wohl nach Virginia überqueren. Assistenzarzt George W. Carr wurde zum Arzt mit dem Rang eines Majors befördert. Er hat es verdient. Das Wetter wird kalt und die Männer leiden. In einigen Nächten ist es unmöglich zu schlafen und dadurch füllen sich die Hospitäler sehr rasch. Unser Regiment blieb verschont und im Vergleich mit den meisten anderen sind wir noch gut dran. Ich bin körperlich und geistig noch in guter Verfassung.

Cherry Run, Maryland, 26. Oktober 1862 : Letzten Donnerstag passierte das 2. Rhode Island nachmittags den Kanal und überquerte den Potomac River wieder einmal nach Virginia. Der Fluss ist hier etwa 300 Meter weit und wohl einen halben Meter tief. Das Wasser war eisig kalt, aber wir zogen unsere Schuhe aus, rollten unsere Hosenbeine nach oben und wateten hinüber. Meine Kompanie "D" wurde auf Postendienst nach vorne geschickt. Ich fand ein Haus, in dem sich zwei hübsche Mädchen befanden, die behaupteten, Anhänger der Union zu sein. Sie bereiteten mir und Hauptmann Brown eine gute Mahlzeit zu.
Unsere Kavallerie rückte weiter vor zu einem Ort namens Hedgeville und brachte als Gefangene einen Rebellenhauptmann, einen Leutnant und 18 Mann zurück. Am nächsten Morgen überquerten wir den Fluss erneut und kehrten in unser Lager zurück.
Letzten Freitag ritten Levi Carr und ich nach Clear Spring, das etwa acht Kilometer vom Lager entfernt liegt. Wir genossen den Ausflug sehr. Es wird berichtet, dass Hauptmann Cyrus G. Dyer von Kompanie "A" zum Major der 12. Rhode Island Freiwilligen ernannt werden wird und dass Leutnant William Ames Major der 11. Rhode Island Freiwilligen werden wird.

Nahe Downsville, Maryland, 30. Oktober 1862 : Nun, hier sind wir wieder in unserem Lager. Am Montag verließen wir Cherry Run, marschierten nach Williamsport und lagerten eine kurze Strecke vom Fluss entfernt. Auf der anderen Seite konnten wir die Posten der Rebellen sehen, ebenso Soldaten, die Getreide sammelten und auf ihre Wagen luden. Gestern Nacht kehrten wir hierher zurück. Nun, wie wird es wohl weitergehen?

Nahe Berlin, Maryland, 2. November 1862 : Am Freitagmorgen bei Anbruch des Tages verließen wir unser Lager nahe Downsville und marschierten 20 Kilometer nach Rohrsville, wo wir für die Nacht lagerten.

Am Samstag brachen wir vor Tagesanbruch auf und erreichten diesen Ort hier, der am Ufer des Potomac River liegt. Eine Pontonbrücke der Armee wurde über den Fluss gelegt und wir erwarten, sehr bald wieder ins alte Virginia überzusetzen. General Burnsides Truppen haben den Fluss bereits an dieser Stelle überquert und wir können in der Ferne Geschützfeuer hören. Ich hoffe, wir werden zu seinen Streitkräften stoßen und es sieht so aus, als würden wir nun endlich den Feind angreifen. Berlin liegt etwa zehn Kilometer unterhalb von Harpers Ferry. Die Wagen fahren auf einer Seite unseres Lagers und die Kanalboote auf der anderen. Das erste Boot, das unser Lager passierte, erregte viel Aufmerksamkeit bei unseren Männern, für die es eine großartige Neuigkeit war. General McClellans Hauptquartier befindet sich in der Nähe unseres Lagers. Doktor Carr zog mir heute einen doppelten Zahn. Ich hatte das Gefühl, die obere Hälfte meines Kopfes würde abgerissen. Ich saß auf einem Holzklotz und hielt diesen krampfhaft fest und das gleiche tat der Doktor mit meinem Zahn, aber das Eisen war stärker als ich und der Zahn kam heraus. Ich bin sehr froh darüber.

Bei einem Ort namens Smoketown passierten wir die Armeehospitäler, wo unsere Verwundeten behandelt werden. Es war ein trauriger Anblick und ich dankte Gott, dass ich bisher verschont worden bin.

Nahe Union, Virginia, 5. November 1862 : Wir überquerten den Potomac River am Montag in der Nacht und erreichten diesen Ort hier gestern Abend. An unserer Front fanden Gefechte statt, aber die Rebellen ziehen sich zurück, sobald wir vorrücken. Der Feind hält sich bei Ashby's Gap auf, etwa 15 Kilometer von hier. Levi F. Carr ist zum Sanitätsverwalter der

2. Rhode Island Freiwilligen ernannt worden.
Oh, wie kalt es doch ist. Letzte Nacht, als wir das Lager erreichten, waren wir beinahe verhungert, aber wir schnappten zwei Truthähne auf der Straße und ließen sie uns zum Abendessen kochen.

White Plains, Virginia, Samstag, 8. November 1862 : Nachdem wir Union verlassen hatten, marschierten wir bis kurz vor Ashby's Gap in den Blue Ridge Mountains und lagerten dort über die Nacht. Donnerstagmorgen marschierten wir die Winchester & Alexandria Mautstraße hinunter auf Washington zu und nach einem kalten Tag erreichten wir diesen Ort hier, der an der Manassas Gap Bahnstrecke liegt. Wir sind jetzt 25 Kilometer von dem alten Bull Run Schlachtfeld entfernt. Der nächste Ort ist Warrenton, wohin wir wohl bald gehen werden.
Wie gerne hätte ich jetzt einige dieser „Auf nach Richmond"-Schreier hier draußen bei uns im Schnee.
Der Boden ist weiß von Schnee und es ist zu kalt zum Schreiben. Heute Morgen waren wir mit Schnee bedeckt, der über Nacht gefallen war.

New Baltimore, Virginia, Sonntag, 9. November 1862 : Wir verließen das Lager bei White Plains und erreichten in der Nacht diesen Ort hier.

New Baltimore, Virginia, 10. November 1862 : Wir lagerten auf dem Hang eines Berges und hatten reichlich damit zu tun, das Abrutschen des Lagers zu verhindern.
Dies war ein trauriger Tag für unsere Potomac-Armee. General McClellan wurde seines Kommandos enthoben und hat uns verlassen. Er ritt die Reihen entlang und wurde von den Männern herzlichst bejubelt. General Ambrose E. Burnside aus Rhode Island ist unser neuer Kommandeur. Er ritt ebenfalls unsere Reihen ab und wurde mit Jubelrufen wohlwollend aufgenommen. Dieser Wechsel sorgt für viel Bitternis und einige

Entrüstung. McClellans Feinde werden jetzt erleichtert sein, aber die Armee liebt und respektiert ihn. Wie loyale Soldaten fügen wir uns.

New Baltimore, Virginia, 13. November 1862 : New Baltimore ist ein einsames kleines Dorf am Fuße des Hügels, auf dem wir lagern. Vom Hügel aus können wir in der Entfernung die verlassenen Rebellenforts sehen.
General John Newton wurde das Kommando über unsere Division übertragen und General Charles Devens Jr. hat wieder das Kommando über unsere Brigade übernommen. Oberst Wheaton wurde für einige Wochen das Kommando über eine andere Brigade übertragen.

19. November 1862 : Wir sind jetzt acht Kilometer von Stafford Court House, knapp 20 Kilometer von Acquia Creek und 25 Kilometer von der Stadt Fredericksburg entfernt. Wir lagern mit unserer Division auf einem großen Feld. Wir verließen New Baltimore am Sonntagmorgen und marschierten nach Weaversville an der Manassas Bahnstrecke, nicht weit von Cartletts Station. Hier lagerten wir die Nacht über im Regen. Am Dienstagmorgen marschierten wir zu diesem Lager hier.
Es regnet noch immer, wir fühlen uns sehr unwohl und wir vermögen nicht zu sagen, wohin wir als nächstes gehen werden.

Nahe Stafford Court House, Virginia, 23. November 1862 : Mir ist kalt, tatsächlich fühle ich mich halb erfroren. Während ich hier gerade schreibe, sitzen einige Offiziere um ein riesiges Feuer und singen „Home Sweet Home". Nun, ich würde mein Zuhause gerne wiedersehen. Unsere Decken sind nass und wir haben schon seit einiger Zeit zu wenig Sonnenschein, um sie zu trocknen. Gestern war unser Regiment auf Postendienst. Wir kamen in eine neue Gegend, in der es noch jede Menge Lattenzäune gab und so hatten wir bald ein paar gute Feuer brennen. Die Straßen sind durch Schlamm in schlechtem Zustand.

Versorgungsgüter beginnen aus Acquia Creek einzutreffen und wir sind froh. Manchmal habe ich ein wenig Heimweh.

Nahe Stafford Court House, Virginia, 26. November 1862 : Noch immer schlammig und mehr Regen. Der Adjutant ist krank und so habe ich wieder als Adjutant gearbeitet. Wir hatten eine Besichtigung des Regiments.

27. November 1862 : Erntedankfest in Rhode Island. Nun, auch ich habe vieles, für das ich meinem himmlischen Vater danken muss. Er hat mein Leben bewahrt und mir Kraft und Gesundheit gegeben, um meine Pflicht zu tun. Für all das bin ich ergebenst dankbar.

Nahe Stafford Court House, Virginia, 3. Dezember 1862 : Gestern umschlossen wir ein Stück Boden mit einer Zedernhecke und die Offiziere unserer Messe stellten drei neue Zelte darin auf. Wir errichteten einen Torweg, umkränzten ihn mit Zweigen und errichteten einen grünen Sichtschutz vor unseren Zelten. Wir machten uns Betten aus Zweigen und als die Dunkelheit hereinbrach, setzten wir uns nieder und genossen unser neues Zuhause. Eine Ordonnanz kam herbei und verkündete: „Der Oberst weist Sie an, drei Tagesrationen zu kochen und morgen in der Frühe marschbereit zu sein." Nun, wir werden eine Nacht in unseren neuen Quartieren schlafen und das ist uns schon etwas wert.
Oberst Wheaton wurde zum Brigadegeneral befördert. Wir freuen uns sehr für ihn, aber wir bedauern es, dass er unser Regiment verlässt. Er ist ein feiner Soldat und Gentleman. Wir hoffen, Oberstleutnant Viall wird zum Oberst befördert werden. Der Zahlmeister beendete heute Nacht die Auszahlung unseres Regiments und viele tausend Dollar werden nach Rhode Island gesendet werden.

4. Dezember 1862 : Ich weiß nicht, wo genau wir uns befinden. Wir verließen unser Lager nahe Stafford Court House heute Morgen und marschierten zu diesem Ort hier, der 20 Kilometer unterhalb Fredericksburg und auf halbem Wege zwischen dem Potomac River und dem Rappahannock River liegt. Ich weiß nur eine Sache: Auf dem Hügel, auf dem wir lagern, ist es bitterkalt.

7. Dezember 1862 : Wir lagern noch immer an diesem unbekannten Ort hier. Jede Menge Schnee, Eis und Kälte. Oberst Wheaton hat sich für einige Tage nach Washington begeben.

Nahe Belle Plain, Virginia, 9. Dezember 1862 : Wir haben den Namen dieses Ortes herausgefunden: „Belle Plain". Wir sind alle marschbereit und werden wahrscheinlich den Rappahannock River überqueren müssen, um zu versuchen, die Rebellen aus Fredericksburg zu vertreiben.

Samstag, 13. Dezember 1862 : Heute Nacht schliefen wir bei unseren Waffen und beim ersten Tageslicht heute Morgen standen wir bereits in Linie.
Die Schlacht begann zu früher Stunde und die Kugeln und Granaten heulten und kreischten über unsere Köpfe. Zu unserer Rechten konnten wir den Kampf um die Höhen hinter Fredericksburg sehen. General Sumner versuchte, die Höhen einzunehmen, aber er scheiterte. Die Stadt brannte an mehreren Stellen und der Lärm war ohrenbetäubend. Wir sahen die langen Reihen von Unionstruppen, wie sie die Anhöhe hinauf vorrückten und im Feuer der Rebellen dahin schmolzen.
Aber wir waren nicht untätig, obgleich manchmal eine kleine Pause an unserer Front eintrat, während der wir uns den Kampf zu unserer Rechten ansahen.
Um 15.00 Uhr wurde unser Regiment zur Linken der Linie geschickt, mit dem Befehl, eine Batterie zu unterstützen. Dies war nicht sonderlich angenehm für uns, da wir die Granaten

ertragen mussten, die auf die Batterie abgefeuert wurden. Bei Einbruch der Dunkelheit wurde das Feuer eingestellt, aber was für ein Anblick bot sich uns vor unserer Front! Die Toten und Verwundeten bedeckten den Boden in alle Richtungen. Ambulanzgruppen wurden ausgesandt, um die Verwundeten aufzusammeln, aber der Feind eröffnete das Feuer auf sie und so blieben die Verwundeten ihrem Leid überlassen. Wenn man während des Abends ein Streichholz entzündete, so zog man eine Granate aus den Rebellenbefestigungen auf den Höhen auf sich. Um 20.00 Uhr wurden wir nach hinten beordert und unsere Division lagert hier für die Nacht.

Schlachtfeld bei Fredericksburg, Virginia, 14. Dezember 1862 : Donnerstagnacht überquerten wir den Fluss und seitdem liegen wir unter ständigem Feuer. Die Rebellen haben sich stark verschanzt und wir haben kaum Fortschritte erzielt. Ich schreibe dies auf dem Schlachtfeld.

Sonntag, 14. Dezember 1862 : Heute war es sehr ruhig, mit nur einer gelegentlichen Granate von den Rebellen. Wir versuchten, den Sabbat so gut es uns möglich war zu begehen. Wir liegen schon den ganzen Tag in unseren Schützenlöchern und harren der kommenden Dinge.

Montag, 15. Dezember 1862 : Kurz vor Tagesanbruch wurde unser Regiment nach vorne geschickt und wir rückten bis hinter die Böschung einer Straße vor. Hier lagen wir den ganzen Tag und besahen uns die Befestigungen des Feindes. Gegen 15.00 Uhr eröffneten unsere Batterien über unsere Köpfe hinweg das Feuer und als die Rebellen in gleicher Weise antworteten, kreuzten sich die Geschosse in der Luft. Das war für uns nicht gerade angenehm und ziemlich gefährlich.

Donnerstag, 16. Dezember 1862 : Heute Morgen um 01.00 Uhr wurde unsere Brigade in Linie aufgestellt, um den Rücken des linken Flügels zu decken, während er den Rappahannock River wieder überquerte. Wir warteten bis alle Truppen die Falmouth-Seite erreicht hatten und dann überquerte unsere Brigade in aller Ruhe die Brücke. Sobald wir die Nordseite erreicht hatten, wurde die Brücke abgebrochen und die Pontons von der Uferböschung weggezogen. Wir waren die Ersten, die den Fluss überquerten und die Letzten, die sich wieder über ihn zurückzogen. Die 10. Massachusetts Freiwilligen waren die letzte Organisation in Regimentsgröße, die über den Fluss setzte, aber eine vom 2. Rhode Island abgestellte Brückenwache unter dem Kommando von Hauptmann Samuel B.M. Read war die letzte Gruppe von Soldaten, die die Brücke überquerte. Die Rebellen ließen sich am Südufer sehen, sobald wir es verlassen hatten. Die Armee hat ernsthafte Verluste erlitten und ich fürchte, sie hat dafür wenig erreicht. Die 4., 7. und 12. Rhode Island Regimenter waren in die Hauptkämpfe hinter der Stadt verwickelt und wir hören, ihre Verluste seien hoch. Möge Gott den armen betroffenen Freunden daheim beistehen. Ich bin müde, oh so müde und kann mich kaum wach halten. Wir hatten seit unserer ersten Flussüberquerung sehr wenig Schlaf. Mein Herz ist voll der Klage über unsere Toten, jedoch bin ich dankbar, dass mein Leben verschont wurde.

Herr A. N. Bernard besitzt hier, wo wir übersetzten, ein Stück Land. Er nennt es Mansfield. Sein Bruder besitzt das Land unterhalb, das sich Smithfield nennt. Bernards Haus wurde durch Kugeln und Granaten zertrümmert, wobei ein Geschoss einen großen Glasspiegel durchschlug. Bernard flüchtete in großer Hast und ließ seine Pistolen, sowie einen Beutel auf dem Tisch liegen. Seine Bücher lagen über den gesamten Hof zerstreut und das feine Porzellan wurde von den Männern benutzt, um ihr Schweinefleisch davon zu essen. Er hat bereits einen neuen Keller gegraben und beabsichtigte ursprünglich, bald ein neues Haus zu bauen. Die Ziegelsteine lagen aufgestapelt in seinem Hof und dienten einigen Rebellenplänklern als

Deckung, während sie uns beim Überqueren der Brücke beschossen. Wir nahmen einen Offizier und mehrere Rebellensoldaten hinter den Ziegelsteinen gefangen.

Nahe Falmouth, Virginia, 16. Dezember 1862 : Am Donnerstag, dem 11. Dezember, verließen wir gegen 02.00 Uhr unser Lager und erreichten bei Tagesanbruch das Ufer des Rappahannock River unterhalb von Fredericksburg. Der Fluss ist schmal und bis etwa 500 Meter hinter ihm ist der Boden fast auf derselben Ebene mit dem Fluss. Hinter dieser Ebene sind große Anhöhen und dort hatten wir fast 200 Geschütze in Position. Diese feuerten ohne Unterlass und der Lärm war furchtbar.
Die Luft war voll von Kugeln und Granaten, die über unsere Köpfe hinweg nach Fredericksburg flogen.
Die Rebellen antworteten nicht oft darauf, aber manchmal feuerten sie einen Schuss auf unsere Seite ab. Bei Sonnenuntergang wurde dem 2. Rhode Island befohlen, die Brücke zu überqueren, an einem Ort, der jetzt Franklin's Crossing genannt wird. Der Ort liegt einer Plantage gegenüber, die A.N. Bernard gehört und liegt etwa fünf Kilometer unterhalb der Stadt. Die Kompanien "B", "I" und "K" stürmten zuerst mit geschulterten Waffen über die Pontonbrücke, während der Rest des Regiments mit geladenen Waffen folgte. Als wir die andere Seite des Flusses erreichten, eilten die drei Kompanien die Böschung hinauf und verteilten sich als Plänkler. Das Regiment folgte und als wir den höheren Boden erreichten, liefen wir in eine Salve, die zwei unserer Männer verwundete. Die Rebellen zogen sich zurück und wir verfolgten sie über eine kurze Entfernung. Nun brach die Nacht herein und als die restlichen Regimenter unserer Brigade die Brücke überquerten, brachten sie „drei Hochrufe für das erste Regiment drüben" aus. Unser gesamtes Regiment wurde auf der Ebene halbkreisförmig mit beiden Flanken am Ufer aufgestellt und verblieb so für den Rest der Nacht. General Devens sagte zu uns: „Jungs, ihr hattet eine harte Zeit,

aber Rhode Island hat sich bewährt." Die Armee beobachtete unsere Überquerung und wir spürten, dass wir unser Bestes geben mussten.

Am Freitag, dem 12. Dezember, wurden wir von unserem Postendienst abgelöst und schlossen uns unserer Brigade an, die in Schlachtordnung nahe dem Ufer aufgestellt war. Zu dieser Zeit hatte der gesamte linke Flügel den Fluss überquert und die Ebene war mit Soldaten und Geschützbatterien bedeckt. Gegen Mittag eröffnete die Artillerie auf beiden Seiten das Feuer und eine Granate krepierte in unserem Regiment. Tatsächlich schien es so, als habe eine Rebellenbatterie auf dem Hügel die genaue Entfernung unseres Regiments und einige Männer wurden getroffen.

Nahe Falmouth, Virginia, 21. Dezember 1862 : Wir haben jetzt ein Lager errichtet und lecken unsere Wunden. Trotz unserer kürzlichen Niederlage haben wir alle Vertrauen in General Burnside. Wären seine Pläne ausgeführt worden, hätten wir einen Sieg errungen. Wir hoffen, erfolgreicher zu sein, wenn wir das nächste Mal versuchen, den Fluss zu überqueren.

24. Dezember 1862 : Es gibt Ärger mit unserem neuen Major und ehemaligen Geistlichen Pfarrer Thorndike C. Jameson. Gouverneur Sprague hat ihn über die Köpfe aller Hauptmänner hinweg zum Major befördert. Er ist inkompetent und wir wollen ihn nicht bei uns haben. Wie ich höre, soll er zur Untersuchung vor einen Ausschuss von Offizieren geladen werden und da er dort wahrscheinlich nicht bestehen wird, hoffe ich, dass er zurücktreten und uns in Frieden verlassen wird. Jameson eignet sich in mehreren Punkten nicht zum Soldaten und das sollte er wissen. Er ist tapfer, aber das ist auch schon alles. Hauptmann Benoni S. Brown, unser dienstältester Hauptmann, hat seinen Rücktritt eingereicht, weil Jameson über ihn hinweg befördert wurde.

General Wheaton hat mich eingeladen, mit ihm zu speisen. Wieder einmal haben wir regelmäßige Drillübungen und Lagerdienste aufgenommen, aber bald wird wahrscheinlich ein neues Manöver befohlen werden.

Weihnachten, 25. Dezember 1862 : Wir haben einen sehr ruhigen Tag verbracht und abgesehen davon, dass wir von den Drillübungen befreit waren, war dieser Tag wie die anderen. Mein Schwager Colville D. Brown kam heute aus Washington und besuchte mich. Am Abend kamen Oberstleutnant Nathan Goff Jr. von unserem Regiment und einige andere Offiziere zu meinem Zelt und wir sangen zusammen. Wie gerne wäre ich an diesem Weihnachtsabend zuhause.

28. Dezember 1862 : Heute erhielten wir Besuch von Pfarrer Augustus Woodbury aus Rhode Island, vormals Geistlicher der 1. Rhode Island Milizabteilung. Leutnant Robert H.I. Goddard von General Burnsides Stab kam mit ihm. Wir hatten heute keinen Gottesdienst, da unser ehemaliger Geistlicher jetzt Major ist und Oberst Viall ihm das Predigen nicht erlauben will. Ich denke, er hat Recht, denn Jameson ist dermaßen unbeliebt, dass er mit einer Predigt vor den Männern nichts Gutes bewirken könnte. Er erschien heute Morgen zur Inspektion und trug einen Säbel, aber er wurde nicht gerade herzlich empfangen.

31. Dezember 1862 : Nun, das Jahr 1862 nähert sich seinem Ende. Wenn ich zurückschaue, so bin ich verblüfft ob der hunderten von Kilometern, die ich marschiert bin, der tausenden von Toten und Verwundeten, die ich gesehen habe und der vielen merkwürdigen Begebenheiten, deren Zeuge ich war. Ich kann Gott aufrichtig danken für seine bewahrende Fürsorge und die vielen Segen, die mir zuteilwurden. Heute Nacht vor einem Jahr war ich ein gemeiner Soldat und bat mit der Mütze in der Hand um Urlaub. Heute Nacht bin ich ein Offizier und Männer bitten mich um den gleichen Gefallen.

Es erscheint mir richtig, dass Offiziere aus den Rängen heraus aufsteigen sollten, denn nur diese können mit den gemeinen Soldaten mitfühlen.

Soweit es den Krieg betrifft, kam in diesem Jahr nicht viel Gutes zusammen, aber wir hoffen das Beste und sind sicher, dass letzten Endes die Union wieder hergestellt werden wird.

Mach's gut, 1862!

Liste der Ortschaften, die die 2. Rhode Island Freiwilligen seit dem 5. Juni 1861 besucht haben:

01. New York
02. Elizabeth Port, New Jersey
03. Newark, New Jersey
04. York, Pennsylvania
05. Easton, Pennsylvania
06. Harrisburg, Pennsylvania
07. Baltimore, Maryland
08. Fairfax Court House, Maryland
09. Germantown, Virginia
10. Centreville, Virginia
11. Fortress Monroe, Virginia
12. Hampton, Virginia
13. Young's Mills, Virginia
14. Warwick Court House, Virginia
15. Williamsburg, Virginia
16. Barkamsville, Virginia
17. Burnt Ordinary, Virginia
18. Slatersville, Virginia
19. Cumberland, Virginia
20. White House, Virginia
21. Gaines Mills, Virginia
22. Ellison Mills, Virginia
23. Mechanicsville, Virginia
24. Atlee's Station, Virginia
25. Fair Oaks, Virginia

26. Charles City Cross Roads, Virginia
27. Shirley, Virginia
28. Harrison's Landing, Virginia
29. Charles City Court House, Virginia
30. Savage Station, Virginia
31. Yorktown, Virginia
32. Alexandria, Virginia
33. Georgetown, D.C.
34. Haxall's Landing, Virginia
35. New Kent Court House, Virginia
36. Hancock, Maryland
37. Clear Spring, Maryland
38. Williamsport, Maryland
39. Downsville, Maryland
40. Kudiesville, Maryland
41. Smoketown, Maryland
42. Rohrersville, Maryland
43. Burkittsville, Maryland
44. Berlin, Maryland
45. Jefferson, Maryland
46. Adamstown, Maryland
47. Brownsville, Maryland
48. Poolesville, Maryland
49. Tennallytown, Maryland
50. Lockville, Maryland
51. Rushville, Maryland
52. Barnesville, Maryland
53. Sennaca Falls, Maryland
54. Fair Play, Maryland
55. Sharpsburg, Maryland
56. Bakersville, Maryland
57. Fair View, Maryland
58. Germantown, Maryland
59. Lovettsville, Virginia
60. Bolington, Virginia

61. Phillemont, Virginia
62. Wheatland, Virginia
63. Union, Virginia
64. Upperville, Virginia
65. Aldie, Virginia
66. White Plains, Virginia
67. New Baltimore, Virginia
68. Cattlett's Station, Virginia
69. Weaversville, Virginia
70. Spottswood Tavern, Virginia
71. Gunisonville, Virginia
72. Stafford Court House, Virginia
73. Falmouth, Virginia
74. Und viele weitere Ortschaften, deren Namen mir entfallen sind.

1863

1. Januar 1863, Lager nahe Falmouth, Virginia : Das neue Jahr hat begonnen, wir befinden uns noch immer im Lager und es gibt nichts Neues zu berichten. Das Lagerleben geht weiter und gelegentlich sind wir an der Reihe, Postendienst am Flussufer zu verrichten.

Pratt's Landing „Pig Point", Potomac River, 6. Januar 1863 : Gestern ritten Levi Carr und ich hinüber zum Lager der 4. Rhode Island Freiwilligen, wo sich uns Leutnant Charles H. Hunt anschloss. Dann besuchten wir die Lager von Batterie "D" und Batterie "E" der Rhode Island Artillerie und wurden schließlich bei George H. Rhodes im Lager der 1. Rhode Island Kavallerie vorstellig. Nach unserer nächtlichen Rückkehr erhielt ich die Order, das Kommando über Kompanie "B" zu übernehmen und mich nach Belle Plain zu begeben. Wir brachen auf und nach etwa drei Kilometern wurde ich ins Lager zurückbeordert.

Am Montagmorgen verließ unser Regiment das Lager und erreichte gegen Mittag diesen Ort hier. Er liegt am Potomac River nahe der Mündung des Potomac-Flussarmes. Unser Lager liegt nahe am Flussufer und wir haben eine hübsche Aussicht auf den Schiffsverkehr. Dampfer und Segelschiffe erscheinen ständig und werden an der Werft entladen.

Heute Morgen wurden wir zu einem Graben zwischen zwei Hügeln geführt und machten uns an die Arbeit, eine Straße anzulegen. So schaufelt das tapfere Zweite also wieder einmal in Virginia herum. Es ist jedoch nicht unsere erste Erfahrung mit dieser Arbeit. Wenn ich überleben sollte und heimkehre, werde ich für jede Art von Arbeit tauglich sein, denn seit ich in der Armee bin, habe ich fast jede Arbeit verrichtet. Die Straße anzulegen gestaltet sich sehr schwierig, da wir auf viele Bäche und schlamm- und wassergefüllte Löcher stoßen. Die Bäche überbrücken wir mit Knüppeln und die Löcher füllen wir mit Astwerk. Wir bauen die Art von Straße, die als Knüppeldamm bekannt ist. Das heißt, wir verlegen Knüppel längs entlang des Straßenbettes und legen dann andere Knüppel quer darüber. Tatsächlich ist es eigentlich eine fortlaufende Brücke. Wir sollen drei Tage hier verbleiben und werden dann von anderen Truppen abgelöst.

9. Januar 1863 : Wir haben unsere Arbeitszeit verrichtet und kehren jetzt zu unserem Lager nahe Falmouth zurück.

Nahe Falmouth, 11. Januar 1863 : Major Jameson ist zurückgetreten und hat unser Regiment verlassen. Wir sind sehr froh, ihn los zu sein, denn seit seiner Ernennung gab es ständig Streitereien. Adjutant Samuel J. Smith hat seinen Abschied eingereicht und wird uns morgen verlassen. Ich weiß nicht, wer jetzt zum Adjutanten ernannt werden wird, aber zurzeit fungiere ich als Adjutant. Ich muss diese Arbeit recht häufig verrichten. Es sollten einige Beförderungen anstehen und mir steht der Rang eines Oberleutnants zu, aber Gouverneur Sprague ist sehr verärgert über uns alle und ich glaube nicht, dass er jemanden von uns befördern wird. Nun, das können wir ertragen und wir sind Major Jameson trotz des Gouverneurs losgeworden.

Nahe Falmouth, Virginia, 15. Januar 1863 : Keine Neuigkeiten und alles ist ruhig. Hätten wir nicht unsere Drillübungen, wären wir unglücklich in unserer Untätigkeit. Für Nahrungsmittel bezahlen wir hier hohe Preise. Butter kostet 60 Cent pro Pfund, ebenso Käse. Brot 25 Cent pro Laib. Kekse 30 Cent pro Pfund. Plätzchen (Kinder und Soldaten lieben sie) kosten 3 Cent pro Stück. Heute erstand ich einen kleinen Kabeljau für

16 Cent pro Pfund. Er schmeckte gut.

Leutnant. Benjamin B. Manchester hat seinen Posten niedergelegt und uns verlassen. Hauptmann Brown und ich sind nun ganz alleine in unserer Messe. Hauptmann Samuel B.M. Read fungiert als stellvertretender Generalinspektor in General Devens' Stab. Ich verbrachte den gestrigen Abend in General Wheatons Hauptquartier und amüsierte mich köstlich.

Lager nahe Falmouth, 24. Januar 1863 : Am Dienstagmorgen brach die Armee das Lager ab und setzte sich für einen weiteren Angriff auf die Rebellen in Bewegung. Unser Regiment marschierte etwa acht Kilometer den Fluss hinauf zu einem Ort namens „Beech Church". Die Straßen waren in gutem Zustand und die Truppen guter Dinge. Bei Einbruch der Dunkelheit begann es zu regnen und wir lagen bis 04.00 Uhr am Mittwochmorgen in der Nässe. Beim Verlassen des Waldes fanden wir heraus, dass die Straßen wegen Schlamm unpassierbar waren. Das erste Tageslicht präsentierte uns eine seltsame Szenerie: Männer, Pferde, Geschütze, Pontons und Wagen staken im Schlamm fest. Nach etwa drei Kilometern begannen die Wagen, auf die Seite zu kippen und Maultiere ertranken tatsächlich in Schlamm und Wasser. Gegen Mittag erreichten wir den Fluss etwa 13 Kilometer oberhalb von Falmouth. Hier warteten wir auf die Pontons, aber sie sind niemals angekommen. Der Schlamm war zu tief für sie und ihre Mannschaften fielen immer weiter zurück. Hier lagen wir bis Freitag, als unsere Division abgestellt wurde, um einer regulären Batterie zurück ins Lager zu helfen. Der Schlamm war dermaßen tief, dass 16 Pferde nicht ausreichten, um eine einzige Kanone zu ziehen. Eine Kompanie Männer musste sich dann ein Seil schnappen und die Kanone aus dem Matsch ziehen. Es war sehr hart für die Männer und die Pferde, aber unsere Jungs taten wie gewöhnlich ihre Pflicht. Die Rationen gingen uns aus und wir wurden hungrig, aber nach einer Weile fanden wir etwas trockenes Brot am Wegesrand. Viele Pferde und Maultiere gingen verloren. Die Jungs von der Batterie, die am Flussufer postiert ist, sagen, die Rebellen hätten ein Schild mit der Aufschrift „Burnside steckt im Dreck" aufgestellt. Natürlich kann man General Burnside nicht für diesen Fehlschlag verantwortlich machen. Er kann die Naturgewalten nicht kontrollieren, obgleich einige Zeitungen zu denken scheinen, er könnte es. Wäre das Wetter weiterhin gut geblieben, denke ich, das Manöver wäre erfolgreich gewesen. Rebellen können wir bekämpfen, aber den Schlamm nicht.

Hauptmann Stephen H. Brown fungiert als Major des Regiments und ich habe das Kommando über Kompanie "D" inne. Mir geht es noch gut, und ich bin guten Mutes und bereit für alles, was auf mich zukommen mag. Ich schätze, sobald sich das Wetter bessert und der Schlamm trocknet, wird ein weiterer Versuch unternommen werden.

Nahe Falmouth, 27. Januar 1863 : Wir haben einen traurigen Tag. Oberst Nelson Viall hat seinen Posten niedergelegt und ist nach Rhode Island zurückgekehrt. Er ertrug die Demütigungen, mit denen uns Gouverneur Sprague überhäufte, nicht mehr und gab seine Position auf. Am Montag besuchten wir ihn mit einer Kapelle in seinem Quartier und brachten ihm ein Abschiedsständchen. Der Oberst weinte beim Abschied von seinen alten Kameraden wie ein Kind und uns allen war sehr traurig zumute. Die Jungs brachten neun herzliche Hochrufe auf ihn aus und bedachten Gouverneur Sprague mit dreifachem unwilligem Knurren. Nun, wir werden den Ausgang dieser Geschichte erleben und Gouverneur Sprague wird sein Vorgehen noch bereuen. Gestern hatten wir eine Inspektion. Von 80 zur Kompanie "D" gehörigen Männern sind lediglich 40 Männer dienstfähig.

Fred A. Arnold wurde wegen seiner Verwundungen aus der Armee entlassen.

Nahe Falmouth, Virginia, 1. Februar 1863 : Heute erhielten wir eine Order, die besagt, dass es in jedem Regiment zwei Offizieren erlaubt ist, zur gleichen Zeit Heimaturlaub zu nehmen. Bei dieser Rate werde ich in etwa einem Monat an der Reihe sein. Ich habe meinen Antrag bereits abgeschickt und hoffe, in Kürze mein Zuhause zu sehen.

Die Männer von Kompanie "D" haben mir ein Haus gebaut. Im Erdgeschoss befinden sich eine Feuerstelle und ein Tisch. Im zweiten Stock habe ich auf einem Holzgestell mein Bett, das über eine Leiter zu erreichen ist. Der Boden des zweiten Stockwerks erstreckt sich nur über einen Teil des Raumes und besteht eigentlich lediglich aus dem Bett. Die Wände bestehen aus gehobeltem Holz und die Zwischenräume sind mit Schlamm gefüllt. Das Dach besteht aus Zeltplanen. Heute Abend zogen wir ein und sind sehr glücklich mit unserem neuen Haus.

Letzten Freitag wurden alle unsere Offiziere bei General Frank Wheaton vorstellig und erneut in den Dienst der Vereinigten Staaten eingemustert. Anscheinend war unsere erste Musterung eher inoffizieller Natur. Der General unterhielt die Offiziere aufs Trefflichste.

Wir haben weiter nichts über den Ärger mit Sprague gehört. Ich hoffe, der Gouverneur hat nochmals über seine hastigen Worte nachgedacht und vielleicht wird er uns in Zukunft besser behandeln. Es ist schwer vorne gegen die Rebellen und hinten gegen unseren Gouverneur zu kämpfen.

General Burnside wurde seines Kommandos über die Potomac-Armee enthoben und General Hooker hat die Führung übernommen. Noch einige weitere Änderungen und ich schätze, die Leute im Norden werden denken, der Krieg sei vorbei.

7. Februar 1863 : Unser Regiment wurde für den dreitägigen Postendienst abgestellt, der morgen in der Frühe beginnt.

ALLES FÜR DIE UNION

Lager nahe Falmouth, Virginia, 10. Februar 1863 : Wir sind von unserem dreitägigen Postendienst zurückgekehrt und ich bin froh, wieder hier zu sein. Wir waren am Ufer des Rappahannock River postiert, nahe der Stelle, wo wir ihn im Dezember überquert hatten. Ich hatte das Kommando über Kompanie "D" inne und besetzte mit drei Kompanien ein Plantagengebäude in der Nähe des Flusses. Wir unterhielten Feuer in den Feuerstellen und es war gar nicht mal so unangenehm. Die Männer bezogen die Quartiere der Schwarzen. Da das Feuern auf Posten auf beiden Seiten verboten ist, war es den Männern erlaubt, zum Flussufer hinab zu gehen. Wir erlaubten unseren Männern nicht, mit den Rebellen zu sprechen, aber diese stellten einen nicht enden wollenden Strom an Fragen. Sie waren begierig zu erfahren, wohin das IX. Korps gegangen war. Es schien mir seltsam, sie nur einige Meter entfernt in ihrer grauen Kleidung zu sehen. Eine ihrer Kapellen spielte jeden Tag und wir genossen die Musik zusammen mit ihnen. Sie waren sehr darauf versessen, New Yorker Zeitungen und Kaffee von uns zu erhalten, aber wir gehorchten den Befehlen und gaben ihnen nichts.

Bei unserer Rückkehr ins Lager fanden wir heraus, dass ein neuer Oberst angekommen war: Oberst Horatio Rogers Jr., ehemaliger Oberst der 11. Rhode Island Freiwilligen. Er schien sehr erstaunt zu sein, als er von unseren kürzlichen Ärgernissen erfuhr und dass wir dagegen waren, ihn als Oberst zu haben.

Heute Morgen ließ er nach den Offizieren schicken und nach einer Unterredung sagte er, er wolle Oberstleutnant Nathan Goff Jr. nach Hause schicken mit der Aufforderung, dass Gouverneur Sprague ihn zum Oberst ernennen solle, worauf er (Rogers) zum 11. Regiment zurückkehren werde. Jeder Mann in unserem Regiment unterzeichnete Oberstleutnant Goffs Empfehlungsschreiben und tatsächlich wurde es von allen Offizieren unserer Division unterzeichnet. Oberst Rogers ist ein großartiger Bursche und wir mögen ihn bereits. Falls Goff nicht unser Oberst sein kann, so wäre mir Rogers lieber als jeder andere Mann von außerhalb des Regiments. Sein großzügiges Verhalten gegenüber Oberstleutnant Goff hat ihm unter den Offizieren bereits viele Freunde beschert. Anstatt eine große autoritäre Vorstellung zu liefern, betrug er sich sehr milde und das hatte eine positive Wirkung.

Ich komme gerade zurück von Dr. Carrs Quartier, wo ich eine Unterhaltung mit dem Oberst hatte. Hauptmann Edward Stanley hat seine Stellung niedergelegt und sich heute Morgen auf den Weg nach Hause gemacht. So gehen sie dahin und wir haben nur noch sieben der ursprünglichen Offiziere im Regiment. Hauptmann Brown fungiert noch immer als Major und ich kommandiere Kompanie "D".

Nahe Falmouth, Virginia, 15. Februar 1863 : Gestern unternahmen Hauptmann George C. Clendenin von General Wheatons Stab, Hauptmann Samuel J. English, Hauptmann Edward A. Russell und meine Wenigkeit einen Ausritt. Wir begaben uns hinunter zum Fluss und sahen den Platz, wo wir im Dezember übergesetzt hatten. Dann ritten wir das Flussufer entlang nach Falmouth. Wir kamen an Fredericksburg, das auf der anderen Flussseite liegt, vorbei und sahen, dass die Straßen mit Rebellensoldaten gefüllt waren. Einige von ihnen waren damit beschäftigt, Schützenlöcher in den Straßen, die zum Fluss führen, auszuheben. Fuhrwerke und berittene Offiziere belebten die Straßen, während viele Soldaten am Ufer saßen und die Yankees beobachteten. Nachdem wir das Dorf Falmouth besucht hatten, wurden wir im Lager einer unserer Rhode Island Batterien vorstellig und ritten anschließend zu unserem Lager zurück.

Heute regnet es und unsere übliche sonntägliche Inspektion ist ausgefallen. Freitagnacht hatten wir unsere erste Parade unter dem Kommando von Oberst Rogers. Er gefiel uns sehr.

Donnerstag, 18. Februar 1863 : Der Sturm dauert noch immer an und wir sitzen bei unseren Feuern und fragen uns, was als nächstes geschehen wird. Noch immer werden den Männern Urlaubsscheine ausgestellt und es fällt mir schwer, zu entscheiden, wer zuerst gehen soll.

Nahe Falmouth, Virginia, 24. Februar 1863 : Ich war einige Tage lang bettlägerig, aber jetzt geht es mir wieder besser. Beim Hantieren mit einigen grünen Büschen vergiftete ich mich an Giftefeu. Seit meinem Eintritt in die Armee ist dies bereits das zweite Mal, dass mir das passiert ist.

Nahe Falmouth, Virginia, 12. März 1863 : Seit dem Ersten des Monats haben wir ein sehr ruhiges Leben geführt. Es finden Drillübungen statt wenn das Wetter sie erlaubt, aber für gewöhnlich sind Schlamm und Regen an der Tagesordnung. Ich werde hoffentlich bald nach Rhode Island gehen. Es ist eine gute Zeit zum Aufbruch, denn wir haben nichts zu tun. Hauptmann Brown sitzt einem Kriegsgericht bei und ich habe erneut das Kommando über Kompanie "D" inne.

Nahe Falmouth, Virginia, 21. März 1863 : Heute werde ich zum Mann, denn es ist mein Geburtstag und ich bin 21 Jahre alt. Nun, ich fühle mich langsam wie ein alter Mann, sofern harte Arbeit einen alt macht. Ich habe ein Geburtstagsgeschenk erhalten - einen zehntägigen Heimaturlaub und das weiß ich sehr zu schätzen. Ich werde nach Rhode Island aufbrechen, sobald ich meine Angelegenheiten hier geregelt habe und sehe in froher Erwartung einer glücklichen Zeit entgegen.

Nahe Falmouth, 7. April 1863 : Nach einem vergnüglichen Aufenthalt in meinem Zuhause in Rhode Island bin ich wieder zurück bei meinen Armeepflichten. Mein Heimweh ist fürs Erste geheilt, aber ich erwarte einen weiteren Anfall. Während ich zu Hause war, hatte Oberst Rogers, der auf „Urlaub" in Rhode Island war, mich vom Unterleutnant zum Hauptmann befördern lassen. Ich fühlte mich geschmeichelt ob dieses

Ausdruckes der Wertschätzung meiner Dienste, aber ich lehnte die Beförderung ab, da ich nicht zehn Oberleutnants übergehen wollte, die alle meine Dienstälteren sind. Ich werde damit zufrieden sein, meine reguläre Beförderung anzunehmen und zum Oberleutnant ernannt zu werden. Da ich eine hohe Meinung von meinen Offizierskameraden habe, möchte ich ihre Gefühle nicht verletzen.

Bei meiner Ankunft im Lager erfuhr ich, dass die Kunde von meiner Beförderung das Regiment bereits erreicht hatte, aber die Tatsache, dass ich den Posten als Hauptmann abgelehnt hatte, noch nicht an die Öffentlichkeit gedrungen war. Ich genoss die Kommentare, die einige Offiziere von sich gaben, bei denen ich mir sicher bin, dass sie die Beförderung nicht abgelehnt hätten. Als bekannt wurde, dass ich abgelehnt hatte und dass Oberleutnant John G. Beveridge die Beförderung zum Hauptmann erhalten solle, änderte sich der Tonfall der Nörgler und man dankte mir wärmstens für meine Großzügigkeit. Nun, dies ist eine seltsame Welt und man erhält wenig Anerkennung für gute Absichten. Mein Gewissen sagt mir, dass ich in der Sache richtig gehandelt habe, obgleich die Versuchung groß war, den Rang anzunehmen. Letzten Donnerstag inspizierte General John Sedgwick unsere Division und am letzten Freitag besichtigte General Hooker das VI. Korps. Heute inspizierte und besichtigte unser Brigadekommandeur General Charles Devens, Jr. unser Regiment. Der General besuchte alle Kompaniestraßen und lobte uns in den höchsten Tönen. Morgen wird Präsident Lincoln die Potomac-Armee besichtigen.

Während meines Aufenthaltes zu Hause war ich überrascht, wie wenig Interesse am Krieg man dort zeigt. Die Leute scheinen ihn als gegebene Tatsache hinzunehmen und fragten kaum nach der Armee. Die Damen scheinen der Situation jedoch interessierter gegenüberzustehen und ich hoffe, dass ihr Beispiel die Männer anspornen wird, alles in ihrer Macht Stehende zu tun, um den Armeen dabei zu helfen die Rebellion zu zerschmettern.

Rappahannock River, Virginia, nahe Franklin's Crossing, 14. April 1863 : Wir verrichten wieder Postendienst und ich belege ein Haus, das einem gewissen Herrn Pollock gehört. Ein junger Mann, ein Neffe von Herrn Pollock, ist hier zu Besuch. Er hat nur noch ein Bein, das andere hat er im Dienste der Rebellenkavallerie verloren. Er ist vorzeitig aus der Gefangenschaft entlassen worden und kann sich also frei auf der Plantage bewegen. Über dem Fluss und nur wenige Meter entfernt kann ich 50 Rebellen sehen, die die Yankees anstarren. Direkt hinter ihnen befindet sich ein großes Fort mit ausgedehnten Linien von Schützenlöchern an jeder Seite. Die Rebellen sind sehr versessen darauf, Zeitungen aus dem Norden zu bekommen. Vor einigen Minuten sah ich eines ihrer kleinen, aus einem Brett gefertigten Boote mit einem Papiersegel und einer auf das Brett genagelten Blechdose über den Fluss heran geschwommen kommen. Ich nahm das Boot in Empfang und entnahm der Dose eine Zeitung aus Richmond. Der Rebell rief herüber: „Schick mir eine Zeitung aus New York!", aber ich lehnte ab, da es gegen die Befehle verstößt. Den Befehlen folgend brach ich das Boot in Stücke, obgleich ein Rebell schrie, er erschösse mich, würde ich nicht aufhören. Aber ich zerbrach das Brett und er schoss nicht.

General Thomas J. Jackson (Stonewall) kam heute mit einigen Damen und Offizieren zum Flussufer. Wir zogen unsere Hüte vor der Gruppe und so seltsam es klingt, die Damen winkten als Antwort mit ihren Taschentüchern. Einige Wachtposten der Rebellen erklärten uns, es handele sich um General Jackson. Er ergriff sein Fernglas und beobachtete gelassen unsere Gruppe. Wir hätten ihn mit einem Revolver erschießen können, aber wir haben eine Übereinkunft, dass keine Seite feuern soll, da es nichts bringt und einfach nur Mord wäre.

Wir werden morgen ins Lager zurückkehren, da andere Truppen unseren Platz als Außenposten einnehmen werden. Mir geht es sehr gut und ich versuche, mir die Zeit angenehm zu gestalten.

Lager nahe Falmouth, Virginia, 19. April 1863 : Ich habe meine Ernennung zum Oberleutnant erhalten, bin eingemustert worden und der alten Kompanie "D" zugewiesen worden, wo ich die Männer gut kenne. Charles Tinkham ist zum Unterleutnant von Kompanie "D" ernannt worden und so haben wir, seit ich Offizier bin, zum ersten Mal ein volles Komplement, also drei Offiziere, in unserer Kompanie. Das Wetter heute ist schön und ich habe einen langen Ausritt hinüber zum Lager des II. Korps unternommen. Die Wege sind in gutem Zustand und wir werden uns wahrscheinlich bald wieder auf den Marsch begeben. Das hoffe ich jedenfalls.

Rumford Place, Rappahannock River, 29. April 1863 : Endlich eine Bewegung. Gestern Abend verließen wir unser Lager und marschierten hinab zu diesem Ort hier, der nahe am Fluss liegt. General Brooks Division aus unserem Korps (dem VI.) schickte einige Männer in Ponton-Booten über den Fluss, die die Rebellen aus ihren Schützenlöchern trieben und das Südufer besetzten.

Heute Morgen wurden mehrere Pontonbrücken geschlagen. Brooks Division hat sie überquert, aber unsere Division (Newtons) ist noch auf der Nordseite. Wir erwarten, morgen Früh überzusetzen. Bisher hatten wir noch keine Gefechte, außer zwischen den Batterien. Sie haben sich mehrere Male über den Fluss hinweg beschossen. Unser Korps meldet heute den Verlust von zwei Toten und 17 Verwundeten. Der Großteil der Armee unter General Hooker hat den Fluss oberhalb von Falmouth überquert und es wird sich ohne Zweifel eine große Schlacht ereignen. Möge Gott uns helfen und uns den Sieg schenken. Die Linien der Rebellen liegen gut sichtbar vor uns und die Höhen sind mit Befestigungen und Schützenlöchern bedeckt, aber mit Gottes Hilfe können und werden wir sie einnehmen. Wir werden an der gleichen Stelle übersetzen, an der wir letzten Dezember übersetzten.

Ich habe nun das Kommando über Kompanie "B" und so wird

es wahrscheinlich noch eine lange Zeit bleiben, da der Hauptmann, Henry H. Young, dem Brigadestab zugeteilt wurde. Mir geht es gut und ich glaube an den morgigen Erfolg. Wir werden versuchen, die gleichen Höhen hinter Fredericksburg zu nehmen, die die Armee im letzten Dezember nicht einnehmen konnte.

Samstagnacht, 2. Mai 1863 : Die 2. Rhode Island Freiwilligen überquerten um 20.00 Uhr den Rappahannock River und lagern mit dem VI. Korps in der Nähe von A. A. Bernards Haus.

Südseite des Rappahannock River, Sonntag, 3. Mai 1863 : Heute Morgen um 01.00 Uhr zog das VI. Korps der River Road folgend in Fredericksburg ein. Die Rebellen in der Stadt flohen zu den Befestigungen auf den Höhenzügen im Hinterland, während sich das Korps in den Straßen für den Angriff formierte. Das 2. Rhode Island formierte sich in der Princess Anne Street. Bei Tagesanbruch eröffneten die Rebellen mit ihren Geschützen in den Befestigungen auf den Hügeln das Feuer und die Kugeln und Granaten krachten durch die Häuser und klangen wie Musketensalven. Um 08.00 Uhr rückte das 2. Rhode Island durch die Stadt vor und bezog als Unterstützung Stellung hinter Batterie "B", die auf einer Hügelkuppe postiert war, mit einem Mühlteich in unserem Rücken. Die Kugeln und Granaten der Rebellen flogen über unsere Köpfe und explodierten darüber oder fielen in den Teich. Batterie "G" begab sich hinunter zu unserer Rechten und bezog Aufstellung in einem Feld. Als sie eine kleine Brücke über einen Bach überquerte, traf eine Kugel eine der Munitionskisten und schleuderte sie von der Brücke. Die Batterie war bald in Position und eröffnete das Feuer, aber die Rebellen antworteten mit überwältigendem Feuer von den Hügeln und vertrieben sie. Sie verlor mehrere Männer und viele Pferde. Leutnant Benjamin E. Kelly von Batterie "G" wurde tödlich verwundet. Die Batterie bewegte sich nun zu dem Hügel, auf dem wir standen. Lange Linien von Infanterie wurden über die Felder aufgestellt, mit Batterien zwischen den Brigaden und dann begann der Vormarsch. Mit lauten Jubelrufen bewegten sich die Linien die Hügel hinauf, stürmten schließlich vor und dann war der „Marye's Heights" genannte Höhenzug in den Händen des VI. Korps. Batterie "B" feuerte über die Köpfe unserer Männer hinweg, bis der Hügelkamm erreicht war und stellte dann das Feuer ein. Wir konnten von unserer Stellung aus sehen, wie die Rebellen ihre Geschütze aufprotzten und mit den Pferden schnellstens abrückten. Hauptmann T. Fred Brown von Batterie "B" zielte mit einer Kanone auf ein Rebellengeschütz, das gerade eine Stellung verließ und traf die Munitionskiste auf der Protze, wodurch die Männer wie vom Blitz getroffen heruntergeschleudert wurden. Sobald wir die Unionsfahnen auf den Hügeln wehen sahen, sprangen unsere Jungs auf die Füße für die tapferen stürmenden Truppen. Das 2. Rhode Island schloss sich jetzt der Brigade an, rückte zur ersten Reihe von Hügeln vor und bereitete sich darauf vor, die zweite Reihe zu stürmen. Die 122. New York Freiwilligen wurden als Plänkler aufgestellt und die 2. Rhode Island Freiwilligen folgten als Unterstützung. Der Brigadekommandeur befahl Oberst Rogers, eine mit drei Geschützen besetzte Schanze einzunehmen. Wir rückten im Laufschritt vor und die Rebellen verließen ihre Stellungen und nahmen ihre Kanonen mit, ließen jedoch einen Munitionswagen in unseren Händen zurück. Eine Kartätsche explodierte vor meiner Kompanie und schleuderte einen Eisenhagel auf uns. Eine eiserne Kartätschenkugel traf mich am Fuß und ich sprang in die Luft, aber sie lähmte mich nur ein wenig. Ich hob die Eisenkugel auf, steckte sie in meine Tasche und werde sie nach Hause schicken. Die gesamten Höhen waren nun in unserer Hand und dort rasteten wir bis um 15.00 Uhr, als das Korps etwa fünf Kilometer vorrückte und bei Salem Church erneut auf den Feind traf. Die 2. Rhode Island Freiwilligen und die 10. Massachusetts Freiwilligen wurden als Reserve eingeteilt und quer über die Straßen aufgestellt. Nachdem die vordere Linie den Angriff eröffnet hatte, konnten wir die Truppen wanken sehen und bald begannen Männer, sich die Straße entlang zurückzuziehen. Das Nächste, das wir wussten, war, dass die Rebellen in Sicht kamen und Oberst Rogers mit dem 2. Rhode Island nach vorne beordert wurde. Wir rückten über ein Feld auf eine Hügelkuppe vor und begannen zu feuern. Hier begannen unsere Männer zu fallen und die Rebellen rückten noch immer vor. Wieder ertönte der Befehl „Vorwärts!" und mit einem Schrei stürzten wir uns auf die Linien der Rebellen, die auseinanderbrachen und in die Wälder flohen. Hier und dort fielen Männer, aber das Kommando lautete „Aufschließen und vorwärts!" und wir rückten vor, aufgemuntert von dem Gedanken, dass wir unsere Sache gut machten, während sich unser Korps hinter uns wieder formieren konnte. Wir begaben uns in die Wälder, wurden aber von schwerem Beschuss gestoppt. Hier kämpften wir eine Stunde lang. Da ich die Fahnenkompanie kommandierte, stand ich im Zentrum des Regiments und hatte eine gute Gelegenheit, unseren Oberst zu beobachten. Wenn die Linie anfing zu wanken, ergriff Oberst Rogers die Fahne und führte uns weiter. Die Rebellen hatten ein Regiment aus New Jersey und dessen Fahnen gefangen. Wir schafften es, die Männer zu befreien und ihre Fahnen zurückzuerobern.

Nach dem Ende der Kämpfe kehrten wir zu dem hinter uns gelegenen Hügel zurück und formierten unsere Linien. Meine Kompanie "B" ging mit 33 Männern in die Schlacht und wir verloren elf Tote und Verwundete. Das Regiment verlor sieben Tote und 68 Verwundete sowie neun Vermisste. Kompanie "B" verlor drei der Toten. Das Regiment erhielt viel Lob von General Newton und General Wheaton und man scheint sich einig zu sein, dass unser letzter Sturmangriff den Vormarsch der Rebellen zerschlug und möglicherweise das Korps vor einem Desaster bewahrte. Hauptmann William G. Turner und Leutnant Clark E. Bates waren unter den Verwundeten.

Montag, 4. Mai 1863 : Den ganzen Tag lang Artilleriefeuer. Die Rebellen haben Fredericksburg hinter uns in Besitz genommen und wir sind vom Fluss abgeschnitten, aber wir haben Vertrauen in General Sedgwick und werden irgendwie aus dieser Klemme herauskommen. Flussaufwärts finden schwere Kämpfe statt, wo Hooker versucht, durchzubrechen, aber wir kennen das Ergebnis nicht. Es sieht schlecht aus und wir fühlen uns niedergeschlagen.

Dienstag, 5. Mai 1863 : Der Beschuss dauert noch immer an und scheint überall um uns herum zu sein. Unsere Verwundeten sind in Fredericksburg in Gefangenschaft geraten und nur hervorragende Generalsfähigkeit kann das gute alte VI. Korps noch retten.
Bei Einbruch der Dunkelheit verließen wir unsere Linien und im Schlamm bergauf und bergab marschierend erreichten wir den Rappahannock River irgendwann in der Nacht. Pontonbrücken wurden geschlagen und die Truppen setzten über. Stroh und Erde wurden auf die Brücken gelegt, um den Lärm der Wagen und der Artillerie zu dämpfen. Unser Regiment wurde zurückgelassen, um die Nachhut zu sichern und als wir schließlich übersetzten, beschossen die Rebellen die Brücke hinter uns mit Granaten. Die Verbindungen auf der anderen Seite der Brücke wurden gekappt und die Boote trieben hinüber zur Nordseite. Sobald wir das gegenüberliegende Ufer erreichten, warfen sich die Männer auf den Boden und schliefen.

Mittwoch, 6. Mai 1863 : Kalt und regnerisch. Ich erhielt den Befehl, die Reste meiner Kompanie zu nehmen und mich mit Kompanie "I" unter Leutnant Charles A. Waldron zum Ufer zu begeben und die Pontons zu retten. Als wir das Flussufer erreichten, sah ich, dass die andere Seite von Rebellen besetzt war. Ein Offizier grüßte mich und nach einer Unterhaltung waren wir beide einverstanden, nicht ohne vorherige Warnung zu schießen. Da ich die Boote nicht ohne großen Verlust an Menschenleben bergen konnte, stimmte ich dem Rebellen zu, sie in Ruhe zu lassen. Tatsächlich hätten seine Männer unsere Seite mit einem mörderischen Feuer bestreichen können und wir waren machtlos, auch nur das Geringste zu tun. Wir entzündeten Feuer, die Rebellen taten das Gleiche und wir verbrachten den Tag damit, uns gegenseitig über den Fluss hinweg zu necken.

Die Rationen waren aus und ich war fast verhungert, aber einer meiner Männer fand ein Stück Schweinefleisch in einem verlassenen Lager und gab mir großzügigerweise eine Scheibe ab. Ich aß sie roh und sie war gut. Nach Einbruch der Dunkelheit nahmen wir einige lange Seile, gingen durch einen Graben zum Fluss und vertäuten ein Seil mit einem Boot. Die hinter einer Biegung im Graben gelegenen Männer zogen an und als das Boot über den Kies und die Steine knirschte, feuerten die Rebellen eine Salve ab. Aber wir machten weiter und bei Tagesanbruch hatten wir alle Boote sicher auf den Hügeln und die 2. Rhode Island Freiwilligen waren auf dem Weg nach Falmouth.

Bank's Ford, Rappahannock River, 6. Mai 1863 : Gott sei Dank, ich bin am Leben und es geht mir gut. Ich werde froh sein, wenn der Krieg vorüber ist und ich wieder zivilisiert leben kann. Dermaßen viel Tod und Zerstörung behagen mir nicht.

Nahe Falmouth, Virginia, 11. Mai 1863 : Wir sind wieder zurück im Lager, in der Nähe des Ortes, wo wir den Winter verbrachten. Das Wetter ist sehr schön und warm. Das 2. Rhode Island wird mit höchstem Lob bedacht für sein Verhalten in der letzten Schlacht. Anbei ein Auszug aus einem Brief, den ich am 9. Mai schrieb und der am 14. Mai im „Providence Journal" veröffentlicht wurde: „Viele vom Regiment, die den schweren Beschuss nicht mehr länger ertragen konnten, gerieten ins Wanken und flohen in Verwirrung nach hinten. Dann waren wir an der Reihe, vorzurücken. Alle Augen lagen auf dem Oberst, denn er hatte noch nie mit uns zusammen unter Feuer gelegen und wir kannten nur seine Reputation. >Vorwärts, 2. Rhode Island!< ertönte und los ging es in Kampflinie zur Kuppe eines Hügels, um den Vormarsch des Feindes zu stoppen, der überall unsere tapferen Jungs zurücktrieb. Als wir die Kuppe des Hügels erreicht hatten, gaben wir ihnen eine Salve und empfingen eine von ihnen. >Vorwärts!< schrie unser tapferer Oberst erneut und wir stürmten den Hügel hinab, mit lauten Hochrufen auf unser Sternenbanner und den Anker, den wir auf unserer Staatsflagge tragen und den niemals zu verlassen oder zu entehren wir geschworen haben. Die Rebellen konnten unserem heftigen Sturmangriff nicht widerstehen und sie wandten sich um und flohen in die Deckung des Waldes. Wir waren bald ebenfalls in dem Wald und kämpften heftig mit ihnen. Als wir wankten, ergriff Oberst Rogers unsere Flagge, ließ sie über seinem Kopf wehen und verlangte >drei Hochrufe<, die bereitwillig ausgebracht wurden. Dreimal trug er die Fahne an die Front und mit der Hilfe der Offiziere sammelte er die Männer und erneuerte den Angriff. Nachdem das Feuer abgeebbt war, zogen wir uns auf den Hügel zurück und warteten darauf, dass die Rebellen sich zeigten und den Kampf wieder eröffneten, aber sie taten es nicht. Oberst Rogers ist ein tapferer Mann und das 2. Rhode Island ist mehr als zufrieden mit ihm. Wenn alle Offiziere von den 3. Rhode Island Freiwilligen so wie der sind, den sie uns geschickt haben, dann muss es in der Tat ein kampfstarkes Regiment sein. Oberstleutnant S.B.M. Read und Major Henry C. Jencks betrugen sich sehr tapfer und wir fühlen, dass wir über drei Feldoffiziere verfügen, denen wir vertrauensvoll in die Schlacht folgen können. Nicht genug Lob erhalten können die Korporale Kelley und Flier für die Tapferkeit, mit der sie unsere Fahnen durch die gesamte Schlacht trugen. Alle Offiziere und Männer verhielten sich tapfer und unser ist die Ehre, die Armee vor einer wilden Flucht bewahrt zu haben. Dies war das erste Gefecht, in dem wir als ganzes

Regiment gekämpft haben, seit der ersten Schlacht von Bull Run, obwohl wir bei allen Kämpfen der Potomac-Armee anwesend waren und unter Feuer lagen. Wir müssen den Verlust von vielen tapferen Kameraden betrauern, aber wir fühlen, dass sie für eine glorreiche Sache gefallen sind, danach strebend, jene Union zu bewahren, die unsere Väter gründeten. Unser Regiment ist zu einem kleinen Bataillon zusammengeschrumpft und wir benötigen mehr Männer. Werden unsere Freunde in Rhode Island sich nicht sammeln und uns zu Hilfe kommen? Wir erfreuen uns guter Gesundheit und sind frohen Mutes und wenn wir den Feind wieder treffen, so hoffen wir, ihm zeigen zu können, dass Rhode Island in der Lage ist, durch die 2. Rhode Island Freiwilligen seinen Teil zur Niederschlagung der Rebellion beizutragen."

21. Mai 1863 : Wir haben unser Lager in Ordnung gebracht und es sieht sehr schön aus. Ich glaube nicht, dass wir hier sehr lange bleiben werden, denn das Wetter ist genau richtig für einen Feldzug. Man sagt, wir hätten das schönste Lager in der Armee. Jede Kompanie hat eine 45 Meter lange und 15 Meter breite Straße. Die Zelte stehen alle auf der rechten Seite und es wurden schattenspendende Bäume gepflanzt. Meine Kompanie "B" hat eine Laube aus Grünpflanzen entlang ihrer ganzen Straße. Vorne haben wir eine Hecke und ein Tor. Über dem Tor in einem Bogen aus Immergrün steht der Name „Young Avenue" zu Ehren des Hauptmanns, der im Brigadestab dient.
Am letzten Montag wurde unsere Division unter dem Kommando von General Frank Wheaton vom Korpskommandeur, General John Sedgwick, besichtigt. Der General wurde mit lauten Jubelrufen von den Truppen begrüßt. General Wheaton trug die Schärpe und den Gürtel, die ihm von unseren Offizieren überreicht worden waren. Als die besichtigende Gruppe das 2. Rhode Island passierte, lenkte General Wheaton die Aufmerksamkeit von General Sedgwick auf uns, indem er sagte: „Dies ist das 2. Rhode Island."

Sie hielten an und betrachteten uns. Nach der Besichtigung ritten die Offiziere durch die Lager.

Nahe Falmouth, Virginia, 5. Juni 1863 : Wir haben fast einen Monat damit verbracht, unser Lager herzurichten und jetzt haben wir den Befehl erhalten, aufzubrechen. Tatsächlich sind wir bereits alle marschbereit und einige Truppen bewegen sich auf den Fluss zu. Dies sieht nach einem weiteren Angriff auf Fredericksburg aus. Wenn wir heute Nacht nicht marschieren, wird ein Soldat vom 10. Massachusetts in Anwesenheit der Brigade unehrenhaft aus der Armee entlassen werden und drei Soldaten sollen nahe Falmouth wegen Desertion erschossen werden. Ich schätze, morgen werden wir versuchen, ein paar Rebellen zu erschießen. Ich wünschte, es wäre bereits vorbei, denn für einen Soldaten ist das Warten auf den Beginn einer Schlacht schlimmer als das Kämpfen selbst. Heute ist es sehr heiß und die marschierenden Truppen sind mit Staub bedeckt, was nicht gerade ermutigend für uns ist, da wir morgen auf der Straße unterwegs sein werden. Wenn wir dieses Mal keinen Erfolg haben, werde ich wohl fast den Mut verlieren, denn es wird der vierte Versuch sein, Fredericksburg einzunehmen. Es ist jetzt zwei Jahre her, seit unser Regiment in den Dienst der Vereinigten Staaten gestellt wurde. Nur noch ein weiteres und wir erwarten, oder besser gesagt: hoffen, das Vergnügen zu haben, die Westminster Street mit unseren zerfetzten Fahnen hinauf zu marschieren.

Wenn der Krieg vorüber ist, wird es eine schöne Zeit für uns sein. Es wäre kein Vergnügen, jetzt nach Hause zu gehen, denn ich könnte dort nicht bleiben, aber sobald der Sieg errungen ist, werde ich damit zufrieden sein, daheim in Rhode Island zu leben. Ich hoffe, mein nächster Brief wird näher an Richmond geschrieben werden als dieser hier.

6. Juni 1863 : Um 10.00 Uhr verließ das 2. Rhode Island sein Lager bei Falmouth und marschierte zum Rappahannock River in die Nähe von Franklin's Crossing. Hier hielten wir an und warteten auf den Befehl zum Überqueren des Flusses.

Rumford-Plantage, Virginia, nahe dem Rappahannock River, 7. Juni 1863 : Wir lagern an der Nordseite des Flusses und ein Teil des Korps hat auf die Süd- oder Fredericksburgseite übergesetzt. Die Pontonbrücken wurden ohne großen Verlust an Leben gelegt. Die gesamte Bewegung ist uns ein Rätsel und wir kennen die Aufenthaltsorte der anderen Korps nicht.

9. Juni 1863 : Unsere Brigade bewacht zusammen mit General Wheatons Brigade das Nordufer des Flusses. Die anderen Divisionen sind auf der Südseite und haben sich auf der Ebene eingegraben. Sie haben vorne die Schützenlöcher besetzt, die wir letzten Mai ausgehoben haben. Ich sitze auf einem Hügel, der beide Armeen überblickt und kann die langen Linien sowohl der Unions- als auch der Rebellentruppen sehen, wie sie sich gegenüberstehen und darauf warten, ihr mörderisches Werk zu beginnen. Die Batterien feuern gelegentlich aufeinander und einige Granaten der Rebellen erreichen unser Lager.

Mansfield, Virginia, nahe A.N. Bernards Haus, 11. Juni 1863 : Dienstagnacht kurz vor Einbruch der Dunkelheit beschossen die Rebellen unser Lager auf der Nordseite des Flusses. Sie richteten nicht viel Schaden an, außer an einem Hügel hinter uns, der ordentlich von Kugeln durchpflügt wurde. Unsere Batterien hatten sich bald auf die Geschütze der Rebellen eingeschossen und zwangen sie, das Feuer einzustellen und Deckung zu suchen. Die Gattin des Feldarztes vom 10. Massachusetts ist zu Besuch bei ihrem Ehemann. Sie saß in einem Zelt auf einem Hügel auf der Nordseite, als eine solide 30-Pfund Kugel ganz in ihrer Nähe einschlug. Eine Granate zerbarst in der Luft und ein Splitter zischte durch eines der Zelte. Die Dame begab sich gelassen auf einen anderen Hügel und wartete auf das Ende des Beschusses, wonach sie wieder ihren Platz in ihrem Zelt einnahm. Letzte Nacht um 18.00 Uhr setzte unsere Brigade auf die Südseite des Flusses über und zum dritten Mal sind wir in der Nähe von Fredericksburg. Unser Regiment wurde sofort auf Postendienst geschickt, ganz weit zur Linken unserer Linien und hier blieben wir ohne Schlaf bis zum Morgen. Wir arrangierten uns mit den Rebellen, sodass keine Seite das Feuer eröffnen sollte, solange kein Vormarsch stattfand. Zu unserer Rechten fielen die ganze Nacht hindurch ununterbrochen Schüsse.

Wir sind gerade vom Postendienst abgelöst worden und ruhen innerhalb unserer Befestigungen. Die Befestigungslinie ist lang und reicht in einem Halbkreis von Fluss zu Fluss. Ich bin wohlauf und fröhlich.

Fairfax Station, Virginia, 17. Juni 1863 : Wir sind jetzt etwa acht Kilometer von Fairfax Court House und etwa 40 Kilometer von Washington entfernt.

Letzten Samstag eröffneten die Rebellen in der Nacht das Feuer auf uns, wurden jedoch von unseren Batterien zum Schweigen gebracht. Auf einem Hügel auf der Nordseite des Rappahannock River hatten unsere Leute ein 100-Pfund. Geschütz mit gezogenem Lauf postiert. Es dauerte mehrere Tage, die Kanone in Stellung zu bringen. Kurz vor Einbruch der Dunkelheit wurde ihr einziger Schuss abgefeuert. Der Rückstoß warf die Kanone um und da die Armee weiterziehen sollte, wurde die Kanone nach hinten geschafft. Dieser Schuss ging über den Fluss, über unsere Köpfe hinweg und in ein Fort der Rebellen auf einem Hügel nahe Fredericksburg. Der Schuss explodierte und wirbelte eine Wolke aus Sand und Staub auf. Der Lärm, den er machte, glich dem eines Zuges und als er einschlug jubelte die gesamte Armee. Es regnete, donnerte und blitzte und inmitten all dessen setzte das VI. Korps wieder auf die Nordseite über. Hier rasteten wir bis zum nächsten Morgen, als wir nach Stafford Court House marschierten, wo wir nachmittags ankamen. Hier blieben wir bis 21.00 Uhr, als wir weiterzogen und wir erreichten am Donnerstag gegen Mittag den Bach Quantico Creek an einem Ort namens Dumfries, halb tot aufgrund der Hitze. Ich habe in meinem Leben nie mehr gelitten als auf diesem Marsch. Wir rasteten bis Mitternacht bei Dumfries, als wir uns erneut auf den Weg machten und letzte Nacht diesen Ort hier erreichten. Es war einer der härtesten Märsche, die wir je erlebt haben. Fairfax Station liegt an der Bahnstrecke. Wir hören, dass die Rebellenarmee in Pennsylvania ist. Wenn dies der Fall ist, so vertraue ich darauf, dass wir in der Lage sein werden, sie einzuholen und den Krieg zu beenden. Unsere Anschrift: 2. Brig., 3. Div., VI. Korps.

Centreville, Virginia, 25. Juni 1863 : Gestern verließen wir Fairfax Court House und marschierten zu diesem Ort hier. Wir verließen Fairfax Station am 18. und marschierten nach Fairfax Court House, wo unser Korps um das Städtchen herum sein Lager aufschlug. Hier erhielten wir den Befehl, unser Gepäck auf die kleinstmögliche Menge zu reduzieren, mit der wir auskommen können. Wir sollen von nun an mit leichtem Gepäck reisen. Centreville ist ein seltsamer, alter Ort und dies ist jetzt das dritte Mal, dass wir innerhalb der letzten zwei Jahre hier sind. Nur wenige Gebäude stehen noch und diese sind lediglich aus Holz erbaute Hütten. Die verlassenen Rebellenstellungen hier scheinen stark zu sein. Jeder Hügel ist mit einem Fort gekrönt und diese sind alle miteinander durch Schützenlöcher verbunden sowie durch geschützte Laufwege, durch die die Artillerie vom einen zum anderen Fort gelangen kann. Die Truppen, die hier stationiert waren, sind an die Front beordert worden und das Gerücht geht um, dass wir hier bleiben sollen, aber das glaube ich nicht, denn die Rebellen sind in Pennsylvania und das VI. Korps wird dort gebraucht werden.

26. Juni 1863 : Heute Morgen verließen wir Centreville, passierten Herndon und schlugen in der Nacht bei Drainesville unser Lager auf.

27. Juni 1863 : Heute Morgen brachen wir das Lager ab und marschierten nach Edwards Ferry am Potomac River. Hier fanden wir eine Pontonbrücke vor, setzten auf ihr mal wieder nach Maryland über und schlugen nahe Poolesville unser Lager auf.

28. Juni 1863 : Heute Morgen bei Anbruch des Tages marschierten wir weiter, zogen durch Poolesville und Barnesville und kamen in Sichtweite von und in der Tat ziemlich nahe an den Sugarloaf Mountain. Wir schlugen unser Lager in der Nähe eines Ortes namens Percy's Mills auf.

29. Juni 1863 : Wir sind noch immer auf dem Marsch und nach der Baltimore & Ohio Bahnstrecke passierten wir New Market und einen Ort namens Ridgeway und schlugen bei Mount Airy unser Lager auf.

30. Juni 1863 : Heute Morgen wurden wir als Nachhut abgestellt und da es geregnet hatte und die Straßen matschig waren, hatten wir einen harten Marsch durch Mount Vernon und Westminster zu unserem Lager bei Manchester. Die Rebellenkavallerie treibt sich den ganzen Tag in unserem Rücken herum.

Nahe Manchester, Maryland, 1. Juli 1863 : In den letzten Tagen sind wir eine gute Strecke marschiert, wobei wir im Durchschnitt etwa 30 Kilometer pro Tag geschafft haben. Letzte Nacht erreichten wir diesen Ort hier und wir erwarten, heute Morgen weiterzumarschieren. Wir sind bisher noch nicht durch das Städtchen gekommen. Es scheint eine nette kleine Stadt zu sein und da sie nur drei Kilometer entfernt liegt, hoffe ich, dass ich in der Lage sein werde, sie mir anzusehen. Westminster ist der schönste Ort, den ich bisher gesehen habe. Gestern marschierten wir durch seine Straßen. Die Rebellenkavallerie ritt auf der einen Seite hinaus, als wir auf der anderen

Seite hineinkamen. Die Landschaft ist hübsch und die Leute sind sehr freundlich zu uns und scheinen froh zu sein, uns zu sehen. Junge Damen stehen vor den Türen und während wir vorbeimarschieren, versorgen sie die Männer mit kaltem Wasser und Brotlaiben. Es regnet seit einer Woche und die Straßen sind matschig. Es ist nicht angenehm, sich nach einem Marsch von 30 Kilometern nachts zum Schlafen ohne jeglichen Schutz auf die feuchte Erde zu legen. Ich bin erschöpft; tatsächlich war ich noch nie in meinem Leben dermaßen erschöpft. Aber Hurra! Es ist alles für die Union. Bei New Market rasteten wir für zwei Stunden und ich begab mich zusammen mit einer Gruppe Offiziere in das Städtchen. Einige Damen buken uns etliche Brote und brachten uns große Aufmerksamkeit entgegen. Es ist völlig anders als unsere Behandlung in Virginia. Überall sieht man hübsche Farmen und die Leute stehen am Wegesrand, um den Vorbeimarsch der Truppen zu beobachten.

Wir sind der Grenze zu Pennsylvania ziemlich nahe und es sieht jetzt so aus, als würden wir sie überschreiten. Ich bin noch immer gesund und frohen Mutes und vertraue darauf, dass Gott uns zum endgültigen Sieg führen wird. Die Rebellion muss niedergeworfen werden und wir tun unser Bestes.

3. Juli 1863 : Heute Morgen standen die Truppen vor dem ersten Tageslicht Gewehr bei Fuß und waren bereit für den großen Angriff, von dem wir wussten, dass er stattfinden musste. Das Feuer wurde eröffnet und unsere Brigade wurde schleunigst zur rechten Flanke der Linie beordert, um sie zu verstärken. Obgleich wir noch nicht an der Frontlinie standen, waren wir ununterbrochen dem Feuer der Rebellenartillerie ausgesetzt, während Kugeln um uns herum einschlugen. Bis zum Mittag bewegten wir uns von Ort zu Ort, immer dorthin, wo Gefahr drohte, als wir die Order erhielten, uns bei der Linie zu melden, die von General Birney gehalten wurde. Unsere Brigade marschierte die Straße hinab, bis wir das Haus erreich-

ten, das von General Meade als Hauptquartier genutzt wird. Die Straße verlief zwischen Felsvorsprüngen und die Felder waren mit Felsbrocken übersät. Zu unserer Linken war ein Hügel, auf dem wir viele Batterien postiert hatten. Gerade als wir General Meades Hauptquartier erreichten, explodierte eine Granate über unseren Köpfen und ihr folgte sogleich ein Hagel von Eisen. Mehr als 200 Geschütze spien ihren Donner aus und die meisten der Granaten, die über den Hügel kamen, trafen die Straße, auf der unsere Brigade marschierte. Solide Kugeln trafen die großen Felsbrocken und spalteten sie, als hätte man sie mit Schwarzpulver gesprengt. Umherfliegendes Eisen und Steinsplitter mähten Männer in sämtliche Richtungen nieder. Man sagt, dieses Feuer habe etwa zwei Stunden angedauert, aber ich habe diesbezüglich keinerlei Zeitgefühl. Wir konnten den Feind nicht sehen und wir konnten nur bestmöglich hinter den Felsen und Bäumen in Deckung gehen. Etwa 30 Männer aus unserer Brigade wurden von diesem Beschuss getötet oder verwundet. Bald wurde der Schlachtruf der Rebellen hörbar und wir haben später erfahren, dass der Rebellengeneral Pickett einen Sturmangriff mit seiner Division unternommen hatte und dass er zurückgeschlagen wurde, nachdem er einige unserer Batterien erreicht hatte. Unsere Infanteriereihen vor uns erhoben sich und ließen ein furchtbares Feuer los. Da wir nur wenige Meter hinter unseren Linien lagen, sahen wir den ganzen Kampf. Allmählich ebbte das Feuer ab und abgesehen von einem gelegentlichen Schuss war alles still. Aber welch ein Anblick bot sich uns. Oh die Toten und Sterbenden auf diesem blutigen Feld.
Das 2. Rhode Island verlor nur einen Toten und fünf Verwundete. Einer der Letzteren gehört zu meiner Kompanie "B". Erneut brach die Nacht über uns herein und erneut schliefen wir zwischen den Toten und den Sterbenden.

4. Juli 1863 : Wurde der Geburtstag der Nation jemals zuvor in solcher Weise gefeiert? Heute Morgen wurde das 2. Rhode

Island nach vorne zur Front geschickt und fand heraus, dass sich General Lee und seine Rebellenarmee in der Nacht zurückgezogen hatten. Es war unmöglich, über das Feld zu laufen, ohne auf tote oder verwundete Männer zu treten und überall lagen Pferde und zerstörte Artillerie. Wir rückten zu einer eingesunkenen Straße vor (Emmitsburg Road), wo wir uns als Plänkler verteilten und uns hinter einem Erdwall niederlegten. Berdans Scharfschützen stießen zu uns und wir verbrachten den Tag damit, auf alle Rebellen zu feuern, die sich zeigten. Um 12.00 Uhr wurde von mehreren unserer Batterien ein nationaler Salut aus geladenen Geschützen abgefeuert und die Granaten flogen über unsere Köpfe auf die Linien der Rebellen zu. In der Nacht wurden wir abgelöst und begaben uns nach hinten für etwas Ruhe und Schlaf.

5. Juli 1863 : Glorreiche Neuigkeiten! Wir haben den Sieg errungen, Gott sei Dank und die Rebellenarmee flieht nach Virginia. Wir haben Neuigkeiten erhalten, dass Vicksburg in Mississippi gefallen ist. Wir haben tausende von Gefangenen und sie scheinen verblüfft zu sein ob der Neuigkeit.
Heute Morgen nahm unser Korps (das VI.) die Verfolgung von Lees Armee auf. Es hat geregnet und die Straßen sind in schlechtem Zustand, also kommen wir langsam voran. Jedes Haus, das wir sehen, ist ein Lazarett und die Straße ist übersät mit den Waffen und der Ausrüstung, die die Rebellen weggeworfen haben.

6. Juli 1863 : Heute haben wir die Verfolgung langsam fortgesetzt, wobei wir durch Fairfield und Liberty kamen und unser Lager bei Emmitsburg aufschlugen. Alles deutet darauf hin, dass Lee versucht, den Potomac River zu überqueren. Ich hoffe, wir erwischen ihn, bevor er Virginia erreicht.

7. Juli 1863 : Wir sind noch immer auf der Straße unterwegs und heute passierten wir Franklin's Mills, Mechanicsville und

die Catoctin-Eisenwerke. Jetzt starren die Leute uns an, wenn wir vorbeimarschieren.

Middletown, Maryland, 8. Juli 1863 : Die große Schlacht des Krieges ist geschlagen worden und Gott sei Dank, die Potomac-Armee ist endlich siegreich gewesen. Aber wie kann ich die aufregenden Ereignisse der letzten Tage schildern? In der Nacht des 1. Juli lagerten wir nahe Manchester, Maryland. Gerüchte über Kampfhandlungen in Pennsylvania machten den ganzen Tag über die Runde, aber die Entfernung zum Schlachtfeld war so groß, dass wir wenig darüber wussten. Die Männer waren erschöpft und hungrig und legten sich früh am Abend nieder um zu ruhen. Um 21.00 Uhr erreichte uns der Marschbefehl, wir packten in großer Hast unsere Sachen und machten uns auf den Weg in Richtung Pennsylvania. General Hooker ist abgelöst worden und General George G. Meade aus Pennsylvania hat das Kommando über die Potomac-Armee übernommen. Was bedeutet das alles? Nun, dies hat uns nicht zu kümmern und wir gehorchten den Befehlen und marschierten die Straße entlang. Wir kämpften uns durch die Nacht, die Männer schienen halbtot vor Schlafmangel und stolperten über ihre eigenen Schatten. Aber trotzdem marschierten wir weiter in der warmen
Sommernacht. Es wurde wenig geredet, denn wir waren zu erschöpft zum Sprechen, lediglich ab und zu ertönte der scharfe Befehl eines Offiziers an die Männer, aufzuschließen. Manchmal stoppte die Kolonne für einen Moment, wenn wir auf dem Marsch auf Hindernisse trafen und dann mussten wir rennen, um wieder aufzuschließen.
Das Tageslicht bescherte uns keine Rast und die wenigen Hartkekse, die wir hatten, wurden aus den Brotbeuteln hervorgeholt und verzehrt, während wir weitermarschierten. Am Morgen des 2.Juli hörten wir das Feuer vor uns und verstanden den Grund für die große Eile. Mir wurde auf der Straße übel und ich fiel hilflos zu Boden. Der Arzt, Dr. Carr, gab mir ein Mittel und

einen Passierschein zu einem Ambulanzwagen. Ich lag am Wegesrand, bis mehrere Regimenter vorbeimarschiert waren, dann begann ich mich zu erholen. Ich eilte sogleich weiter und holte meine Kompanie "B" bald ein. Die Jungs begrüßten mich freundlich und ich marschierte ohne Probleme weiter. Das Feuer vor uns wurde lauter und deutlicher und bald trafen wir auf die armen verwundeten Kerle, die nach hinten gebracht wurden. Bei einem Ort namens Littlestown sahen wir eine große Zahl unserer Verwundeten und alle Arten von Wagen wurden benutzt, um sie in die Lazarette zu bringen. Gegen 14.00 Uhr erreichten wir das Schlachtfeld von Gettysburg, Pennsylvania, nachdem wir einen ununterbrochenen Marsch von 55 (fünfundfünfzig) Kilometern absolviert hatten. Die Männer warfen sich erschöpft zu Boden, wurden aber bald nach vorne beordert. Wir folgten der mit Truppen und Wagen verstopften Straße bis 16.00 Uhr, als der Anblick des Schlachtfeldes mit den langen Reihen kämpfender, erschöpfter Soldaten uns aufrüttelte. Mit lauten Hurra-Rufen fiel das alte VI. Korps in Laufschritt und war bald in Gefechtslinie nahe der Linken der Hauptlinie, die vom V. Korps gehalten wurde. Das V. Korps war in Reserve, aber als wir seinen Platz einnahmen, ging es nach vorne und nahm an der Schlacht teil. Unsere Division wurde schließlich nach vorne geschickt und löste General Sykes' aus regulären Soldaten bestehende Division ab. Das Feuer der Posten wurde bis lange nach Einbruch der Dunkelheit aufrechterhalten, als wir abgelöst wurden und uns eine kurze Entfernung nach hinten begaben. Die Männer warfen sich auf die Erde und unbeirrt durch die Toten und Sterbenden um uns herum schliefen wir den Schlaf der Erschöpften.

8. Juli 1863 : Wir überquerten heute Abend den Catoctin Mountain. Wir brauchten vom Anbruch der Dunkelheit bis 02.00 Uhr morgens am 9., um den Gipfel zu erreichen, eine Strecke von etwa fünf Kilometern. An einigen Stellen war der Berg sehr steil und wir konnten nur vorwärts kriechen. Hier waren wir gezwungen, unsere Brigade rasten zu lassen, denn die Männer waren ausgelaugt und konnten nicht weitergehen.

9. Juli 1863 : Heute in der Frühe verließen wir den Gipfel des Berges und marschierten hinab nach Middletown, Maryland, wo wir jetzt nach etwa drei Wochen einmal rasten, um nach 24 Stunden endlich einige Stunden zu schlafen. Wieder einmal danke ich Gott, dass die Potomac-Armee endlich einen Sieg errungen hat. Ich frage mich, was der Süden jetzt wohl von uns Yankees denkt. Ich glaube, Gettysburg wird die Rebellen von jedem Verlangen, erneut in den Norden einzufallen, kurieren.

Nahe Funkstown, Maryland, 11. Juli 1863 : Wir kamen heute hier an, nachdem wir den South Mountain überquert hatten und durch Boonsboro marschiert waren. Gestern hatte unsere Artillerie ein Gefecht mit den Rebellen, aber jetzt ist es ruhig. Wir sind etwa 22 Kilometer von Hagerstown entfernt, wo sich die Rebellenarmee befinden soll. Ich sehe nicht, wie sie uns diesmal entkommen könnten. Jeder außer den Rebellen ist guter Dinge und sie müssen sich nach ihrer Niederlage niedergeschlagen fühlen.

Heute wurde mir ein Luxus zuteil: Etwas frisches Brot und Butter. Es war sehr gut. Unsere Armee ist sehr erschöpft und in Lumpen, aber wir wissen, wenn wir Lees Armee jetzt zerstören können, ist der Krieg vorbei. Dies ermutigt uns, unsere Arbeit zu tun. Jetzt ist für den Norden der Zeitpunkt gekommen, aufzuwachen und Männer zur Armee zu schicken.

Kampflinie nahe Hagerstown, Maryland, 13. Juli 1863 : Ich habe seit fünf Wochen meine Kleidung nicht gewechselt, aber trotzdem bin ich fröhlich und wir verrichten gute Arbeit. Letzte Nacht hatten wir ein Geplänkel und das 2. Rhode Island verlor drei Männer, einer davon aus meiner Kompanie "B". Meine arme, kleine Kompanie wird bald Geschichte sein, wenn wir keine Rekruten bekommen. Wir sind jetzt eingegraben und warten auf Befehle. General Meade ist beliebt bei den Truppen, so wie es alle Generäle wären, wenn sie uns nur zu Siegen führen würden. Wir erwarten hier einen Kampf, da Lees Armee nicht weit entfernt ist. Ich verstehe unsere Bewegungen nicht, aber ich schätze, sie sind ganz in Ordnung. Aber die Zeit wird es zeigen.

Boonsboro, Maryland, 15. Juli 1863 : Gestern rückte die gesamte Armee gegen die Stellungen der Rebellen nahe Hagerstown vor, aber der Feind war bereits geflohen. Wir folgten ihm nach Williamsport, Maryland, wo wir etwa 1.500 Gefangene nahmen, die nicht mehr in der Lage gewesen waren, den Fluss zu überqueren. Man sagt, dass wir nach Berlin gehen werden, wo wir letztes Jahr den Fluss überquerten und dass wir erneut nach Virginia übersetzen werden. Endlich ist der Boden des Nordens von den Rebellen befreit und die Erleichterung zuhause muss groß sein.
Wieder gute Neuigkeiten. Port Hudson in Louisiana ist gefallen. Nun, jetzt müssen nur noch die Einberufungen durchgesetzt werden und die Sache wird gut ausgehen. Ich wünschte, man würde das 2. Rhode Island nach New York City schicken. Die Unruhen in dieser Stadt sind eine Schande für die Nation und sollten unterdrückt werden, was auch immer es an Geld und Leben kosten mag.

Berlin, Maryland, 17. Juli 1863 : Gestern überquerten wir erneut den South Mountain, marschierten durch die Ortschaft Burkittsville und erreichten diesen Ort hier, an dem wir letztes Jahr den Potomac River überquert hatten. Eine Pontonbrücke ist geschlagen worden und wir werden bald nach Virginia übersetzen.

Berlin, Maryland, 19. Juli 1863 : Ich werde es bedauern, Maryland zu verlassen, denn die Landschaft ist hübsch. Ich bin beinahe versucht, Farmer zu werden und in diesen Staat zu ziehen.

Wir sind damit beschäftigt, unsere Stammrollen und Soldlisten zu bearbeiten. Irgendwann werden wir wohl ausbezahlt werden. Ich habe gehört, dass ich eingezogen worden bin. Nun, das ist ein guter Witz, nachdem ich seit mehr als zwei Jahren und noch dazu als Offizier diene. Ich denke nicht, dass ich der Aufforderung, mich zu melden, nachkommen werde. Irgendjemand in Rhode Island ist sehr sorglos, die Namen von Männern, die bereits in der Armee sind, auszuwählen. Ich hoffe, wir werden bald Rekruten erhalten, denn ich möchte 37 in meiner Kompanie "B".
Eine Begebenheit der Schlacht von Gettysburg sollte erwähnt werden. Ein Oberst eines Rebellenregiments aus Georgia wurde tot auf dem Schlachtfeld gefunden. Hauptmann Thomas Foy aus unserem Regiment fand irgendwie heraus, dass der Oberst ein Freimaurer war und mit Hilfe einiger weiterer Freimaurer bestattete er ihn. Da ich kein Freimaurer bin, verstand ich die Sache nicht. Während des Begräbnisses lagen die Plänkler in einem stetigen Schusswechsel.

19. Juli 1863 : Wieder in Virginia. Heute Nachmittag überquerten wir den Fluss und marschierten zu diesem Ort hier, der Wheatland heißt. Hier werden wir die Nacht über lagern.

20. Juli 1863 : Heute sind wir wieder auf der Straße unterwegs und heute Nacht lagern wir bei Phillemont.

22. Juli 1863 : Wir haben dieses Örtchen namens Uniontown erreicht. Aber warum gerade Uniontown, vermag niemand zu sagen. Wir erwarten, hier die Nacht zu verbringen.

23. Juli 1863 : Heute marschierten wir nach Rectortown und hielten dort, aber um 14.00 Uhr brachen wir nach Manassas Gap auf. Die Landschaft war herrlich und trotz der Hitze genoss ich den Marsch.

Nahe Warrenton, Virginia, 25. Juli 1863 : Wir kamen hier gestern ziemlich ausgelaugt an. Seit zwei Tagen hatten wir außer einigen Beeren nichts zu essen. Beim Rasten gestern Nacht fanden wir reichlich hochgewachsene Brombeeren und jeder aß seinen Teil. Sie schmeckten uns vorzüglich, da wir am Verhungern waren. Angeblich sollen wir hier für ein paar Tage verbleiben und Kleidung erhalten, welche die Männer dringend benötigen.

Lager nahe Warrenton, Virginia, 27. Juli 1863 : Heute ist die Benachrichtigung, dass ich zur Armee eingezogen worden sei, angekommen und hat für große Heiterkeit gesorgt. Aus Spaß zeigte ich das Schreiben dem Oberst und bat um Erlaubnis, mich in New Haven melden zu dürfen. Der Oberst sagte, das ließe sich nicht machen. Hauptmann William B. Sears, Leutnant Charles A. Waldron und Leutnant Charles F. Brown wurden nach New Haven beordert, um sich der Rekruten anzunehmen. Es ist angenehm, wieder in einem Lager zu sein, in dem man die Nacht durchschlafen kann, ohne erwarten zu müssen, im Morgengrauen geweckt zu werden, so wie es uns im letzten Monat erging. Warrenton liegt ungefähr drei Kilometer entfernt und ist in Sichtweite. Bisher habe ich das Städtchen noch nicht besucht. Ich genoss den Trip nach Manassas Gap sehr. Es ist der romantischste Ort, den ich je gesehen habe. Die Berge sind sehr hoch und formen einen Kreis oder eine Art Becken, innerhalb dessen das Örtchen Markham liegt. Wir hielten dort nur für etwa zwei Stunden und marschierten dann weiter hierher. Unser Lager liegt in einem Tal zwischen zwei sehr hohen Hügeln und die Abhänge sind mit köstlichen Brombeeren bewachsen. Von ihnen leben wir zurzeit, da wir einige Wochen lang außer Hartbrot und gesalzenem Schweinefleisch nichts zu essen hatten. Das Wetter ist sehr heiß und einige Männer haben einen Sonnenstich. Das 37. Massachusetts hatte einige Ausfälle. Es ist ein neues Regiment in unserer Brigade und wir nennen es „die Panzerschiffe", da bei seiner

Ankunft jeder Soldat eine schützende Stahlplatte in seiner Weste trug. Der erste Marsch bedeutete allerdings das Ende für die Platten, denn die Soldaten warfen sie weg und unsere Männer sammelten sie ein und brieten ihr Fleisch auf ihnen. Irgendein Mann aus Massachusetts hatte sie dem 37. Regiment überreicht.

Lager nahe Warrenton, Virginia, 01. August 1863 : Die folgenden Ortschaften wurden seit dem Verlassen von Fredericksburg am 13. Juni 1863 von den 2. Rhode Island Freiwilligen besucht:
Fredericksburg, Virginia
Mansfield, Virginia
Falmouth, Virginia
Stafford Court House, Virginia
Dumfries, Virginia -- 1 Nacht gelagert
Fairfax Station, Virginia -- 1 Nacht gelagert
Fairfax Court House, Virginia -- 1 Nacht gelagert
Centreville, Virginia -- 1 Nacht gelagert
Herndon, Virginia
Dranesville, Virginia -- 1 Nacht gelagert
Edwards Ferry, Maryland -- 1 Nacht gelagert
Poolesville, Maryland
Bunker Hill, Maryland -- Bainesville, Maryland
Indiantown, Maryland
Hyattstown, Maryland
Percys Mills, Maryland -- 1 Nacht gelagert
Monrovia, Maryland
New Market, Maryland
Holly Bush, Maryland
Plane No. 4, Maryland
Ridgeville, Maryland
Mount Airy, Maryland -- 1 Nacht gelagert
Devesville, Maryland
Spring Mills, Maryland
Westminster, Maryland

Mexico, Maryland
Manchester, Maryland -- 1 Nacht gelagert
Mount Pleasant, Maryland
Unionville, Maryland
Silver Run, Maryland
New Tavern, Pennsylvania
Littletown, Pennsylvania
Gettysburg, Pennsylvania -- Schlachtfeld
Cashtown, Pennsylvania
Fairfield, Pennsylvania
Millersville, Pennsylvania
Emmitsburg, Maryland
Franklinville, Maryland
Catoctin Mountain, Maryland
Lewistown, Maryland -- 1 Nacht gelagert
Orange Mills, Maryland
Bellville, Maryland
Middletown, Maryland -- 1 Nacht gelagert
Boonsboro, Maryland -- 1 Nacht gelagert
Bennevold, Maryland -- 1 Nacht gelagert
Funkstown, Maryland -- 1 Nacht gelagert
Hagerstown, Maryland
Uniontown, Maryland
Burkittsville, Maryland
South Mountain, Maryland
Berlin, Maryland -- 2 Tage gelagert
Lovettsville, Virginia
Wheatland, Virginia
Pleasantville, Virginia
Unionville, Virginia -- 1 Nacht gelagert
Goose Creek, Virginia -- 1 Nacht gelagert
Rectortown, Virginia
Chester Gap, Virginia
Manassas Gap, Virginia
Markham, Virginia

ALLES FÜR DIE UNION

Darbies Four Corners, Virginia -- 1 Nacht gelagert
Orleans, Virginia
Warrenton, Virginia

Camp bei Warrenton, Virginia, August 1863 : Der Monat August wurde sehr ruhig im Lager nahe dem Städtchen Warrenton verbracht. Kleidung und Ausrüstung wurden an die Truppen ausgegeben und regelmäßige Drillübungen und Paraden, die wir lange Zeit ausgelassen hatten, wurden wieder abgehalten. Postendienst in Richtung Culpepper wurde aufgenommen und da es ein heißer Monat war, genossen die Männer das Leben.
Eines Tages entdeckte Kompanie "B" während ihres Postendienstes in einem Obstgarten eine Apfelwein- Destille und da Äpfel reichlich vorhanden waren, wurde die Destille sogleich in Betrieb genommen und die Feldflaschen mit Apfelwein gefüllt. In der Nacht erhielt ich Order, die Postenlinie auf eine leichter zu verteidigende Stellung zurückzuziehen und eine neue Position wurde etwa 800 Meter hinter dem Obstgarten bezogen. Nun konnten wir hören, wie die Destille zum Nutzen der Anderen arbeitete.
Meine Kompanie "B" errichtete mir ein erstklassiges Haus aus Stein und mit einem Leinwanddach. Ich führe nun einen recht ordentlichen Haushalt. Wir unternahmen regelmäßige Besuche nach Warrenton und am Sonntag besuchten die Offiziere die örtliche Kirche.
Ungefähr Mitte August erhielt ich die Nachricht aus Rhode Island, dass mein Bruder James D. Rhodes schwer krank sei und wahrscheinlich sterben werde. Da er ununterbrochen nach mir verlangte, dachte der behandelnde Arzt, dass meine Anwesenheit von Vorteil sei. Ich bat um einen zehntägigen Urlaub, der mir am 19. August gewährt wurde. Früh am Morgen begab ich mich nach Warrenton und eine Lokomotive brachte mich nach Warrenton Junction, wo ich den Zug nach Washington nahm. Als mein Bruder nicht mehr in Lebensgefahr schwebte,

kehrte ich zum Regiment zurück und erreichte das Lager Anfang September. Während meiner Abwesenheit hatte sich nichts Besonderes ereignet und ich übernahm sogleich wieder das Kommando über Kompanie "B". Während meines Aufenthaltes zuhause hatte ich kaum Gelegenheit, meine Freunde zu besuchen, da ich an das Krankenbett meines Bruders gefesselt war. Ich kehrte zurück, im Herzen dankbar, dass Gott sein Leben verschont hatte.

Lager nahe Warrenton, Virginia, 6. September 1863 : In unserem Regiment herrscht beträchtliches religiöses Interesse und ich bete zu Gott, dass es anhalten möge. Soldaten sind nicht die schlechtesten Menschen auf Erden, aber was religiöse Dinge anbelangt sind sie sehr unbedarft. Wir hatten viele Monate lang keinen Geistlichen und folglich keinen regulären Gottesdienst. Unser letzter Feldgeistlicher war von keinem Nutzen für unser Regiment. Etwa vor drei Wochen nahmen drei unserer Männer, gläubige Christen, an einer religiösen Versammlung in einem der Lager von General Wheatons Brigade teil. Auf dem Heimweg knieten sie im Wald nieder und beteten zu Gott, er möge unser Regiment segnen. In der folgenden Woche trafen sich sechs Männer zum Gebet und letzte Woche waren etwa 30 Männer anwesend. Heute Nacht war ich eingeladen, ihnen beizuwohnen. Ich
nahm die Einladung an und hielt eine kurze Rede. Zu Beginn waren etwa 50 Männer anwesend, aber nach und nach kamen mehr zu dem Hain, und bald lauschte beinahe jeder Offizier und Soldat unseres Regiments dem Gottesdienst. Niemals zuvor habe ich eine solche Versammlung zum Gebet gesehen und ich weiß, dass der Geist des Herrn mit uns war.
Der Geistliche der 1. Rhode Island Kavallerie, Pfarrer Ethan Ray Clarke, kam zu uns und richtete eine Ansprache an die Versammlung. Oberst Rogers ist ein gläubiger Christ und seine Ratschläge sind immer willkommen. Frank S. Halliday (der Sohn von Pfarrer S.B. Halliday) ist einer unserer aktiven

Männer in religiösen Dingen. Wir haben Bänke errichtet, indem wir Holzstämme spalteten und glatt hobelten und unser kleiner, für den Gottesdienst eingerichteter Hain ist, glaube ich, der „Tempel des Herrn". Möge Gott uns helfen und unser Regiment segnen.

Heute habe ich den Gottesdienst in Warrenton besucht. Die Predigt war gut, aber hatte etwas zu viel Verrat in sich, um uns Unionisten zu gefallen. Unter den Teilnehmern sah ich einen Rebellenmajor in seiner grauen, goldbetressten Uniform. Er ist ein begnadigter Feldchirurg und nimmt sich der verwundeten Rebellen an. Die anwesenden Damen schienen nicht sehr angetan von unserer Gruppe.

Lager bei Warrenton, Virginia, Sonntag, 12. September 1863 : Heute Morgen hatten wir Sonntagsschule und die Bibellesung wurde von vielen unserer Männer besucht. Wir hoffen, bald einen eigenen Geistlichen zu bekommen. In der Ferne hören wir schweres Artilleriefeuer, aber wir wissen nicht, was es bedeutet. Schon den ganzen Tag lang regnet es wie aus Eimern.

16. September 1863 : Gestern verließen wir unser hübsches Lager nahe Warrenton und begaben uns in die Umgebung von Culpepper Court House, wo wir jetzt unser Lager aufgeschlagen haben.

Camp Sedgwick nahe Culpepper, Virginia, Sonntag, 27. September 1863 : Heute ist ein wunderschöner Tag und das Wetter ist sehr angenehm. Wir hatten eine ruhige Woche und es gibt nichts Wichtiges zu berichten. Culpepper Court House liegt etwa sechs Kilometer zur Linken unseres Lagers, während sich zu unserer Rechten und vor uns ein hoher Gebirgszug mit tiefblauen Gipfeln erstreckt. Cedar Mountain liegt etwa acht Kilometer entfernt. Gestern kam Unionskavallerie durch unser Lager; sie trugen eine Rebellenfahne, die sie bei einem Gefecht in der Nacht zuvor erobert hatten. Kurz darauf wurde ein

Rebellenoffizier unter Bewachung einiger Blaujacken vorbeigeführt. Auf unserem Marsch hierher kamen wir durch das kleine Städtchen Sulphur Springs, das vor dem Krieg ein bekannter Ferienort war. Spuren seines Ruhmes und seiner Schönheit kann man noch in den zerstörten und geschwärzten Wänden seiner Hotels sehen. Wir hielten nicht lange genug, um die berühmten Quellen zu besuchen.

Dieses Lager ist benannt zu Ehren von Generalmajor Sedgwick, dem Kommandeur des VI. Korps der Armee. Er ist sehr beliebt bei den Männern und immer wenn er sich zeigt, werden laute Jubelrufe für „Onkel John" ausgestoßen, wie er liebevoll von den Soldaten genannt wird. Er scheint diesen Namen zu mögen und grüßt uns immer freundlich.

Samstag, 2. Oktober 1863, Bealton, Virginia : Letzte Nacht verließen wir unser Lager nahe Culpepper und unternahmen einen Nachtmarsch zu diesem Ort hier, der bei der Eisenbahnstrecke nach Washington liegt. Es regnet und das Marschieren ist ziemlich unangenehm.

Bristow Station, Virginia, 5. Oktober 1863 : Am Samstag verließ unsere Brigade unter dem Kommando von Brigadegeneral Henry L. Eustis (dem ehemaligen Oberst der 10. Massachusetts Freiwilligen) Bealton und marschierte hierher. Wir befinden uns jetzt bei der Eisenbahnstrecke und etwa 50 Kilometer von Alexandria entfernt. Es wird gesagt, wir sollten die Eisenbahn bewachen. Wenn das wahr sein sollte, so wäre das der erste Einsatz dieser Art, den die 2. Rhode Island Freiwilligen durchführen.

Ich bin damit beschäftigt, so gut ich es vermag einige Männer herumzukommandieren, die mir eine Hütte, oder wie wir sie nennen, „Shebang", zu bauen.

Lager bei Bristow Station, Virginia, 7. Oktober 1863 : Unser neuer Feldgeistlicher ist Pfarrer John D. Beugless, ein ehemaliger Pastor der Pawtuxet Baptistenkirche. Und so kam es dazu: Ich habe den Offizieren die Wichtigkeit eines Geistlichen dargelegt. Einige der Offiziere waren dagegen und fürchteten, wir könnten einen weiteren Mann wie Jameson bekommen. Die Hauptmänner oder Kompaniekommandeure haben das verbriefte Recht, einen Geistlichen zu wählen und zur Indienststellung vorzuschlagen. Ein Treffen wurde am 7. September im Quartier des Obersts abgehalten und nach einigem Gerede nominierte ich Herrn Beugless. Er ist allen Offizieren außer mir unbekannt, aber sie stimmten für ihn und der Gouverneur ließ ihm seine Ernennung zukommen.

Der Geistliche kam an, während wir in Culpepper waren und da er nach Einbruch der Dunkelheit kam, fand er viele der Männer in einem Wäldchen, wo sie sich zum Gebet getroffen hatten. Ich nahm ihn mit in den Wald und stellte ihn den Männern vor. Der Geistliche hielt eine kurze Ansprache und schüttelte Hände in unserem Kreis. Bei der ersten Parade stellte der Oberst ihn dem Regiment vor.

Er hat sich bereits sehr beliebt gemacht und ich vertraue darauf, dass Gott seine Arbeit segnen wird und dass er viel Gutes tun wird. In der Armee gibt es mannigfaltige Möglichkeiten für christliche Arbeit, aber das Problem scheint ein Mangel an Ernsthaftigkeit zu sein. Viele der Männer sind gute Christen, aber sie brauchen jemanden, der sie leitet. Ich bin sehr erleichtert über die Zukunftsaussichten.

Lager nahe Bristow Station, Virginia, 7. Oktober 1863 : Ich habe das beste Hotel, in dem je ein Soldat wohnte. Am letzten Montagmorgen nahm ich meine Kompanie sowie ein sechsköpfiges Maultiergespann und wir durchstreiften zur Materialbeschaffung die Gegend. Nach einem Marsch von etwa fünf Kilometern kamen wir zu dem Dorf Brentville. Ich platzierte Wachen rund um den Ort, um eine Überraschung durch Guerillas zu verhindern und lief dann die Hauptstraße entlang. Pfarrer Beugless ging mit mir. Das Städtchen ist von der gesamten weißen Bevölkerung verlassen und der Pflege durch die Neger überlassen. Ein Haus, das gerade gebaut wird, gehört dem Rebellengeneral Hunting. Hier belud ich unseren Wagen mit Brettern, Türen und Fenstern und wir begaben uns zurück zum Lager. Seither haben mir die Männer ein Haus errichtet. Es ist knapp sechs Meter lang, drei Meter breit und die Dachspitze ist vier Meter hoch. Auf einer Seite habe ich ein Fenster sowie ein weiteres in der Tür, mit Vorhängen für beide. Einer meiner Männer trieb einen Tisch für mich auf, also lebe ich mit einem gewissen Standard. Alle Offiziere haben Quartiere errichtet und es sieht nun so aus, als würden wir den Winter über hier bleiben und die Eisenbahn bewachen. Das hoffe ich, da dies die erste leichte Aufgabe ist, die wir je bekommen haben und wir brauchen die Erholung.

Es wird darüber geredet, das 2. Rhode Island für den Winter heimzuschicken. Dies wird getan werden, wenn die Hälfte der Offiziere und Männer damit einverstanden ist, noch drei weitere Jahre nach dem Erlöschen unserer jetzigen Dienstzeit Dienst zu tun.

Die Vereinigten Staaten bieten 30 Tage Urlaub und eine Prämie von vierhundert Dollar ($400) für jeden Soldaten, der sich wieder einschreibt.

Ich hoffe, wir werden uns dazu entscheiden zu bleiben, denn ich könnte nicht zufrieden daheim leben, sollte ich ausgemustert werden und ich würde lieber bei den 2. Rhode Island Freiwilligen Dienst tun, als bei jedem anderen Regiment. Ich will bleiben und das Ende des Krieges erleben.

Letzte Nacht hatten wir ein sehr gutes Treffen und es wurde großes Interesse gezeigt.

Bristow Station, 10. Oktober 1863 : Ich bin gerade vom Lager der 10. Massachusetts Freiwilligen zurückgekehrt, wo die Offiziere der Brigade ein geselliges Treffen hatten. Heute wurde am Rapidan River gekämpft, aber wir sind zu weit im Hinterland und wissen nicht viel darüber. Das Gerücht geht um, unser

Korps (das VI.) sei beteiligt gewesen. Wir sind alle marschbereit. Etwa die Hälfte unseres Regiments versieht täglich Postendienst und wir haben mehr Arbeit zu verrichten als während unserer Frontzeit, aber sie ist weniger gefährlich.
Hauptmann S.H. Brown und seine Kompanie bewachen eine Brücke etwa sechs Kilometer vom Lager entfernt, also ist unsere Messe zurzeit nicht vollständig.

Bristow Station, Virginia, 11. Oktober 1863 : Immer noch auf Wache. Der Feind belästigt uns nicht. Die einzigen Eindringlinge in unser Lager bestehen aus hübschen Mädchen, die uns Kuchen verkaufen.

Kampflinie, Chantilly Cross Roads, 16. Oktober 1863 : Die Potomac-Armee hat sich erneut nach hinten verdrückt und nun befinden wir uns wieder nahe Centreville und warten darauf, dass Lees Armee auftaucht und uns den Kampf anbietet. Letzten Dienstagmorgen verließen wir vor Tagesanbruch unser Lager bei Bristow Station und marschierten nach Warrenton Junction, wo wir uns dem I. Korps anschlossen, das den Rückzug der Wagenzüge deckte. Bei Anbruch der Dunkelheit begaben wir uns mit diesem Korps nach hinten; das II. Korps verblieb als Nachhut. Nach einem die gesamte Nacht dauernden Marsch erreichten wir Catlett's Station; wir hatten nur acht Kilometer geschafft, da die Straßen durch Wagen versperrt waren. Die Nacht war bitterkalt und die Männer litten arg. Nach zwei Stunden Schlaf ging es weiter und wir überquerten die Ebene des Manassas Schlachtfeldes sowie den Bach Bull Run und kamen mehr tot als lebendig in Centreville an. Das II. Korps hatte einen Kampf in unserem Rücken und nahe unserem alten Lager bei Bristow Station. Es nahm 500 Gefangene und eroberte fünf Geschütze.
Wir liegen jetzt als Unterstützung hinter Batterie "C" der 1. leichten Artillerie von Rhode Island und die Männer heben Schützenlöcher aus. Wenn Lee uns hier angreift, wird er ein

weiteres Gettysburg erleben. Bisher hat sich noch nichts anderes als Rebellenkavallerie vor uns gezeigt.
Gestern Nacht wurde Hauptmann Frederick Barton von den 10. Massachusetts Freiwilligen, ausführender Stellvertreter des Generaladjutanten unserer Brigade, mit mehreren Wagen gefangen genommen, während er auf dem Weg nach Fairfax war. Uns gehen die Rationen aus und eine in Asche geröstete Getreideähre schmeckte mir sehr gut. Trotzdem bin ich zufrieden und fühle mich zurzeit wohl.
Man sagt, das II. Korps habe sich tapfer geschlagen und General Meade hat ihm eine Belobigung ausgestellt.

Lager nahe Warrenton, Virginia, 21. Oktober 1863 : Letzten Montagmorgen rückte die gesamte Armee vor und heute erreichte unser Regiment unser altes Lager mit dem Steinhaus. Seit wir hier waren, hatten das 2. und das 11. Mississippi unsere Quartiere belegt und sie sehen jetzt ziemlich schlecht aus. Die Rebellen verbrannten die Bänke, die wir für unsere Gebetsversammlungen benutzten und zerstörten alle unsere Bretter.
Die Rebellen widersetzten sich unserem Vormarsch lediglich mit ihrer Kavallerie, und unsere Kavallerie räumte uns den Weg frei. Die Leute hier schienen etwas erstaunt zu sein, unsere Rückkehr zu sehen. Das Spiel zwischen Meade und Lee erscheint mir wie eine Partie Dame und Meade hatte den letzten Zug. Wir wissen nicht, wo die Rebellenarmee ist, aber ich vermute, General Meade weiß es und das ist ausreichend. Ich war einige Tage lang krank, nicht bettlägerig, aber mir war unwohl. Ich denke jedoch, Doktor Carr wird mich wieder aufpäppeln.

Nahe Warrenton, Virginia, 24. Oktober 1863 : Mir geht es wieder gut. Chinin hat geholfen. Ich schätze, ich hatte mir eine Erkältung eingefangen, aber warum sich ein Soldat erkälten sollte, vermag ich nicht zu sagen. Heute erhielt unser Regiment neue Mäntel. Sie kamen gerade rechtzeitig, denn die Nächte werden kalt. Heute hatten wir Regen und das Leben außerhalb der Zelte war nicht angenehm.

Als die Rebellen dieses Lager übernahmen, fällten sie große Eichenbäume, verbrannten die Stämme und benutzten die Zweige als Schlafunterlage. Ein Einwohner erzählte mir, sie seien ein lärmender Haufen gewesen und hätten die ganze Nacht hindurch geschrien.

Wenn das Wetter morgen besser ist, werden wir eine Sonntagsschule abhalten, die erste seit einigen Wochen, da unsere Märsche uns stets daran hinderten.

Marschbefehle sind gerade eingetroffen, aber sie werden wahrscheinlich vor Anbruch des Morgens widerrufen werden.

Nahe Warrenton, 27. Oktober 1863 : Noch immer im Lager. Ich glaube kaum, dass unser Regiment sich erneut verpflichten wird. Während mehrere Offiziere (darunter ich) es begrüßen würden, wollen die meisten Männer nach Hause gehen, sobald ihre Dienstzeit abgelaufen ist. Da die Hälfte der Männer sich erneut verpflichten muss, damit wir Heimaturlaub bekommen, habe ich wenig Hoffnung darauf. Es wird sehr schnell kälter und obwohl unser Regiment in Steinhütten lebt, haben wir Schwierigkeiten uns warm zu halten. In meiner Hütte brennt ein riesiges Eichenholzfeuer, aber sobald jemand die Decke anhebt, die als Tür dient, fühle ich mich wie am Nordpol. Ich schätze, ein Grund, warum es hier so kalt ist, ist unsere hohe Lage zwischen den Hügeln und Bergen.

Wir erwarten einen Angriff der Rebellen, aber bisher haben sie nur Truppen vor unserer Front bewegt. Gestern kam die Rebellenarmee auf diese Seite des Rapidan River und rückte bis auf eine Entfernung von weniger als acht Kilometern gegen unsere Linien vor, aber nach einem Kavalleriegefecht zogen sie sich wieder zurück. Am Sonntag hatten wir zum ersten Mal seit drei Wochen wieder Sabbatschule. Es war eine interessante Zusammenkunft. Der Geistliche Beugless hielt dem Regiment eine Predigt.

Meine Gesundheit ist vollständig wiederhergestellt. An einem Tag fuhr ich auf Kosten der Regierung in einem Ambulanzwagen. In einem solchen war ich lediglich einmal zuvor und da war ich ein Oberstabsfeldwebel auf der Virginia-Halbinsel. Einige der Offiziere fahren ziemlich oft, aber ich bevorzuge es, mit meinen Männern zu laufen.

Nahe Warrenton, Virginia, 29. Oktober 1863 : Alles ruhig entlang der Linien, mit Ausnahme einiger vereinzelter Schüsse auf Schweine, die unsere Posten angreifen. Irgendwann kommt dann eine Order vom Brigadehauptquartier, die den Männern alle möglichen Strafen androht, wenn sie weiterhin friedfertige Schweine töten. Natürlich versprechen wir, jeden zu stoppen, den wir beim Erschießen eines Schweins erwischen, aber Offiziere sind wie Polizisten: Sie sind nie in der Nähe, wenn das Unrecht geschieht.
Gestern besichtigte General Terry unsere Brigade. Er komplimentierte das 2. Rhode Island für sein großartiges Erscheinungsbild und Marschieren. Am Samstag werden wir unseren Sold erhalten. Der Geistliche Beugless hält heute Nacht ein Treffen im Lager der 7. Massachusetts Freiwilligen ab. Er ist sehr umgänglich und wird von anderen Regimentern um Predigten gebeten.

Nahe Warrenton, Virginia, 1. November 1863 : Es ist Sonntag und wir mussten die Förmlichkeiten des Tages verschieben, da General Eustis, unserem Brigadekommandeur, der Gedanke kam, unsere Brigade zu besichtigen.
Bei sechs Tagen in der Woche, an denen er nichts zu tun hat, kann ich mir nicht erklären, warum er sich den Sonntag ausgesucht hat. Ich bezweifle, dass er hierfür einen triftigen Grund hatte.
Am Nachmittag predigte Pfarrer Beugless. Nach dem Gottesdienst borgte ich mir Dr. Carrs Pferd und ritt nach Warrenton. Ich wurde im Lager von Batterie "G" der Rhode Island Artille-

rie vorstellig und traf William und Gilbert Westcott.
Den Zeitungen entnehme ich, dass Oberleutnant Arnold Rhodes Chase (mein Cousin) zum Hauptmann bei den New York Freiwilligen befördert wurde. Er ist ein feiner Kerl und in seiner Kompanie und seinem Regiment sehr beliebt.

Nahe Warrenton, Virginia, 3. November 1863 : Man sagt, Hauptmann William B. Sears solle Major der 14. Rhode Island Freiwilligen werden. Die Männer verlängern ihre Dienstzeit in unserem Regiment nur sehr zögerlich und wir können das Ergebnis noch nicht vorhersagen.
Ich ließ mir eine gute Holzhütte bauen, aber es ist sehr unsicher, ob wir eine nennenswerte Zeitspanne hier verbringen werden.

5. November 1863 : Die Absicht, ein neues Regiment in Rhode Island aufzustellen, wurde besprochen. Oberstleutnant S.B.M. Read soll Oberst werden. Major Henry C. Jencks soll Oberstleutnant werden, Hauptmann S.H. Brown soll Major werden.
Oberstleutnant Read ließ heute nach mir schicken und bot mir den Posten eines Hauptmanns an, mit dem Privileg, meine Offiziere und Unteroffiziere selbst zu wählen. Der Gedanke gefällt mir, aber ich habe Zweifel an seinem Erfolg. Wenn ich warte, werde ich auch hier bald einen Posten als Hauptmann bekommen, denn ich kommandiere seit mehreren Monaten eine Kompanie.

Nahe Kelly's Ford, Rappahannock River, 8. November 1863 :
In der Nacht vom Donnerstag, bevor wir Warrenton verließen, ließ Oberst Rogers nach mir schicken und sagte mir, Adjutant William J. Bradford sei zum Berater in General Wheatons Stab ernannt worden. Der Oberst bot mir an, mich zum Adjutanten oder zum Hauptmann zu ernennen, ganz nach meinem Belieben. Da einem Adjutanten zwei Pferde zustehen und er als Mitglied des Regimentsstabes zählt, entschied ich mich

zugunsten der Pferde. Also heißt es für die nächste Zeit: Auf Wiedersehen, ihr wunden Füße. Ich bin sehr zufrieden mit den neuen Beförderungen. Somit sind Dr. Carr, der Geistliche Beugless und ich nun als Stabsoffiziere zusammen und Dr. Carr und ich teilen uns ein Zelt.

Gestern Morgen am 7. verließen wir unser Lager bei Warrenton und marschierten nach Rappahannock Station, wo wir um 15.00 Uhr ankamen. Von der ersten Brigade unserer Division wurden Plänkler ausgesandt und ein Gefecht entwickelte sich. Für eine Stunde war es brenzlig und Kugeln und Granaten flogen reichlich. Die zweite Division unseres Korps stürmte ein Fort der Rebellen und eroberte es mit drei Geschützen und über 1.000 Gefangenen. Unsere Brigade verlor nur fünf oder sechs Männer. Es war ein schöner Anblick, denn der Kampf fand gerade bei Sonnenuntergang statt und der Umriss des Forts hob sich gegen den Himmel ab.

Heute Morgen marschierten wir hierher. Briefe sind zu adressieren an:

Lt. E.H. Rhodes
Adjutant 2. R.I.F.
2. Brigade
3. Division
VI. Korps
Via Washington D.C.

Kelly's Ford, Virginia, 10. November 1863 : Wir bewachen jetzt die Furt, über die wir zwei Pontonbrücken geschlagen haben. Der Fluss ist an dieser Stelle ziemlich schmal. Letzte Nacht unternahm ich einen Ritt in die Gegend, um mein Pferd zu testen. Wir fanden ein Haus, in dem Milch feilgeboten wurde. Der Preis betrug 35 Cent pro Quart. Wir ließen es bleiben.

In dem Kampf bei Rappahannock Station nahm unser Korps insgesamt 2.000 Gefangene und vier Geschütze. Das alte VI. Korps steht nun ziemlich hoch im Ansehen. Ich bin jetzt in einer Messe mit Oberst Rogers und dem Geistlichen Beugless.

Das gefällt mir sehr. Es hat den Anschein von Zivilisation, ein Zelt zu haben, in dem man schlafen kann. Natürlich hält mich die Arbeit im Adjutantenbüro auf Trab, aber ich mag sie und bin glücklich.

Nahe Hazel Run, Virginia, 12. November 1863 : Heute Morgen überquerten wir den Rappahannock River bei Kelly's Ford und marschierten zu diesem Ort hier, der etwa 13 Kilometer von Culpepper entfernt liegt. Auf unserem Marsch hatte ich die Gelegenheit, die Rebellenbefestigungen abzureiten, die wir ein paar Tage zuvor erobert hatten. Sie sind sehr stark. General Sedgwick schreibt in seinem Bericht, das VI. Korps habe 600 Gefangene genommen, darunter 130 Offiziere, zwei Brigadekommandeure, vier Geschütze, vier gefüllte Munitionswagen, acht Flaggen, 2.000 Gewehre und eine Pontonbrücke. Und all dies mit einer kleineren Streitmacht als jener, die den Rebellen zur Verfügung stand. In einem der Forts sind 35 Soldaten aus den Maine Regimentern unseres Korps begraben.
Gestern vor dem Verlassen von Kelly's Ford unternahmen Oberst Rogers und ich einen langen Ausritt hinüber zu einigen verlassenen Rebellenlagern. Auf dem Rückweg folgten wir dem Verlauf des Rappahannock River und das bereitete mir ein wenig Heimweh, denn der Fluss ähnelt dem Pawtuxet River sehr. Es wird schnell kälter und der Boden ist hart gefroren.

Nahe Hazel Run, 15. November 1863 : Letzte Nacht regnete es und da das Wetter kalt ist, ist es für uns ganz und gar nicht gemütlich. An unserer Front wird stetig geschossen, aber wir wissen den Grund nicht; wir erwarten jedoch einen Kampf irgendwo entlang dem Rapidan River.
Ich habe mir einen schönen Braunen gekauft, mit einem weißen Fleck im Gesicht und er kann rennen wie ein Reh. Ich nenne ihn „Old Abe". Unser Lager heißt wieder Camp Sedgwick.

Camp Sedgwick, 17. November 1863 : Noch immer im Lager und wir müssen riesige Feuer brennen lassen, um warm zu bleiben
.

Camp Sedgwick, Sonntag, 19. November 1863 : Heute unternahmen Hauptmann Samuel J. English und ich einen Ausritt nach Brandy Station, das an einer Bahnlinie liegt.
Ich habe mir ein weiteres Pferd gekauft - einen Kanadier. Er ist zäh und genau die Art von Tier, die ich für harte Arbeit brauche. Ich nenne ihn „Charley".
Heute Abend hielten wir eine Gebetsversammlung ab. Es waren etwa 150 Männer anwesend und wir hatten eine gute Zeit. Gestern unternahmen der Geistliche Beugless und ich einen Ausritt und wir wurden beim ehrenwerten John Minor Botts, dem Virginia-Staatsmann und Unionisten, vorstellig. Die Rebellen haben ihn gnadenlos schikaniert und ihn bereits zweimal inhaftiert. Er erzählte uns, vor einigen Tagen habe man ihn wieder verhaftet, aber nach einigen Kilometern habe man ihm erlaubt, heimzukehren. Wir genossen unsere Unterhaltung mit ihm sehr. Er war einst ein Mitglied des Kongresses. Er besitzt knapp 900 Hektar Land. Die Rebellen zerstörten sein Anwesen und ließen nur das Haus, das groß ist, mit Säulen an der Frontseite, stehen.
Herr Botts erzählte uns, während des letzten Gefechts habe der Rebellengeneral Rodes eine Brigade und eine Batterie vor seinem Haus postiert und ihm geraten, seine Familie in Sicherheit zu bringen. Herr Botts sagte, er habe seine Familie auf die vordere Veranda gesetzt und zu General Rodes gesagt: „Sie haben ihre Truppen in dieser Weise postiert, um das Unionsfeuer auf mein Haus zu ziehen und es zu zerstören. Dies ist mein Haus und wenn jemand aus meiner Familie verletzt wird, werde ich die Konsequenzen ziehen und Sie werden die Verantwortung tragen." Er sagte, er habe noch hinzugefügt: „Wenn Sie denken, es sei sicherer für Sie, können Sie hinter meine Säulen gehen." Er erzählte uns, die Truppen seien dann außer

Reichweite seines Hauses verlegt worden. Herr Botts behandelte uns gut und drängte uns, uns wieder bei ihm zu melden.

Camp Sedgwick, 24. November 1863 : Gestern Nacht kam die Marschorder für uns und heute Morgen sind wir bepackt und bereit. Es regnet und wir alle leben im Schlamm, schlafen im Schlamm und essen auch fast im Schlamm. Wir haben keine Ahnung, wo es hingehen wird und können nur spekulieren. Ich habe schöne Zeiten wenn wir im Lager sind und die Feld- und Stabsoffiziere sind kongeniale Geister. Der Oberst (Rogers) ist sehr freundlich zu mir und wir kommen gut miteinander aus.

2. Rhode Island Freiwillige, Camp Sedgwick, Virginia, Donnerstag, 3. Dezember 1863 : Wir verließen unser Lager am Donnerstag, dem 26. November und marschierten nach Jacob's Ford am Rapidan River und in der Dunkelheit überquerten wir den Fluss auf einer Pontonbrücke ohne Gegenwehr des Feindes, der sich zurückzog, als wir vorrückten.

Am Freitag folgten wir dem III. Korps und ein Kampf wurde ausgetragen. Das VI. Korps fungierte als Reserve und nahm, abgesehen von etwas Artilleriefeuer, nicht an dem Kampf teil. Die Rebellen zogen während der Nacht wieder weiter und am nächsten Morgen, Samstag, dem 28. November, folgten wir ihnen. Kurz vor Einbruch der Dunkelheit trafen wir auf ihre Verteidigungslinie bei dem Bach Mine Run, unsere Batterien wurden in Stellung gebracht und das Feuer eröffnet. Die Rebellen antworteten in angemessener Weise und einige Zeit lang war „Musik in der Luft". Mehrere englische Offiziere, die die Armee besichtigten, kamen zur Front um sich den Kampf anzusehen, aber als die Granaten um sie herum zu krepieren begannen, begaben sie sich wieder nach hinten. Ich machte ihnen keine Vorwürfe, denn ich wäre selbst gerne gegangen. Die Jungs hatten ihren Spaß bei dem Vorfall.

Wir lagen hier die ganze Nacht im Schlamm und am nächsten Morgen (Sonntag, 29. November) begaben wir uns zur Linken der Linie. Unsere Division, unter dem Kommando von General Terry, war eine Zeit lang dem II. Korps unter General G.K. Warren unterstellt. Wir marschierten an Robertson's Tavern vorbei, nahmen dann die Bretterstraße und begaben uns zu einer Position etwa 15 Kilometer von Orange Court House entfernt. Hier formierten wir uns in Kampflinie und harrten der kommenden Dinge.

Der Rebellengeneral Stewart mit seiner Kavallerie gelangte in unseren Rücken und unsere gesamte Kavallerie wurde zur Verfolgung ausgesandt. Diese Landschaft wird die Wilderness genannt und dies ist ein passender Name, denn hier gibt es nur Wald und Sümpfe. Gerade bei Einbruch der Dunkelheit, als das 2. Rhode Island seine Position einnahm, eröffneten die Rebellen mit drei Batterien das Feuer auf uns und die Granaten flogen über uns hinweg. Hier legten wir uns nieder und versuchten zu schlafen.

Montag, 7. Dezember 1863 : Wir erhielten den Befehl, um 08.00 Uhr die Rebellenbefestigungen anzugreifen. Wir rückten vor und 100 Männer vom 2. Rhode Island wurden als Plänkler abgestellt. Bevor die Plänkler ihre Positionen beziehen konnten, griffen die Rebellen die linke Flanke unseres Regiments an, aber wir konnten sie bald zurücktreiben. Tornister und Decken wurden auf einen Haufen gelegt und wir warteten den ganzen Tag lang auf den Angriffsbefehl, der aber nicht kam. Ich hatte eine gute Aussicht auf die Forts der Rebellen und sie schienen sehr stark zu sein. Manchmal zischten Kugeln von der Postenlinie des Feindes über unsere Köpfe und unsere Lage war nicht sehr angenehm.

Die Diener unserer Messe fanden ein Haus und, was noch besser war, einen Truthahn. Diesen brieten sie und erschienen gegen 14.00 Uhr mit Süßkartoffeln, frischem Brot und Butter bei uns. Oberst Rogers lud Oberst Johns vom 10. Massachusetts ein, mit uns zu speisen. Die guten Dinge wurden auf einer Gummidecke ausgebreitet, um die herum wir uns versammelten. Der Geistliche hatte gerade sein Dankesgebet begonnen, als ein Geschütz losging und eine Granate des Feindes über unsere Köpfe heulte. Der Geistliche ließ sich davon nicht beeindrucken und fuhr mit seinem Gebet fort, als zwei weitere Granaten nahe bei unseren Pferden einschlugen. Wir lagen an den Boden gepresst, bis er sein Gebet beendet hatte, dann rief ich meine Ordonnanz mit dem Auftrag, mein Pferd zu verlegen.

Da die Granaten näher und näher kamen, packten wir die Gummidecke an den Ecken und trugen sie zum Fuße eines Hügels, wo wir unser Festessen genossen.

Unsere Batterien machten sich bald an die Arbeit und wir nahmen unser Essen während des Artillerieduells zu uns. Bei Einbruch der Dunkelheit wurde unsere Division an eine neue Position verlegt, wo wir bis Dienstag, dem 1. Dezember um 21.00 Uhr verblieben und uns dann auf den Weg zum Rapidan River machten, um zu unserem Lager zurückzukehren.

Das Wetter war bitterkalt und es war unmöglich, eine längere Strecke zu reiten, da man vor Schläfrigkeit vom Pferd gefallen wäre. Während der Vollmondnacht vermisste ich einmal den Oberst (Rogers), erinnerte mich, dass er an einem Bach gehalten hatte, um sein Pferd zu tränken und ritt zurück, um nach ihm zu sehen. Ich fand ihn auf seinem Pferd sitzend, das mitten in dem Bach stand, und sowohl Pferd wie Reiter schliefen fest. Ich weckte den Oberst und wir schlossen uns wieder dem Regiment an. Die Straßen waren sehr schlammig und von unseren Wagenzügen aufgewühlt. Wenn der Schlamm dann gefror, waren die Straßen in einem furchtbaren Zustand zum Marschieren. Trotzdem führte ich, um wach zu bleiben, mein Pferd für den größten Teil der Nacht an der Hand mit mir. Am Mittwochmorgen bei Tagesanbruch überquerten wir den Rapidan River bei Ely's Ford und marschierten zu seiner Stelle in weniger als fünfzig Kilometern Entfernung von Brandy Station. Das machte insgesamt einen Marsch von fünfzig Kilometern vom Schlachtfeld hierher und die Männer sind zutiefst erschöpft.

Am Donnerstag, dem 3. Dezember marschierten wir weitere fünf Kilometer zu diesem Lager hier. Ich verstehe unsere letzten Bewegungen nicht, aber ich schätze, General Meade versteht ihren Sinn und das genügt mir.

Camp Sedgwick, Virginia, 21. Dezember 1863 : Wir sind friedlich in unseren Winterquartieren, die Männer haben Blockhäuser errichtet und wir fühlen uns sehr wohl. Beim Regimentshauptquartier haben wir für unseren Komfort ein regelrechtes Dorf aus Hütten aufgebaut. Ich habe eine Hütte als Adjutantenbüro und Oberstabsfeldwebel George F. Easterbrooks schläft im hinteren Teil.

Feldarzt Carr und ich belegen zusammen eine Hütte, während der Oberst und Pfarrer Beugless versuchen, sich gegenseitig warm zu halten. Wenn das Wetter es erlaubt, haben wir Drillübungen und wenn es stürmt schlafen und rauchen wir.

Wir haben eine Anzahl an Rekruten erhalten sowie etwa 100 Wehrpflichtige, die etwas verloren wirken. Oberstleutnant Read, der vom Rang eines Hauptmanns von Kompanie "I" befördert wurde, ist wegen Stabsdienst abwesend und Major Henry C. Jencks fungiert als Oberstleutnant.

Heute Nacht hatten wir ein Treffen der Offiziere, die willens sind, nach dem 5. Juni 1864 weiter ihren Dienst zu tun. Die Folgenden waren einverstanden, zu bleiben: Die Hauptmänner Henry H. Young, Joseph McIntyre, John P. Shaw; Adjutant Elisha H. Rhodes, die Leutnants Edmund F. Prentiss und Thorndike J. Smith. Leutnant Samuel Russell wird wahrscheinlich bleiben. Ich entschied mich, ohne zu zögern. Die Vereinigten Staaten brauchen die Dienste ihrer Söhne. Ich bin jung und gesund und ich fühle, dass ich meinem Land diesen Dienst schulde. Ich trat der Armee bei als gemeiner Soldat, in der Erwartung, dass der Krieg in ein paar Monaten vorbei sein würde. Er hat sich weiter hingezogen und niemand vermag zu sagen, wann das Ende kommen wird. Aber wenn es kommt, so will ich es sehen und so bleibe ich. Ich mag das Leben eines

Soldaten und ich glaube, ohne Überheblichkeit sagen zu können, dass ich einen recht guten Dienst versehe. Ginge ich jetzt nach Hause, so wäre ich unglücklich und würde zurück wollen. Dann müsste ich wohl in einem anderen Regiment dienen. Unser Regiment ist ein Gutes und ich ziehe es jedem anderen vor.

Also lebe wohl, Heimweh. Ich werde, so Gott will, das Ende dieser teuflischen Rebellion erleben.

Mehrere der Männer haben sich bereits wieder verpflichtet und wir werden genug haben, um ein gutes Bataillon aufzustellen.

Camp Sedgwick, Virginia, 25. Dezember 1863 : Heute ist Weihnachtstag, der dritte, den ich in der Armee begehe. Ich habe einen schönen, langen Ausritt auf meinem neuen Pferd „Kate" genossen. Ich habe „Old Abe" für sie eingetauscht und ich denke, ich habe eines der besten Pferde in der Armee. Sie ist eine Schönheit und sehr schnell, im Trab ebenso wie im Galopp. Ich habe ein Essen für eine Gruppe Offiziere gegeben und wir versuchten, Weihnachten in angemessener Weise zu feiern.

31. Dezember 1863 : Das Jahr ist vorbei. Mach's gut, 1863, und gebe Gott, dass Erfolg unsere Taten für unser Land im kommenden Jahr krönen möge.

1864

1. Januar 1864, Camp Sedgwick, Brandy Station, Virginia : Das neue Jahr beginnt ohne nennenswerte Ereignisse. Die Truppen sind in bequemen Quartieren, die aus Holz errichtet und mit Leinwand überdacht sind. Täglich finden Drillübungen statt und eine gelegentliche Besichtigung durchbricht die Monotonie unseres Lagerlebens. Noch immer verpflichten sich die Männer erneut für die Dauer des Krieges und ich hoffe, bald auf Urlaub nach Hause geschickt zu werden.

5. Januar 1864 : Heute ist der letzte Tag, an dem sich die Männer erneut verpflichten können und wir haben festgestellt, dass wir beinahe 100 der ursprünglichen Männer haben, die willens sind zu bleiben und den Krieg auszufechten. 18 der Offiziere sind einverstanden zu bleiben, aber ich fürchte, wenn die Zeit kommt, werden einige von ihnen abspringen. Ich werde jedoch bleiben und das Ende des Krieges erleben, sofern Gott mein Leben verschont.
Die folgenden sind die Namen der Offiziere, die ihre Absicht bekundet haben, in der Armee zu bleiben:
Major Henry C. Jenckes ----- [Blieb nicht]
Feldarzt George W. Carr ----- [Blieb nicht]
Adjutant Elisha H. Rhodes ----- [Blieb]
Hauptmann John P. Shaw ----- [Gefallen]
Hauptmann Thomas Foy ----- [Blieb nicht]
Hauptmann John R. Waterhouse ----- [Blieb nicht]
Hauptmann Edward A. Russell ----- [Blieb nicht]
Hauptmann Joseph McIntyre ----- [Gefallen]
Hauptmann Henry H. Young ----- [Blieb]

Leutnant Henry K. Southwick ----- [Blieb nicht]
Leutnant Edmund F. Prentiss ----- [Blieb]
Leutnant Stephen West ----- [Blieb nicht]
Leutnant Thorndike J. Smith ----- [Blieb]
Leutnant Samuel B. Russell ----- [Blieb]
Wenn alle der oben Genannten bleiben, werden wir den Kern eines guten Kommandos haben.

7. Januar 1864 : Das Wetter ist kalt und der Boden ist mit Schnee bedeckt. Heute Morgen zeigte das Thermometer 13 Grad unter null. Einige der Truppen des VI. Korps wurden fortbeordert und unsere Brigade wurde der 2. Division angegliedert. Zuvor haben wir in der 3. Division gedient. Einige der Truppen, die uns heute verlassen haben, gehen nach Sandusky in Ohio und andere nach Harpers Ferry. Sobald sie das Lager verlassen hatten, fielen unsere Jungs über die verlassenen Hütten her und jetzt haben sie reichlich Baumaterial.

14. Januar 1864 : Dies ist ein trauriger Tag für die 2. Rhode Island Freiwilligen. Unser Oberst Horatio Rogers Jr., der das Kommando seit dem 9. Juli 1863 [sic] innehatte, hat seinen Posten aus Gesundheitsgründen niedergelegt und geht nach Hause. Es tut uns allen sehr leid, von ihm zu scheiden, da er bei den Männern und Offizieren aufgrund seiner Tapferkeit im Kampf und seiner Freundlichkeit im Lager sehr beliebt war. Seine Abschiedsrede wurde dem Regiment bei einer Parade verlesen. Oberstleutnant Samuel B.M. Read ist jetzt der dienstälteste Offizier, aber da er auf Stabsdienst abwesend ist, wird Major Henry C. Jencks das Kommando übernehmen.
Unser Geistlicher traute kürzlich einen Soldaten der 1. U.S. Scharfschützen. Sein Name ist S.J. Williams und seine Heimat ist Vermont. Die Braut ist Fräulein Ellie P. West aus North Carolina. Dies ist meines Wissens die erste Hochzeit, seit wir in unseren jetzigen Winterquartieren sind. Ich hörte, das glückliche Paar wird Urlaub bekommen und nach Vermont gehen.

Samstag, 23. Januar 1864 : Frau Emma Wheaton, die Gattin von General Frank Wheaton, starb am 16. dieses Monats in Harpers Ferry, Virginia. Wir alle sind sehr betroffen, denn sie war den Offizieren und Männern des 2. Rhode Island gut bekannt, da sie den Winter 1862/1862 in unserem Lager bei Brightwood verbracht hatte.

Heute Nacht weihten wir unsere neue Kirche ein und in Erinnerung an Rhode Island sowie in Anerkennung von Gottes Güte uns gegenüber haben wir sie „Hoffnung" genannt. Das Gebäude besteht aus Stämmen, die auf einer Seite glatt gehobelt und nach Strohlehmbauart aufgeschichtet sind. Der Großteil der Hobelarbeit wurde unserem Geistlichen Beugless und Leutnant John M. Turner verrichtet. Das Dach ist mit einer großen Leinwand bespannt, die uns die Christliche Kommission zur Verfügung gestellt hat. Innen haben wir eine Feuerstelle und an den Wänden hängen Zinnreflektoren für die Kerzen. Im Zentrum befindet sich ein Kronleuchter, bestehend aus dem Blech von alten Dosen. Die aus einem Tisch bestehende Kanzel ist mit rotem Flanellstoff verkleidet und der Boden ist mit Kiefernzweigen ausgelegt. Wir schickten eine Abteilung Männer unter der Leitung von Hauptmann John G. Beveridge zu einer in der Nähe liegenden verlassenen Kirche, nahmen dort die Bänke heraus und stellten sie in unsere Kirche. Unsere Jungs hatten ein Gefecht mit den Guerillas, aber es gelang ihnen, die Bänke herzubringen.

Das Folgende ist der Ablauf des Gottesdienstes bei der Einweihung:

Lesen aus der Schrift - Geistlicher John D. Beugless, 2. Rhode Island Freiwillige

Gebet - Geistlicher Francis P. Perkins, 10. Massachusetts Freiwillige

Predigt - Geistlicher Ethan Ray Clarke, 1. Rhode Island Kavallerie

Gebet - Geistlicher Daniel C. Roberts, 4. Vermont Freiwillige

Segnung - Geistlicher Norman Fox, 77. New York Freiwillige

General Eustis und viele weitere Offiziere waren anwesend. Wir haben eine Unionskirche mit dem Geistlichen John D. Beugless als Pastor organisiert. Für den Anfang haben wir 26 Mitglieder. Wir haben ebenfalls eine Sonntagsschule organisiert und Adjutant Elisha H. Rhodes ist der Vorstand. Leutnant John M. Turner unterrichtet eine Klasse von befreiten Sklaven, meist Bedienstete der Offiziere.

Wir hoffen, viel Gutes für die Regimenter zu tun und beten, dass Gott unsere Arbeit segnen möge.

Die Männer haben eine Gesellschaft gegründet, die sich das „Rhode Island Lyzeum" nennt und jeden Montagabend zusammentritt. Sprachschule und Lesungen werden jeden Abend gehalten, also wird unsere Zeit reichlich in Anspruch genommen. Mehrere Damen leben jetzt im Lager. Frau Henry C. Jencks, die Gattin von Major Jencks, Frau Edward A. Russell, die Gattin von Hauptmann Russell und Frau Amos M. Bowen, die Gattin von Leutnant Bowen. Dies verleiht unserem Hauptquartier ein Gefühl der Zivilisation.

4. Februar 1864 : Vor einigen Nächten hatten wir eine sehr interessante Lesung von Pfarrer J. Wheaton, einem Doktor der Theologie aus Philadelphia. Er las von seinen Reisen in das Heilige Land. Die Männer waren froh über diese Abwechslung. Das religiöse Interesse besteht fort und wir hoffen, dass unsere Arbeiten erfolgreich sein werden.

Camp Sedgwick, Virginia, 10. Februar 1864 : Hurra! Heute machen wir uns auf den Weg heimwärts. Die folgenden Offiziere sind in der Gruppe: Hauptmann John P. Shaw, Adjutant Elisha H. Rhodes, Leutnant Edmund F. Prentiss und Leutnant Thorndike J. Smith. Wir werden 35 Tage Urlaub haben.

Bemerkung: Vom 10. Februar bis zum 6. April 1864 war ich auf Urlaub in Rhode Island. Unser ursprünglicher Urlaub betrug 35 Tage, aber Senator William Sprague schaffte es, unseren Urlaub bis zum 6. April verlängern zu lassen.

Camp Sedgwick, Virginia, 8. April 1864 : Ich bin wieder zurück im Lager. Es erscheint mir recht natürlich, wieder mit Soldaten zusammen zu sein.

Wir verließen Providence abends am Mittwoch, dem 6. April in einem Zug, der die Küstenlinie entlang nach New York fuhr. Etwa 20 von unseren Männern waren in dem Zug und da sich einige von ihnen reichlich mit Alkohol versorgt hatten, hatten wir eine lustige Zeit. Leutnant Thorndike J. Smith und ich standen die meiste Nacht über Wache an den Türen der Waggons, um die Männer am Aussteigen zu hindern. Bei Tagesanbruch kamen wir in New York an. Ich mietete eine Pferdekutsche, um sie alle in die Stadt zu bringen und als wir den Park der Stadthalle erreichten, führte ich sie innerhalb der Umzäunung, damit sie dort ihr Frühstück einnehmen konnten. Nachdem wir das Frühstück für die Männer bestellt hatten, machten sich Leutnant Smith und ich auf den Weg zu einem Hotel, wo wir unser Frühstück einnahmen. Wir bestiegen um 09.00 Uhr in Jersey City den Zug und erreichten Washington in der Nacht. Wir begaben uns zum Metropolitan Hotel und verbrachten dort die Nacht.

Heute Morgen näherten wir uns in unseren Waggons dem Lager. Beinahe sämtliche Offiziere hatten sich am Bahnhof eingefunden, um uns zu begrüßen und ich ritt ins Lager auf meiner Stute Katie. Ich fand das Regiment im selben alten Lager vor und habe mich wieder an die Arbeit begeben.

Sonntag, 10. April 1864 : Regen und Matsch. Heute übernahm ich wieder meine Sonntagsschule und hatte eine angenehme Zeit mit den Jungs. Der Geistliche las heute Nachmittag eine gute Predigt. Letzte Nacht erhielt ich eine Schachtel mit guten Dingen und ließ die Offiziere zu mir kommen. Wir genossen den Kuchen, die Zigarren usw. sehr. Heute gab es keine Post, da die Eisenbahnbrücke über den Bull Run weggespült worden ist.

12. April 1864 : Heute wurde unsere Brigade vom Divisionskommandeur Brigadegeneral Getty inspiziert. Unser Regiment trug weiße Handschuhe und sah gut aus. Bei der Parade heute Nacht war die Kapelle der Brigade anwesend und spielte schöne Musik für uns. Ich habe heute einen langen Ausritt unternommen und beim Überspringen eines Grabens hat mich mein Pferd Katie abgeworfen.

12. April 1864 : Das Wetter ist warm und angenehm, obgleich die Berge in der Entfernung noch immer von Schnee gekrönt sind.

16. April 1864 : Heute Nacht hatten wir eine sehr interessante religiöse Versammlung und etwa 20 Männer nahmen an den Diskussionen und Gebeten teil.

Sonntag, 17. April 1864 : Heute fanden wie gewöhnlich die Sonntagsschule und der Gottesdienst statt.

18. April 1864 : Der Geistliche Beugless ist nach Washington gereist, um seine Gattin zu sehen. Dr. Carr wird morgen eine Gruppe kranker Soldaten nach Washington bringen und für zehn Tage abwesend sein. Gestern am 18. wurde das VI. Korps von Generalleutnant U.S. Grant inspiziert und der Anblick war großartig und das Wetter war sehr angenehm. Die Linien wurden in der Nähe unseres Lagers aufgestellt, jedes Regiment in „Abteilungsreihen". Alle Batterien und Wagenzüge standen in Linie. General Grant ist ein kurzer, untersetzter Mann und er saß auf seinem Pferd wie ein Mehlsack. Ich war ein wenig enttäuscht von seiner Erscheinung, aber ich mag den Ausdruck in seinen Augen. Er war einfacher gekleidet als jeder andere im Felde stehende General. Nach der Inspektion ritten die Generäle Grant, Meade, Sedgwick, Hancock, Warren, Wheaton, Eustis und einige Andere sowie ihre Stäbe durch unser Lager.

Ich hatte zum ersten Mal das Vergnügen, vor dem Generalleutnant zu salutieren und nahm seine Anerkennung entgegen. Wir treffen unsere Vorbereitungen für den Frühlingsfeldzug, der nicht mehr viel länger hinausgezögert werden kann. Ich hatte heute auf der Suche nach Blumen einen schönen Ausritt.

21. April 1864 : Das Regiment hat heute an den Zielscheiben geübt. Das Wetter ist angenehm und ich habe einen schönen, langen Ausritt mit Oberstleutnant Read (nun Kommandeur des Zweiten) und dem Geistlichen Beugless unternommen. Ich wurde bei General Wheaton vorstellig. Wir sind jetzt in der 4. Brigade der 2. Division des VI. Korps. Ich habe meinen Revolver vom Rücken meines Pferdes aus abgefeuert. Zuerst mochte sie es nicht gerade, aber sie gewöhnte sich bald an das Geräusch.

Sonntag, 24. April 1864 : Wir hatten einen wunderbaren Tag, klar und warm bis zum Einbruch der Dunkelheit, als es zu regnen begann. Nach dem üblichen Aufstellen der Wache und der sonntäglichen Morgeninspektion unternahmen die Feld- und Stabsoffiziere einen Ausritt. Hinter unseren Linien befindet sich ein kleines Flüsschen namens Hazel Run. Es hat mehr als einmal Blut mit sich geführt, denn die Unions- und Rebellentruppen haben um seinen Besitz gekämpft. Heute um 14.00 Uhr konnte man Zeuge einer friedlicheren Szene sein, denn im Wasser des Flüsschens wurden vier Unionssoldaten durch die Taufe mit dem Herrn verbunden. Unser Geistlicher Pfarrer John D. Beugless taufte zwei Soldaten von Batterie "G" der 1. Rhode Island Artillerie und Pfarrer Francis Brown Perkins, der Geistliche der 37. Massachusetts Freiwilligen, taufte zwei Soldaten aus seinem Regiment. Die Teilnehmer trugen ihre Armeeuniformen, aber die Geistlichen hatten es irgendwie geschafft, sich Roben zu besorgen. Das Ufer des Stromes war von Offizieren und Männern der nahe gelegenen Regimenter gesäumt und die Szene war feierlich und eindrucksvoll. Am Abend predigte unser Geistlicher in unserer Kapelle „Hoffnung" und das Abendmahl wurde abgehalten. Ich fungierte als einer der Diakone, ebenso Leutnant John M. Turner, der ein Presbyterianer ist. Etwa 40 Offiziere und Männer nahmen an dem Abendmahl teil und alle spürten, dass es tatsächlich ein Sabbat für unsere Seelen war. Möge Gott uns segnen und uns alle weiterhin auf dem Pfade der Rechtschaffenheit führen, um seines Namens willen, Amen.

26. April 1864 : Letzte Nacht las der Geistliche Beugless seine letzte Predigt in unserer Kapelle, da das Leinwanddach abgenommen und nach Washington geschickt wird. Das Thema der Predigt lautete „Unsere Pflicht im bevorstehenden Feldzug". Es war wirklich ein feiner Diskurs und er wurde sehr aufmerksam von der Zuhörerschaft verfolgt.
Wir machen uns bereit zum Aufbruch und die Kämpfe werden bald losgehen. Ich hoffe, General Grant wird im Osten so erfolgreich sein, wie er es im Westen war. Einige der Offiziere, deren Dienstzeit im Juni abläuft, sprechen bereits von zuhause, aber da ich für die Dauer des Krieges dabei bin, interessiert mich das nicht. Ich will das Ende des Krieges sehen, so wie ich den Beginn gesehen habe. Letzte Nacht wurde ich bei General Alexander Shaler vorstellig und verbrachte einen sehr angenehmen Besuch bei ihm.

28. April 1864 : Ein warmer, schöner Tag. Nach der Parade ritten Hauptmann Sam. J. English und ich hinüber zum Lager von Batterie "E" der 1. leichten Artillerie von Rhode Island und nahmen zusammen mit meinem Freund William B. Rhodes etwas Tee zu uns. Unser Kirchendach wurde heute weggeschickt und wir sind fast marschbereit.

30. April 1864 : Ich habe gerade zu meiner großen Freude erfahren, dass mein alter Freund und Klassenkamerad William B. Westcott, der treu und gut als Feldwebel in Batterie "G" der

1. leichten Artillerie von Rhode Island gedient hat, zum Unterleutnant befördert worden ist. Nun, er ist ein guter Kerl und wird einen erstklassigen Offizier abgeben. (Ein weiterer Offizier aus Pawtuxet!)

Camp Sedgwick, Virginia, Sonntag, 1. Mai 1864 : Heute hatten wir unseren regulären Gottesdienst, aber der Tag mutet nicht wie ein Sonntag an, denn wir bereiten uns auf einen Marsch vor und das Lager ist in Aufruhr. Die Offiziere packen und verschicken ihr überflüssiges Gepäck und die Damen haben unser Lager in Richtung Heimat verlassen. Unser Marsch bedeutet Kampf; möge Gott uns den Sieg gewähren.

2. Mai 1864 : Wir hatten heute einen furchtbaren Sturm und Staubwolken füllten die Luft, aber in der Nacht verschaffte uns ein Regenguss Erleichterung. Heute Abend war mein Zelt voll von Offizieren, die sangen und Geschichten erzählten. Mein Zelt scheint der bevorzugte Treffpunkt der Offiziere zu sein. Einige der Truppen haben einen Marschbefehl erhalten, aber wir warten noch immer.

3. Mai 1864 : Unsere Zeit ist gekommen. Unsere Division (General Getty) hat den Befehl erhalten, morgen um 04.00 Uhr abzumarschieren. Wir werden wahrscheinlich wieder den Rapidan River überqueren und erneut auf Richmond vorrücken. Während alle über den bevorstehenden großen Kampf reden, fühle ich mich sehr ruhig und vertraue auf Gott, dass seine schützende Fürsorge mit mir sein wird. Während ich mich nicht sicherer als die Anderen fühle, so habe ich doch ein festes Vertrauen in meinen himmlischen Vater und bin willens, alles für ihn hinzugeben.

4. Mai 1864 : Um 04.00 Uhr verließen wir unser angenehmes Winterquartier nahe Brandy Station und nach einem Marsch von 30 Kilometern in Hitze und Staub erreichten wir den Rapidan River und setzten über die Germania-Furt auf das Südufer über. Hier lagerten wir für die Nacht.

5. Mai 1864 : Bei Anbruch des Tages verließ das VI. Korps den Rapidan River und betrat das Gebiet, das zu Recht die Wilderness genannt wird. Wir marschierten langsam bis etwa zur Mittagszeit, als die Vorhut die Rebellen erspähte, die im dichten und fast undurchdringlichen Unterholz lagen. Es war praktisch unmöglich, die Artillerie zu bewegen und die Kämpfe wurden von der Infanterie ausgetragen. Als unsere Brigade die vorderste Linie erreichte, wurden wir in zwei Reihen aufgestellt, mit dem 2. Rhode Island und dem 10. Massachusetts in der ersten Reihe sowie dem 7. und 37. Massachusetts in der zweiten Reihe. Wir blieben in Linie bis etwa zwischen 15.00 und 16.00 Uhr, als wir die Order erhielten, zur Attacke vorzurücken. Der Wald und das Gehölz waren so dicht und dunkel, dass der Feind nicht sichtbar war, aber wir wussten, dass er vor uns stand, da wir unter furchtbares Feuer genommen wurden. Das 2. Rhode Island stand an der äußersten Rechten der Linie und litt unter feindlichem Flankenfeuer. Hauptmann Joseph McIntyre von Kompanie "E" wurde früh im Kampf getötet und als der Geistliche John D. Beugless zu seiner Hilfe eilte, erlitt er einen Schuss durch das Handgelenk. Unser Geistlicher ist ein tapferer Mann und besitzt das wärmste Mitgefühl der Offiziere und Männer. Die Linie wogte vor und zurück, bald vorrückend, bald sich zurückziehend bis die Dunkelheit dem Gemetzel ein Ende setzte. Viele Männer lagen tot oder verwundet auf dem Boden und als die Dunkelheit einsetzte, halfen wir ihnen, so gut wir konnten.

6. Mai 1864 : Letzte Nacht konnten wir ein wenig schlafen, aber nicht viel, denn der Feind hielt sein Feuer aufrecht und die Verwundeten waren überall um uns herum. Bei Tagesanbruch standen wir Gewehr bei Fuß und waren bereit für den Kampf. Wir wussten, dass wir einen weiteren Angriff durchführen sollten, aber die Rebellen sahen unsere Bewegung voraus und rückten gegen das V. Korps vor. Der Kampf war furchtbar und sogar noch schlimmer als gestern. Das 2. Rhode Island war bald daran beteiligt und unsere Männer taten nobel ihre Pflicht. An einigen Stellen unseres Korps waren die Linien durchbrochen und einmal wurde unsere Brigade zur Germania Bohlenstraße zurück getrieben, bis wir eine quer über die Straße errichtete Schanze erreichten, die von Batterie "E" der Rhode Island Artillerie bemannt war. Als wir zurückwichen, schienen die Rebellen an drei Seiten von uns zu sein und schossen von vorne und von beiden Flanken auf uns. Eine Gruppe Offiziere versammelte sich um unsere Flaggen und wir zogen unsere Revolver und beschlossen, dass die Rebellen unsere Fahnen nicht bekommen sollten. Die Linien waren bald wiederhergestellt und wir trieben den Feind zurück auf seine Ausgangsstellung. Unsere Brigade stürmte sechsmal in den Sumpf und jedes Mal wurden wir wieder heraus getrieben. Erneut setzte die Dunkelheit den Kämpfen ein Ende und wir legten uns zwischen den Toten und Verwundeten nieder. Während der Nacht fing das Unterholz Feuer und viele der Verwundeten verbrannten bei lebendigem Leibe.

Assistenzarzt William F. Smith vom 2. Rhode Island befand sich auf einer Straße etwa anderthalb Kilometer hinter der Front, als eine Kanonenkugel in den Kopf seines Pferdes einschlug und es sofort tötete. Unsere Verluste während der Kämpfe am 5. und 6. betragen 14 Tote, 61 Verwundete und 8 Vermisste.

7. Mai 1864 : Heute war es relativ ruhig, mit lediglich ein wenig Geplänkel an unserer Front. Wir haben uns so gut es uns möglich ist mit Stämmen und Erde verschanzt und warten die weiteren Ereignisse ab. Wären wir unter einem anderen General als Grant, würde ich einen Rückzug erwarten, aber Grant ist nicht diese Art von Soldat und wir denken, dass wir ihm vertrauen können.

8. Mai 1864 : Letzte Nacht wurde das 2. Rhode Island auf Postendienst hinausgeschickt. Wir formierten unsere Linien vor Anbruch der Dunkelheit und mir wurde befohlen, mich zur Linken unseres Regiments zu begeben und herauszufinden, ob wir Verbindung zu den Truppen des IX. Korps hatten. Ich ritt auf einem Wagenpfad hinaus und bevor ich es wusste, war ich ziemlich nahe an den Postenlinien der Rebellen. Ich wendete still mein Pferd, ritt mit hoher Geschwindigkeit in den Sumpf und war froh, wieder zu unseren Linien zurückzukehren. Bei Einbruch der Dunkelheit wurde gemeldet, dass die Unionstruppen ihre Stellung verlegen würden und wir erhielten den Befehl zu bleiben und den Eindruck einer kampfbereiten Front zu vermitteln. Uns wurde gesagt, wir sollten uns nach Möglichkeit retten, aber höchstwahrscheinlich würde unser Regiment in Gefangenschaft geraten. Nach Einbruch der Dunkelheit wurde ich zur Postenlinie hinausgeschickt, mit der Anweisung an die Männer, ihre Blechtassen und Feldflaschen in ihre Brotbeutel zu stecken, damit sie nicht klappern und bereit zum Rückzug zu sein, wenn sie den Befehl erhielten. Gegen Mitternacht erreichte uns der Rückzugsbefehl und die Männer wichen still zurück und formierten sich auf der Germania Bohlenstraße. Dann bewegten wir uns im Dunkeln die Straße hinab, bis wir die Linie der Befestigungen erreichten, die wir von unseren Truppen verlassen vorfanden. Mir wurde befohlen, als Vorhut die Straße hinab zu reiten und zu versuchen, Oberst Joseph B. Hamblin, den Korpsoffizier vom Dienst, zu finden. Da bekannt war, dass sich die Rebellenkavallerie in unserem Rücken herumtrieb, mochte ich den mir erteilten Auftrag nicht, aber da ich wusste, dass ich gehorchen musste, zog ich meinen Revolver, spannte den Hahn und ritt weiter. Etwa einen Kilometer weiter, als ich im Schatten der Bäume ritt, hielt mir jemand einen Revolver ins Gesicht und rief „Halt!" Ich richtete rasch meine Waffe auf ihn und fragte: „Wer bist du?" Ein Mann antwortete: „Sag mir deinen Namen, oder ich schieße!". Da ich wusste, dass mein Name keinen Schaden anrichten konnte, antwortete ich: „Rhodes." Der Mann trat hinter dem Baum hervor und ich sah, dass es Oberst Hamblin war. Er sagte: „Adjutant, ich hätte Sie beinahe erschossen!" Ich stieg ab und führte mein Pferd in den Wald und wir warteten, bis das Regiment herankam.

Wir marschierten die ganze Nacht und bei Tagesanbruch holten wir die Nachhut der Armee ein. Sie hatten eine immense Anzahl von gefangenen Rebellen bei sich. Nach einer kurzen Rast für Kaffee gingen wir wieder weiter und schlossen uns unserem Korps in der Nähe von Spotsylvania Court House an. Hier wurden wir in Kampflinie aufgestellt und hatten zusammen mit dem 10. Massachusetts ein heftiges Gefecht mit dem Feind. Hier hoben wir eine Reihe von Schützenlöchern aus und schliefen erneut zwischen den Toten und Sterbenden.

Spotsylvania, 9. Mai 1864 : Heute haben wir eine schwere Befestigungslinie fertig gestellt und das 2. Rhode Island unterstützt Batterie "E" der Rhode Island Artillerie unter Hauptmann William B. Rhodes. Die Geschütze sind in großen Intervallen aufgestellt und wir haben Kompanien zur Rechten und zur Linken jedes Geschützes. Die Rebellen versuchten, eine Linie an unserer Front zu formieren, aber Batterie "E" verfeuerte etwa 600 Kugeln und Granaten mit langen Zündern und die Rebellen gaben ihre Absicht auf.

Wir haben gerade erfahren, dass Generalmajor John Sedgwick, der Kommandeur des Korps, tot ist, von einem Scharfschützen der Rebellen durch den Kopf geschossen. Wir alle trauern, denn Onkel John, wie er genannt wurde, wurde von der ganzen Armee geliebt. Generalmajor Horatio G. Wright hat das Kommando über unser Korps übernommen.

10. Mai 1864 : Gott sei Dank, ich lebe noch. Unser armes altes Regiment hatte eine harte Zeit, seit es sein Winterquartier verlassen hat und wir haben sieben Offiziere und fast 100 Männer durch Tod und Verwundung verloren.

Wir sind noch immer in unseren Befestigungen und stehen dem Feind gegenüber.

11. Mai 1864 : An unserer Front herrscht ständiges Geplänkel und beide Armeen bereiten sich offensichtlich auf eine weitere tödliche Auseinandersetzung vor. Kugeln und Granaten fliegen ständig über uns hinweg und wir tragen schnell zur Liste der Toten und Verwundeten bei. Wird es jemals enden? Ich hoffe auf das Beste.

Kampflinie nahe Spotsylvania Court House, 13. Mai 1864 : Am gestrigen Tag hatten wir eine weitere furchtbare Schlacht. Unser Regiment betrug sich hervorragend und man spricht in den höchsten Tönen von uns. Früh am Morgen hörten wir ein fürchterliches Musketen- und Artilleriefeuer an der Front und unser Korps wurde nach vorne geschickt. Es stellte sich heraus, dass das II. Korps unter General Hancock die Befestigungen der Rebellen erstürmt und ihre gesamte Linie mit mehreren tausend Gefangenen genommen hatte. Als wir zur Front marschierten, sah ich zwei gefangene Rebellengeneräle: Generalmajor Edward Johnson und Brigadegeneral George H. Stewart. Sie unterhielten sich mit General Wright und General Wheaton. Ich hörte General Wheaton sagen: „Wie geht's dir, Johnson?" und die Antwort war: „Wie geht's dir Frank?". Sie gaben sich sehr herzlich die Hand, da sie vor der Rebellion Kameraden in der Armee gewesen waren. Wir kamen nicht mehr weit, bevor die Kugeln um uns zu schwirren begannen. Das II. Korps befand sich in den Gräben der Befestigungen, die sie von den Rebellen erobert hatten. Wir (das VI. Korps) lösten das II. Korps ab und sie wurden an eine andere Stelle des Schlachtfeldes geschickt. Regen setzte ein und bald steckten wir tief in Schlamm und Wasser. Solange wir im Graben blieben, waren wir vor dem feindlichen Feuer geschützt, aber sobald sich ein Kopf über den Befestigungen zeigte, pfiffen sofort Kugeln heran. Zur Rechten unserer Stellung formten die Befestigungen einen Winkel und unser Regiment lag im Kreuzfeuer des Feindes. Bald waren die Pferde und Kanoniere einer im Winkel stationierten Batterie getötet oder außer Gefecht gesetzt und der Feind stürmte mit lauten Schreien auf die Geschütze zu. Sie kamen so nah heran, dass sie eine Rebellenflagge herüber in den Graben auf unserer Seite warfen und als wir das Feuer eröffneten, flohen sie und ließen die Flagge dort liegen.

Eine unserer eigenen Batterien, die auf einem Hügel hinter unseren Linien stand, feuerte zwei Schüsse ab, die zu kurz flogen und zwei vom 2. Rhode Island töteten. Einer dieser Männer hieß Graves und er war gerade erst aus einem Gefängnis der Rebellen zurückgekehrt. Ich wurde nach hinten geschickt, um Oberst Oliver Edwards von den 37. Massachusetts Freiwilligen, der das Kommando über die Brigade übernommen hatte, von diesem Umstand zu unterrichten. Ich fand den Oberst und bat ihn, die Batterie das Feuer einstellen zu lassen. Er sagte, sein Stab sei abwesend und bat mich, mit der Nachricht zur Batterie hinüber zu reiten. Da mein Pferd zur Sicherheit hinter den Linien geblieben war, bestieg ich das Pferd einer Ordonnanz, ein großes, widerspenstiges Untier. Als ich einen Hügel erreichte, musste ich dem Hügelkamm für mehrere hundert Meter folgen. Die Scharfschützen der Rebellen eröffneten das Feuer auf mich. Ich versuchte, das Pferd zum Galopp anzuspornen, aber da es mir nicht gelang, warf ich mich auf die abgewandte Seite und hielt mich an der Mähne des Pferdes fest. Auf diese Weise ragte nur mein linkes Bein hervor. Ich verlor meinen Hut und da es ein neuer Hut war, der mich siebeneinhalb Dollar gekostet hatte, zog ich meinen Säbel, stieß die Spitze durch den Hut und rettete ihn. Als Nächstes verlor ich meinen Colt Navy Revolver, aber selbst wenn er aus Gold bestanden hätte und mit Diamanten besetzt gewesen wäre, hätte ich nicht wegen ihm angehalten.

Ich erreichte die Batterie und fand die Männer auf dem Boden liegend vor, um dem Feuer zu entgehen. Ich forderte den Hauptmann auf, seine Geschütze höher auszurichten und nachdem er das getan hatte, ließ ich von jedem Geschütz einen Schuss abfeuern und sah, dass sie über unsere Linien hinweg flogen. Ich kehrte zum Regiment zurück, wobei ich erneut den Spießrutenlauf mit den Scharfschützen der Rebellen absolvieren musste. Vor unserer Linie war für etwa 200 Meter eine offene Fläche und dann kam ein dichter Wald. Die Rebellen formierten sich in dem Wald und schickten anschließend eine kleine Gruppe mit einer weißen Flagge vor. Als wir die Flagge sahen, stellten wir das Feuer ein und die Offiziere sprangen auf die Brustwehr, aber als sich die Gruppe näherte, folgte ihnen eine Schlachtlinie, die mit Schreien auf uns zu stürmte. Unsere Männer erholten sich schnell von der Überraschung und verpassten ihnen eine Salve, die sie zurück in den Wald jagte. Von dem Wald aus wurde bis nach Mitternacht ein stetiges Feuer aufrechterhalten. Die oben genannten Geschütze standen noch immer verlassen in dem Winkel und keine der beiden Seiten kam an sie heran. Eine Brigade von Truppen aus Jersey wurde nach vorne gebracht und versuchte, in den Winkel einzudringen, aber sie wurden zurückgeschlagen. General Sickles' alte Brigade (die Excelsior) wurde dann nach vorne geschickt, aber die Männer konnten das furchtbare Feuer nicht ertragen und anstatt in Linie vorzurücken, bildeten sie lediglich einen Halbkreis um die Geschütze. Hauptmann John P. Shaw von Kompanie "K" der 2. Rhode Island Freiwilligen stand auf einem Baumstumpf und während er mit seinem Schwert winkte, um die Männer anzuspornen, fiel er plötzlich nach hinten. Ich rief Major Jencks zu, dass Shaw getroffen sei. Ich rannte zu ihm hin und fand ihn mit seinem Kopf auf einer Munitionskiste liegend. Ich hob ihn hoch und das Blut sickerte aus der Wunde in seiner Brust; er war tot. Da ich meinen Revolver verloren hatte, nahm ich seinen, steckte ihn in mein Halfter und werde ihn, sollte ich überleben, dem Vater des Hauptmanns schicken. Oberstleutnant S.B.M. Read wurde am Hals und am Ohr verwundet und begab sich vom Schlachtfeld und Major Henry C. Jencks übernahm das Kommando über das Regiment. Ich nahm einen Platz in einem Schützenloch ein und die Jungs luden ihre Waffen und reichten sie mir zum Feuern. Ich hatte gerade die Waffe für einen weiteren Schuss angelegt, als mich eine Kugel in die Brust traf, ein Stück von meiner Jacke abriss, jedoch an meinem Taschenbuch abprallte und mir einen heftigen Schlag am linken Arm versetzte. Ich dachte, mein Arm sei abgerissen und entkleidete mich hastig, fand jedoch nur eine leichte Fleischwunde.

Am 5. dieses Monats wurde ich von einer Kugel getroffen, die mir die Haut von meinem rechten Zeigefinger riss. Wir waren sehr darauf versessen, in den Besitz der Rebellenflagge zu gelangen, die so nah und doch so fern war. Ich fragte nach Freiwilligen, die mit mir gehen und sie holen würden. Thomas Parker, ein Soldat in Kompanie "D" und mehrere Andere traten vor und boten an, mitzugehen, aber bevor wir uns auf den Weg machen konnten, kam Major Jencks, verbot es uns und nannte es ein törichtes Abenteuer. Wir verbrauchten unsere gesamte Munition und als ein neuer Vorrat eintraf, erbrachen die Offiziere die Kisten und verteilten die Munition an die Männer. Während des Tages und der Nacht betrug die durchschnittliche Anzahl an Kugeln, die an jeden Mann ausgegeben wurde, etwa 300. Viele von ihnen waren jedoch vom Regen aufgeweicht. Kurz vor Einbruch der Dunkelheit unternahmen die Rebellen einen verzweifelten Versuch, ihre Befestigungen zurückzuerobern, aber wir schlugen sie zurück. Und so dauerte der Kampf an und ging weiter bis etwa um 02.00 Uhr heute Morgen (dem 13.). Den Tag über nahmen wir viele Gefangene, Männer, die bei den Sturmangriffen, die der Feind machte, nicht mehr zurück konnten. Niemals, nicht einmal bei Gettysburg, sah ich so viele tote Rebellen, wie sie vor unseren Linien lagen. Ich legte mich heute gegen 03.00 Uhr zum Schlafen nieder, aber ich hatte nicht viel Ruhe, da die Verwundeten überall um uns herum lagen. Da wir von den Befestigungen gut geschützt waren, waren unsere Verluste nicht schwer, allerdings haben wir 12 Tote und 21 Verwundete. General Wheaton lobte mich für mein Betragen in der Schlacht, und mein Name wurde in einem Bericht des Brigadekommandeurs erwähnt. Ich danke Gott für seine Güte mir gegenüber und ich bin glücklich, dass ich meinem Land einen kleinen Dienst erweisen konnte.

14. Mai 1864 : Heute wurden wir bei Tagesanbruch von anderen Truppen abgelöst und wir bezogen Stellung hinter dem IX. Korps. Hier blieben wir bis zum Einbruch der Nacht, als wir uns zur Linken bewegten und uns etwa drei Kilometer von Spotsylvania Court House entfernt in Linie aufstellten. Unsere Batterie und die Geschütze der Rebellen haben heute einen ordentlichen Lärm verursacht, aber es wurde nur sehr wenig erreicht.

Sonntag, 15. Mai 1864 : Heute haben wir die Schützenlöcher fertiggestellt, die wir letzte Nacht begonnen haben. Es ist sehr ruhig, so als hätte die Schlacht Respekt vor dem Tag.

16. Mai 1864 : Wir liegen noch immer in den Befestigungen und passen aufmerksam auf. Von beiden Seiten wird Artilleriefeuer aufrechterhalten, aber nur wenige richtige Kämpfe haben heute stattgefunden.

Kampflinie nahe Spotsylvania Court House, 17. Mai 1864 : Wir haben seit vier Tagen nicht mehr gekämpft und beide Armeen errichten Befestigungen. Bisher waren wir erfolgreich, aber unter einem großen Opfer an Männern. Unsere Division hat etwa die Hälfte ihrer Soldaten verloren. Wir verfügten über etwa 9,000 Männer, als wir Camp Sedgwick verließen. Am 12. dieses Monats lagen die toten Rebellen in Haufen vor unseren Linien und zu einem Zeitpunkt hatte das 2. Rhode Island 150 Gefangene genommen. Mir geht es gut und ich bin guter Dinge und fühle, dass die Potomac-Armee schließlich doch noch gute Arbeit verrichtet. Grant ist ein Kämpfer und er wird gewiss siegen. Möge Gott ihm helfen, den Krieg zu beenden.

Wir hoffen, bald Richmond zu sehen und den Stolz jener Männer zu dämpfen, die diesen unseligen Krieg begonnen haben.

Kampflinie nahe Spotsylvania Court House, 19. Mai 1864 : Noch immer wird gekämpft und gegraben. Unser Regiment ist sehr stark zusammengeschrumpft und wir haben nur noch neun dienstbereite Linienoffiziere (Kompanieoffiziere). Gestern hatte das alte VI. Korps einen großen Kampf. Wir brachen vor Tagesanbruch in Gefechtslinie auf und marschierten durch Wald und Gesträuch gegen den Feind. Bei Tagesanbruch kamen wir in Sichtweite ihrer Linie von Befestigungen und unternahmen einen Sturmangriff, aber er war nutzlos, denn ihre Artillerie mähte unsere Männer haufenweise nieder. Wir erreichten das Glacis vor den Befestigungen der Rebellen und hier lagen wir gezwungenermaßen ungeschützt in ihrem Feuer. Leutnant Edmund F. Prentiss wurde schwer verletzt von einem Granatsplitter, der ihn in die Leiste traf. Er war gerade zuvor erst von einer kraftlosen Kartätschenkugel an der Schläfe getroffen worden. Ich war in seiner Nähe und schickte ihn auf einer Tragbahre nach hinten. Wir schickten unsere Männer zurück in den Wald, immer wenige gleichzeitig, bis wir alle außerhalb des direkten Feuers waren. Als ich den Wald betrat, traf ich Major George Clendennin, den stellvertretenden Adjutanten von General Wheatons Stab. Er hatte seinen Bediensteten bei sich und lud mich ein, das Frühstück mit ihm zusammen einzunehmen, was ich unter Beschuss tat. Wir hatten heißes Brot und gebratenen Maifisch, den jemand in einem der Wasserläufe gefangen hatte. Trotz der Granaten der Rebellen genoss ich mein Frühstück.

Wir errichten jetzt Erdwerke etwa 500 Meter vor dem Feind. Es ist gefährliche Arbeit, aber die Männer sind sehr auf ihre Deckung bedacht. Es wird viele traurige Herzen in Rhode Island geben, wenn die Neuigkeiten die Heimat erreichen. Während der letzten beiden Wochen haben wir sehr wenig

Schlaf gehabt und niemand denkt im Traum daran, seine Stiefel auszuziehen. Aber ich kann es so lange ertragen, wie die Rebellen es können, denn wir wissen, dass wir ihnen beträchtlichen Ärger bereiten.

Kampflinie nahe Spotsylvania Court House, 20. Mai 1864 : Heute erreichte uns eine Postlieferung, die erste seit mehreren Tagen. Ich erhielt 18 Briefe als meinen Anteil. Wir haben unsere Befestigungen vollendet und fühlen uns jetzt sicher. Unsere Befestigungen sind stark und bestehen aus großen, mit Erde bedeckten Bäumen. Sollen die Rebellen nur versuchen, sie einzunehmen, wenn sie wollen.

21. Mai 1864 : Wir blieben bis zum Einbruch der Dunkelheit in unseren Schützenlöchern, dann zogen wir uns zurück und machten uns auf der Bowling Green Road wieder auf den Weg in Richtung Richmond.

Sonntag, 22. Mai 1864 : Wir marschierten fast die gesamte letzte Nacht hindurch, aber wir haben kaum Fortschritte gemacht. Heute passierten wir Guiney's Station und nach einigen weiteren Kilometern formierten wir uns in Linie für die Nacht.

23. Mai 1864 : Wir setzten unseren Marsch fort und erreichten bald den North Anna River. Wir konnten das Feuer an unserer Front und auf der Südseite des Flusses hören, aber da unser Korps nun in Reserve zu sein scheint, kämpften wir nicht.

24. Mai 1864 : Vor Tagesanbruch überquerten wir den North Anna River und formierten uns in Linie nahe dem V. Korps. Hier hoben wir eine Reihe von Schützenlöchern aus und rasteten für die Nacht.

Kampflinie nahe Noel's Station, 25. Mai 1864 : Wir sind heraus aus der Wilderness und befinden uns jetzt nahe Hanover Junction, nur 40 Kilometer von Richmond entfernt.

26. Mai 1864 : Nichts von Bedeutung heute. Wir schaufeln noch immer Virginia-Sand und errichten Befestigungen. In der Dunkelheit überquerten wir erneut den North Anna River und marschierten bis auf eine kurze Entfernung an den Pamunkey River heran (unseren alten Bekannten von 1862).

27. Mai 1864 : Bei Anbruch des Tages erreichten wir unser Lager und erhielten Verpflegung. Hier dürfen wir rasten. Der Pamunkey River ist in der Nähe.

28. Mai 1864 : Wir brachen frühzeitig auf, überquerten den Pamunkey River und marschierten zur Umgebung des Städtchens Hanover, wo wir uns an die Arbeit machten, Befestigungen zu errichten. Mächtig sind Schaufel und Spaten. Nun, ich würde die Rebellen schnellstmöglich ausbuddeln, um sie bekämpfen zu können.

29. Mai 1864 : Etwa gegen Mittag verließen wir unsere Befestigungen und marschierten nach Peakes Station, wo wir einen Teil unseres VI. Korps vorfanden, der die Bahnstrecke aufriss. Wir formierten uns in Linie, um sie gegen die Rebellen zu verteidigen, falls diese sich zeigen sollten.
Bahnstrecken aufzureißen ist ein alter Kniff von uns. Die Linien der Rebellen befinden sich in unserer Sichtweite, aber wir hoffen, sie bald wieder zum Weitermarsch zwingen zu können. Unsere Truppen sind gerade dabei, die Gleise zu zerstören. Die Rebellen haben sich während der letzten Tage vor uns zurückgezogen, aber jetzt scheinen sie auf unseren Angriff zu warten. Mir geht es gut und ich bin fröhlich aber sehr erschöpft, da ich seit mehreren Tagen ständig im Sattel sitze.

Peake's Station, 25 Kilometer von Richmond entfernt, 30. Mai 1864 : Unsere Kolonne rastet für eine kurze Zeit an diesem Ort hier. Die Rebellen haben sich in die Umgebung von Richmond zurückgezogen. Wir sind erschöpft und hungrig, da wir seit zwei Tagen keine Rationen gesehen haben. 48 Stunden sind eine lange Zeit, um ohne jegliche Verpflegung zu marschieren, aber wir erwarten heute Nacht Rationen.

31. Mai 1864 : Wir sind etwa zwölf Kilometer von Mechanicsville entfernt und etwa 25 Kilometer von Richmond. Unser Vormarsch auf Peakes Station war lediglich eine Aufklärungsmission und um 15.00 Uhr zogen wir uns zurück. Kurz vor unserem Rückzug saß ich gerade auf meinem Pferd hinter dem Regiment, als ich über die Felder hinweg zwei helle Punkte im Wald sah. Ich wusste sofort, dass dort zwei Bronzekanonen standen, die auf uns gerichtet waren. In diesem Moment kam ein Feldarzt der englischen Armee, der uns begleitet und den Verlauf des Krieges verfolgt, heran geritten und sagte: „Herr Leutnant, ah, hist dort etwas Hinteressantes zu sehen?" Ich antwortete: „Warten Sie nur einen Moment, Doktor und Sie werden etwas Interessantes sehen." Genau jetzt wurden beide Kanonen abgefeuert und die Granaten kreischten über unsere Köpfe. Der Doktor wandte sich um und galoppierte davon, wobei er rief: „Hich werde mich zum 'Ospital begeben und nachschauen, ob ich dort gebraucht werde!" Die Jungs riefen: „Hist das hinteressant genug, Doktor?" Ich konnte es ihm nicht verübeln, denn er hatte an der Front nichts zu suchen.

Um 15.00 Uhr begannen wir, uns zurückzuziehen und unsere Brigade sollte zusammen mit einer Batterie aus Maine den Rückzug der Kolonne decken. Sobald unsere Posten zurückgezogen wurden, griff uns eine Gruppe Rebellenkavallerie mit einer leichten Batterie an, aber wir trieben sie zurück. Wir stoppten mehrere Male und unsere Batterie eröffnete das Feuer auf sie. Sie beschossen uns bis fast zum Einbruch der Dunkelheit, als wir diesen Ort hier erreichten und uns wieder der Armee anschlossen.

Unser Regiment verrichtet jetzt Postendienst und ich schreibe dies, während ich auf einem Gatter unter einem Apfelbaum sitze. Ich hatte gerade ein gutes Mahl mit reifen Kirschen. Letzte Nacht erreichte uns die Verpflegung und unsere zweitägige Fastenzeit war beendet. Wir hatten viel Regen und die Straßen sind in einem furchtbaren Zustand. Wir sind dermaßen erschöpft, dass die Männer sogar beim nächtlichen Marschieren einschlafen. In einer Nacht letzte Woche stieg ich vom Pferd, um mich auszuruhen und schlief sofort ein. Jemand weckte mich und sagte, das Regiment sei weitermarschiert. Mein Pferd war nicht da und ich folgte dem Weg, bis ich es fand, am Wegesrand grasend.

Ein Teil des 2. Rhode Island wird in wenigen Tagen nach Hause gehen, aber da ich zugestimmt habe, zu bleiben, werde ich bleiben. Wir wissen noch nicht, was mit den Veteranen geschehen wird. Für den Fall, dass das Regiment aufgelöst wird, habe ich eine Zusage auf eine Stelle im Brigadestab. Der Monat Mai ist vorüber und für das 2. Rhode Island war er voller Sorgen. Seit dem Verlassen unser Winterquartiere haben wir verloren: Hauptmann Joseph McIntyre und Hauptmann John P. Shaw durch Tod, Oberstleutnant S.B.M. Read, den Geistlichen John D. Beugless, Hauptmann John G. Beveridge, Leutnant Charles A. Waldron, Leutnant Aaron Clark, Leutnant Edmund F. Prentiss und Leutnant Patrick Lyons durch Verwundung, sowie fast 100 Soldaten durch Tod und Verwundung. Zweifelsohne ist Krieg ein grausames Geschäft und welcher Kummer wird in Rhode Island gefühlt werden, wenn die traurigen Neuigkeiten unsere Freunde erreichen.

1. Juni 1864 : Heute Morgen brach unser Korps zu früher Stunde auf und hatte einen schweren Marsch nach Cold Harbor, wo wir heute Nachmittag ankamen. Hier waren wir 1862 unter McClellan und einige Anblicke sind vertraut. Bei unserer

Ankunft formierten wir uns in Gefechtslinie als Unterstützung hinter der Vermont Brigade. Auf beiden Seiten wurde bis zum Einbruch der Dunkelheit Artilleriefeuer aufrechterhalten und dann machten wir uns an unsere alte Arbeit, Sand zu graben. Eine ziemlich eindrucksvolle Reihe von Befestigungen wurde errichtet und wir legten uns hinter ihnen für ein wenig Ruhe nieder.

Unsere Brigade verpasste knapp ihren Anteil an dem Sturmangriff, den unser Korps kurz vor Anbruch der Dunkelheit unternahm. Wir wurden in zwei Reihen aufgestellt, das 10. und 37. Massachusetts in der ersten Reihe und das 2. Rhode Island und 7. Massachusetts in der zweiten Reihe. Gerade als die Linie bereit war, vorzurücken, erschien eine Gruppe Rebellen mit einer Batterie an unserer linken Flanke und eröffnete das Feuer. General Thomas H. Neill, der jetzt das Kommando über unsere Division innehat, kam heran geritten und befahl unserer Brigade, sich zur Linken zu begeben und die bedrohte Flanke zu schützen. Als wir die Linie verließen, nahm die 2. schwere Artillerie von Connecticut unseren Platz ein, ein zwei Jahre altes Regiment, allerdings noch ohne aktiven Dienst, da es in Washington stationiert gewesen war. Dieses Regiment zählte mehr Männer als unsere gesamte Brigade und in seinem Sturmangriff verlor es seinen Oberst (Kellogg) und eine große Anzahl an Offizieren und Männern. Unsere Brigade stürmte nach vorne, rückte gegen den Feind vor und vertrieb ihn von unserer Flanke. Als wir zurückkehrten, sahen wir, dass der Kampf vorüber war und außer der Artillerie war alles ruhig.

Cold Harbor, 2. Juni 1864 : Heute Morgen lösten uns Truppen vom II. Korps ab und wir begaben uns zu einer neuen Position an der Rechten, wo wir einige Truppen vom XVIII. Korps ablösten. Hier verschafften wir uns Deckung mit Schützenlöchern und verlebten den Rest des Tages.

Scharfschützen sind schon den ganzen Tag lang am Werk und es ist alles Andere als angenehm. Heute Nachmittag hatten wir einen heftigen Sturm mit Regen, der den Eifer beider Armeen zu dämpfen schien. Wir schliefen unter feindlichem Feuer.

Freitag, 3. Juni 1864 : Heute hatten wir einen furchtbaren Kampf und die Toten und Verwundeten gehen in die Tausende. Aus irgendeinem Grund, vielleicht, weil so viele Männer morgen nach Hause gehen, wurde das 2. Rhode Island in Reserve gehalten. Wir sahen die ganze Schlacht und verloren nur zwei Männer. Mit dem heutigen Angriff scheint nichts gewonnen, außer dass nun vielleicht die Frage geklärt ist, ob die feindliche Linie mit direkten Attacken genommen werden kann oder nicht. Auf jeden Fall ist General Grant entschlossen, durchzuhalten und ich weiß, dass er letztlich siegen wird.

4. Juni 1864 : Wir sind den ganzen Tag lang ruhig hinter unseren Befestigungen geblieben und nur das Feuer der Artillerie und der Postenlinien wird ständig aufrechterhalten. Da die Männer, die sich nicht erneut verpflichtet haben, morgen nach Hause gehen werden, haben wir den Tag damit verbracht, den Abschied vorzubereiten. Von jenen, die bleiben werden, wurden viele Briefe geschrieben und den Heimkehrern zur Zustellung übergeben. Ich schätze, die Offiziere, die uns verlassen, sind glücklich, aber ich bin froh, zu bleiben.

Cold Harbor, Virginia, 5. Juni 1864 : Drei Jahre sind vergangen, seit ich mich zum ersten Mal einschrieb. Wenn ich zurückblicke, so scheint es mir eine lange Zeit zu sein. Wäre ich nicht einverstanden gewesen, weiterhin hier Dienst zu tun, so wäre ich jetzt genauso verrückt vor Freude wie jene, die nach Hause gehen werden. Aber ich bin fröhlich und verspüre überhaupt keinen Neid, denn falls Gott mein Leben schont, bin ich entschlossen, das Ende der Rebellion zu erleben. Ich kann mich über meine Behandlung seit meiner Einschreibung nicht beklagen. Ich war ein gemeiner Soldat, ein Korporal, Oberstabsfeldwebel, Unterleutnant und Adjutant und wenn alles gut geht, werde ich höher steigen. Es ist jedoch nicht Ehrgeiz, der mich in der Armee hält, denn ich vertraue darauf, dass ich hehre und bessere Motive für die Rettung meines Landes habe.

Wagentross, VI. Korps, nahe Cold Harbor, Virginia, 6. Juni 1864 : Heute haben wir uns von unseren Freunden, die nach Hause gehen, verabschiedet. 265 Männer unter dem Kommando von Major Henry C. Jencks brachen heute Nacht auf und sind jetzt auf dem Weg nach Rhode Island. 326 Männer, deren Dienstzeit nicht abgelaufen ist, oder die sich nicht erneut verpflichtet haben, verbleiben im Felde. Hauptmann Henry H. Young, Oberleutnant & Adjutant Elisha H. Rhodes, Assistenzarzt William F. Smith, Unterleutnant Thorndike J. Smith und Unterleutnant Samuel B. Russell sind bei ihnen geblieben. Oberleutnant Edmund F. Prentiss steht ebenfalls in der Rolle, ist aber durch Verwundung abwesend. Hauptmann Young verrichtet Stabsdienst im Brigadehauptquartier und somit habe ich als ranghöchster Offizier das Kommando über das Regiment inne. Wir haben 150 dienstbereite Männer und der Rest ist abkommandiert oder liegt krank in Lazaretten. Mir wurde ein Stabsposten angeboten, aber falls Hauptmann Young weiterhin abwesend sein wird, ziehe ich es vor, das Regiment zu kommandieren. Die Verantwortung wird groß sein und da ich erst 22 Jahre alt bin, erachten mich die Vorgesetzten möglicherweise als zu jung. Aber mit Gottes Hilfe werde ich versuchen, meine Pflicht bei den Männern zu tun. Seit dem 1. Juni hat das 2. Rhode Island 25 Männer durch Tod und Verwundung verloren. Man sagt, das 2. Rhode Island solle als Militärpolizei für das Korpshauptquartier eingesetzt werden. Ich hoffe, das wird geschehen, weiß es aber nicht, da uns noch nie eine sichere Aufgabe zugeteilt worden ist. Wir erwarten, heute Nacht oder morgen Früh an die Front zu gehen.

Veteran's Den, unter Tage, Cold Harbor, Virginia, 7. Juni '64 : Seit heute Morgen sind wir wieder in den Gräben und ich bin nicht länger Adjutant, sondern der kommandierende Offizier. General Wright, der Kommandeur des VI. Korps sagt, ich solle das Kommando über das Regiment übernehmen und hat mich angewiesen, es für den zukünftigen Dienst zu reorganisieren. Vorerst habe ich zwei Kompanien gebildet, mit Leutnant Smith als Kommandeur der einen und Leutnant Russell als Kommandeur der anderen. Mein Oberstabsfeldwebel George T. Easterbrooks fungiert als Adjutant. Ich habe gerade meine erste Order ausgegeben: „Allgemeine Anweisung Nr. 1", in der ich das Kommando übernehme und den Männern einige Ratschläge gebe. Feldwebel dienen als Leutnants und es wird mehrere Tage dauern, bis wir unsere Beförderungen erhalten. Ich bin bereits von den Generälen der Brigade und der Division für die Ernennung zum Hauptmann vorgeschlagen worden.

Wir sind in einem großen, sandigen Feld, das mit Forts und Befestigungen übersät ist. Die Männer haben sich tief in den Boden eingegraben, um sich vor den Granaten zu schützen, die die Rebellen aus Mörsern verschießen. Alle paar Minuten kommt eine Granate kreischend herangeflogen und dann rennen wir zu unseren Löchern. Es ist ebenso amüsant wie gefährlich. Wir sind mit Schmutz bedeckt, aber trotzdem bin ich fröhlich. Zurzeit scheint es, als würden wir eine regelrechte Belagerung der feindlichen Stellungen beginnen. Morgen werden wir für einen 24-stündigen Einsatz an die Frontlinie verlegt.

Frontlinie, Cold Harbor, Virginia, 8. Juni 1864 : Wir sind an der Reihe, unseren Platz an der Frontlinie einzunehmen und die Linien der Rebellen sind nur etwa 200 Meter von uns entfernt. Die Männer sind durch bombensichere Stellungen gut geschützt. Ununterbrochenes Musketen- und Artilleriefeuer wird von beiden Seiten aufrechterhalten. Heute wurde eine Parlamentärflagge zu unserer Linie geschickt, um die Toten zu begraben. Dies gab uns die Möglichkeit, aus unsern Löchern hervorzukommen und uns die Stellungen der Rebellen anzusehen. Sie scheinen sehr stark zu sein. Die Rebellen, die mit der

Flagge herüberkamen, waren gutmütig und bereit, sich mit uns zu unterhalten.

9. Juni 1864 : Heute Morgen um 02.00 Uhr wurde das 2. Rhode Island in den Gräben von einem Regiment aus Massachusetts abgelöst und jetzt liegen wir einige hundert Meter hinter der Frontlinie. Ich wäre lieber an der Frontlinie, denn hier wo wir jetzt sind, erwischen uns die meisten der Granaten, die auf die vorderste Linie abgefeuert werden. Wir sind aber gut geschützt. Das Wetter ist sehr heiß und staubig und da die Männer in der Linie bleiben müssen und nicht herumlaufen dürfen, ist das Leben ermüdend. Wenn wir nach Wasser schicken, müssen die Abteilungen den Spießrutenlauf durch das Rebellenfeuer absolvieren und dies ist alles andere als angenehm. Post sollte adressiert werden an:
Lt. E.H. Rhodes
Kommd. 2. R.I.F.
4. Brigade, 2. Division, VI. Korps
Über Washington

10. Juni 1864 : Ich habe Unterleutnant Thorndike J. Smith für eine Beförderung zum Oberleutnant vorgeschlagen und werde ihn zum Adjutanten des Regiments machen, sobald ich weitere Offiziere erhalte. Ferner habe ich Oberstabsfeldwebel George T. Easterbrooks und einen weiteren Feldwebel für eine Beförderung zu Unterleutnants vorgeschlagen und werde so bald wie möglich weiter aus den Reihen der gemeinen Soldaten befördern. Heute sah ich Hauptmann William B. Rhodes von Batterie "E" der Rhode Island Artillerie und Hauptmann George H. Rhodes von der Kavallerie.

Welch seltsamer Anblick erwartet das Auge auf beiden Seiten. Befestigungen auf den Ebenen und in den Wäldern. Ununterbrochener Donner von Artillerie und Explosionen von Granaten. Selbst während ich schreibe, habe ich gesehen, wie ein armer Kerl beim Verlassen seines Unterschlupfes niedergeschossen wurde. Möge Gott den Männern vergeben, die diesen Krieg herbeigeführt haben. Ich fürchte, dass ich sie trotzdem hassen werde.

Hauptquartier 2. Rhode Island Freiwillige nahe Charles City Court House, Virginia, 14. Juni 1864 : Wann werden die Wunder enden? Vor 36 Stunden stand die Potomac-Armee weniger als 15 Kilometer vor Richmond und jetzt sind wir 65 Kilometer entfernt.

Sonntagnacht am 12. Juni verließen wir im Schutze der Dunkelheit unsere Stellungen bei Cold Harbor und nahmen die Straße in Richtung James River. Wir marschierten die gesamte Nacht und den gesamten Montag, den 13. hindurch und überquerten den Chickahominy River gegen Einbruch der Dunkelheit auf der Jones Bridge.

Hier schlugen wir erschöpft und schläfrig unser Lager auf. Ich wurde dermaßen schläfrig, dass ich mein Pferd nicht mehr reiten konnte und marschieren musste, um wach zu bleiben. Heute Morgen um 04.00 Uhr machten wir uns wieder auf den Weg und wir sind jetzt in der Nähe von Charles City und etwa fünf Kilometer vom James River entfernt. Die Männer sind ausgelaugt von der intensiven Hitze und den Anstrengungen der letzten Woche. Sobald mein Zelt aufgeschlagen war, legte ich mich nieder und schlief vier Stunden lang. Man sagt, dass wir den James River überqueren und Richmond von der Südseite angreifen werden. Jede Seite passt mir, wenn wir nur siegen können.

James River nahe Brandon, Virginia, 16. Juni 1864 : Heute Morgen verließen wir Charles City und marschierten zu diesem Ort hier am James River. Unser Korps steht das Flussufer entlang in Linie. Wir genießen den Ausblick sehr. Mein Zelt steht nur wenige Meter vom Fluss entfernt und ich liege den ganzen Tag lang im Schatten und sehe mir die Kanonenboote und Transporter an, die den Fluss hinauf und hinab schwimmen.

Der Fluss ist etwa einen knappen Kilometer breit und eine Pontonbrücke ist darüber geschlagen worden. Die Wagenzüge setzen auf der Brücke über, während einige der Truppen auf Dampfern hinüberfahren.

Gerade setzt das V. Korps über und wir schätzen, dass wir wohl morgen an der Reihe sein werden. Wir haben ein schönes Bad im Fluss genossen und die Männer waschen ihre Kleidung, da sie dieser Arbeit lange Zeit nicht nachkommen konnten. Einer der schwarzen Bediensteten hat noch nie zuvor einen Fluss gesehen und nannte ihn einen „richtig tollen Bach". Während er ein vorbeifahrendes Dampfschiff betrachtete, fragte er: „Dreht sich das Rad da aufm Boden?" Er fragte auch: „Wie kriegen die das Boot für die Nacht ausm Wasser raus?" Wir haben viel Spaß mit ihm. Heute Morgen hörten wir schweres Feuer flussaufwärts, von General Butlers Linien. Ich schätze, wir werden als nächstes Petersburg oder Fort Darling angreifen. Das 7. Massachusetts Regiment verließ gestern unsere Brigade in Richtung Heimat, da seine Dienstzeit abgelaufen ist.

Nahe Petersburg, Virginia, 17. Juni 1864 : Letzte Nacht überquerten wir die Pontonbrücke über den James River nach Windmill Point, marschierten die gesamte Nacht hindurch und stoppten heute Morgen eine kurze Weile, um zu frühstücken. Dann marschierten wir weiter und legten etwa 40 Kilometer zurück bis zu diesem Ort hier, der etwa fünf Kilometer von der Stadt Petersburg entfernt liegt. Hier trafen wir auf die Linie der feindlichen Befestigungen und formierten uns für die Nacht in Gefechtslinie.

19. Juni 1864 : Gestern in der Frühe sahen wir, dass die Rebellen ihre erste Befestigungslinie verlassen hatten und wir nahmen sie in Besitz. Am Morgen hatte ich einige Schießübungen mit den Rebellen in einer Befestigungslinie vor uns. Gegen Mittag stand ich mit Leutnant Thorndike J. Smith auf einem kleinen Hügel hinter unseren Befestigungen, als wir sahen, wie

sein Vater, der ein Soldat im Regiment ist und als Postmeister Dienst tut, über die Ebene hinter uns herankam. Unser Koch, der Schweinefleisch, Hartbrot und Kaffee trug, war bei ihm und als die Kugeln um seinen Kopf pfiffen, duckte er sich und wich aus. Ich lachte gerade über seine seltsamen Possen, als Leutnant Smith mich bat, seinem Vater zu sagen, er solle vor Anbruch der Dunkelheit nicht mehr an die Front kommen. Bevor ich antworten konnte, hörte ich einen dumpfen Einschlag und sah Leutnant Smith fallen. Ich fing ihn mit meinen Armen auf und schrie nach einer Trage. Er wurde durch den Rücken geschossen und die Kugel hat seine Lunge durchdrungen. Ich ließ ihn ins Lazarett bringen und wir fürchten, dass er sterben wird. Er ist ein feiner Kerl und ein tapferer Mann und ich liebe ihn wie einen Bruder. Ich bete zu Gott, dass sein Leben verschont werden möge. Sein Vater ließ die Briefe zu Boden fallen und begleitete seinen verwundeten Sohn nach hinten.
Die Kugel ist inzwischen aus Leutnant Smiths Brust herausgeholt worden; sie ist durch seinen gesamten Körper gedrungen.
Um 16.00 Uhr erhielt unsere Division den Sturmbefehl und wir verließen den Schutz unserer Befestigungen und stürmten über die Ebene auf die zweite Linie zu. Wir konnten sie zwar nicht einnehmen, aber es gelang uns, eine neue Linie auf halbem Wege zwischen den beiden zu halten und diese befestigen unsere Männer jetzt. Das 2. Rhode Island hat sich glänzend betragen und ich bin sehr stolz auf die Männer. Wir haben sieben Männer verloren. Eine Division farbiger Soldaten stürmte über denselben Boden, wurde jedoch zurückgeschlagen. Sie haben gut gekämpft und viele Tote auf dem Feld gelassen. Während der Nacht feuerten die Rebellen von einem Bahnstreckeneinschnitt an meiner linken Flanke aus in mein Regiment, aber nach einiger Verwirrung trieben wir sie zurück. Die Hälfte der Männer stand unter Waffen, während die andere Hälfte ein wenig schlief. Es war eine harte Nacht für uns. Selbst während ich hier schreibe, pfeifen die Kugeln über meinen Kopf, aber meine Männer haben eine Grube im Sand für mich

ausgehoben und so schreibe ich unter einem gewissen Maß an Sicherheit. Ich war farbigen Soldaten nicht sehr zugetan, aber die Arbeit von gestern hat mich überzeugt, dass sie kämpfen werden. Also ein Hoch auf die farbigen Truppen! Kugeln und Granaten, Kartätschen und Kugeln, die ganze Zeit über. Petersburg ist nur etwa drei Kilometer weit weg und liegt doch in weiter Ferne.

Nahe Petersburg, Virginia, 20. Juni 1864 : Letzte Nacht um 21.00 Uhr wurde unsere Brigade an der Frontlinie abgelöst, wo wir seit 36 Stunden unter Feuer gelegen hatten und wir wurden eine kurze Strecke nach hinten geschickt, um uns auszuruhen. Gegen Mitternacht führte ich das Regiment ins Lager und hatte anschließend einen erholsamen Schlaf unter einem Pfirsichbaum. Heute Morgen begannen die Rebellen, mein Lager mit Geschützen auf der anderen Seite des Appomattox River zu beschießen und sie setzten uns dermaßen zu, dass ich gezwungen war, das Regiment zum Schutz auf einen Hügel zu führen. Einige der Schüsse kamen aus schweren Geschützen und wenn sie auf den Boden aufschlugen, prallten sie über eine weite Entfernung weiter. Ein Geschoss traf eine Scheune in der Nähe und ließ die Splitter fliegen.

Die 10. Massachusetts Freiwilligen gehen heute nach Hause, da ihre dreijährige Dienstzeit abgelaufen ist. Somit verbleiben von der alten Brigade nur die 2. Rhode Island Veteranen und das 37. Massachusetts Regiment. Gestern zeigte mir Oberstabsfeldwebel George F. Polley von den 10. Massachusetts Freiwilligen ein Brett, in das er seinen Namen und sein Geburtsdatum eingeritzt hatte, den Platz für sein Todesdatum hatte er freigelassen. Er hatte sich erneut verpflichtet und erwartete eine Beförderung zum Leutnant bei den 37. Massachusetts Freiwilligen. Ich fragte ihn, ob er damit rechne, getötet zu werden und er sagte nein, er habe seinen Grabstein lediglich aus Spaß angefertigt. Heute wurde er von einer Granate eines Rebellengeschützes getötet. Petersburg muss jetzt ein heißes Pflaster sein,

wenn man die Menge an Eisen bedenkt, die wir hinübergeschickt haben.
Letzte Nacht eröffneten unsere Mörser das Feuer auf die Stadt und wir beobachteten die Granaten, wie sie sich in die Luft erhoben und in die Forts der Rebellen fielen. Mir wird oft die Frage gestellt: „Bedauerst du es nicht, dass du bereit warst, im aktiven Dienst zu bleiben?" Ich antworte: „Nein, ich möchte das Ende des Krieges erleben."

22. Juni 1864 : Das 2. Rhode Island war heute nicht in Kämpfe verwickelt, da wir damit beschäftigt sind, Schützenlöcher auszuheben und die Jerusalem Bohlenstraße an der linken Flanke der Armee zu bewachen. Gestern stattete uns Präsident Lincoln einen Besuch ab. Ich sah ihn nicht, da ich an der Front war.

23. Juni 1864 : Letzte Nacht, gerade als wir unsere Schützenlöcher ausgehoben hatten, erhielten wir einen Marschbefehl und jetzt unterstützt mein Regiment Batterie "G" der 5. U.S. Artillerie bei der Jerusalem Bohlenstraße. Das VI. Korps hatte den ganzen Tag über schwere Kämpfe, aber auf unserem Abschnitt der Linie wurde sehr wenig geschossen, nur ein wenig geplänkelt. Leutnant Smith ist in den Norden gebracht worden und die Ärzte haben Hoffnung, dass er sich erholen könnte.

25. Juni 1864 : Wir sind noch immer in unseren Schützenlöchern, mit Staub bedeckt und beobachten den Feind. Eine neue Bewegung wird stattfinden, aber natürlich kennen wir die Einzelheiten nicht. Wir werden sie bald genug herausfinden.

Ich habe gehört, dass unser alter Geistlicher, John D. Beugless, der U.S. Marine beitreten wird. Es freut mich für ihn, denn er ist ein tapferer Mann und ein guter Soldat.

26. Juni 1864 : Hurra! Mein Beförderungsschreiben als Hauptmann in den 2. Rhode Island Freiwilligen ist angekom-

men und ich wurde heute in den Dienst der Vereinigten Staaten eingemustert.
Anschrift:

Hauptm. E.H. Rhodes
Kommd. 2. R.I.F.
4. Brigade, 2. Division
VI. Korps

27. Juni 1864 : Wir haben an unserer Linie jetzt eine leichte Zeit, es gibt nichts zu tun, außer die Rebellen zu beobachten. Stündlich wird an irgendeinem Abschnitt der Linie gekämpft und wir werden bald genug wieder an der Reihe sein. Gestern entdeckten einige meiner Männer ein gefülltes Eishaus und wir genießen den Luxus eisgekühlten Wassers. Da gestern Sonntag war, besuchte ich den Gottesdienst im Lager der 37. Massachusetts Freiwilligen.

28. Juni 1864 : Gouverneur James Y. Smith aus Rhode Island hat mir einen sehr freundlichen und schmeichelhaften Brief geschrieben, welcher mich sehr aufmuntert. Ich wurde heute bei General Wheaton vorstellig und traf General Wright, General Russell und andere. Letzte Nacht besuchte ich Hauptmann William B. Rhodes von Batterie "E" der Rhode Island Artillerie. Wir fanden einen Vorrat von Zitronen und jetzt haben wir eisgekühlte Limonade im Überfluss. Gestern kam ich lange genug an meine Tasche, um mir frische Unterwäsche herauszuholen. Das Wetter ist sehr heiß.

29. Juni 1864 : Dies ist seit fast zwei Monaten der erste Eintrag, den ich mit Tinte schreibe. Heute Morgen kam der Wagen meines Hauptquartiers und ich ließ mein Zelt aufschlagen, aber gerade als ich mit dem Schreiben anfing, kam die Order: „Hauptmann, halten Sie Ihr Regiment in sofortiger Marschbereitschaft." Das Zelt wird wieder abgeschlagen werden müssen und wir werden uns auf den Weg zu einem neuen Ort machen. Ich schätze, da wir eine Ruhepause hatten, werden wir jetzt unseren Platz bei der Belagerung einnehmen müssen. Letzte Nacht war der Himmel voll von Granaten und das Donnern der Kanonen war nicht gerade hilfreich dabei, uns fest schlafen zu lassen.

1. Juli 1864 : Bevor ich meinen Eintrag vom 29. mit Tinte beenden konnte, setzte sich unser Korps in Marsch und so werde ich ihn mit Bleistift beenden. Das VI. Korps marschierte nach Ream's Station und während ein Teil von ihm Schützenlöcher aushob, riss der andere Teil die Bahnstrecke auf. Ich errichtete mein Hauptquartier in einem Haus nahe der Bahnstrecke und trieb etwas Gemüse und Eis auf, was unseren Armeerationen sehr zugute kam. Nachdem wir die Bahnstrecke zerstört hatten, kehrten wir zu den Linien zurück und das 2. Rhode Island unterstützt jetzt Batterie "E" der Rhode Island Artillerie und wir sind bereit für einen Kampf.

2. Juli 1864 : Wir sind wieder zurück in der Linie und ich habe eine Laube aus grünen Zweigen, die mich vor der Sonne schützt. Das Thermometer steht heute bei knapp 51 Grad Celsius und die Männer leiden sehr. Während unseres kürzlichen Vorstoßes verursachte das VI. Korps schwere Zerstörungen, aber dies ist die Strafe, die Virginia für den Verrat bezahlen muss.
Als wir Ream's Station erreichten, fanden wir ein ordentliches Dorf vor, mit einem guten Bahnhof, ordentlichen Gebäuden, Werkstätten, wohlgepflegten Gärten und eingezäunten Feldern. Als wir abzogen, verblieb nichts außer rauchenden Ruinen, zertrampelten Feldern und einer Bahnstrecke, die für einige Tage nutzlos sein wird.

4. Juli 1864 : Es ist erneut der glorreiche Vierte und wir hatten eine ordentliche Feier, bei der Geschütze Kugeln und Granaten

nach Petersburg feuerten, um die Rebellen an den Tag zu erinnern. Mit diesem Tag sind es vier 4. Julis, die ich in der Armee verbracht habe. Den ersten in Camp Clark nahe Washington, den zweiten bei Harrisons Landing, den dritten bei Gettysburg und heute vor Petersburg. Eine Gruppe Offiziere speiste heute mit mir und wir hatten, so scheint es mir, ein verhältnismäßig feines Mahl. Dies war unser Speiseplan:
Gegarte Austern (aus der Dose)
Gebratener Truthahn (aus der Dose)
Brotpudding
Tapioka-Pudding
Apfelkuchen (im Lager gebacken)
Limonade
Zigarren
Wenn wir morgen marschieren, werden wir Hartkekse und gesalzenes Schweinefleisch essen.
Die Belagerung dauert an und es wird tonnenweise Eisen in die Stadt geschleudert. Gefangene Rebellen sagen, dass wir die Stadt niemals einnehmen können, aber wir denken anders darüber. Unsere schweren Geschütze richten großen Schaden an und wir hoffen auf ein baldiges Ende. Eine gute Geschichte wird über Präsident Lincoln erzählt, die wahr oder falsch sein mag. Der Präsident näherte sich ohne Begleitung Generalmajor Wrights Hauptquartier und wurde von der Wache angehalten, die sagte: „Wir erlauben keine Zivilisten im Lager, erst recht nicht euch Kerle von der Gesundheitsfürsorge." Der Präsident ließ eine Nachricht überbringen, dass Herr Lincoln gerne General Wright sehen würde und er wurde eingelassen.
Letzte Nacht besuchte ich den Gottesdienst im Lager der 37. Massachusetts Freiwilligen.

6. Juli 1864 : Die 4. Brigade der 2. Division des VI. Korps wurde aufgelöst und die 2. Rhode Island und 37. Massachusetts Freiwilligen wurden verlegt zur 3. Brigade der 1. Division des VI. Korps. Die Brigade wird befehligt werden von Oberst Oliver Edwards von den 37. Massachusetts Freiwilligen und die Division von General David A. Russell, dem ehemaligen Oberst der 7. Massachusetts Freiwilligen. Die Regimenter in der Brigade sind die folgenden: 37. Massachusetts, 2. Rhode Island, 49. Pennsylvania, 82. Pennsylvania, 119. Pennsylvania und die 5. Wisconsin Freiwilligen.

Wir tragen jetzt ein rotes Kreuz auf unseren Mützen und Hüten. Das Griechische Kreuz ist das Abzeichen des VI. Korps. Die 1. Division trägt rot, die 2. Division trägt weiß und die 3. Division blau. Gestern hatte ich das Kommando über eine große Abteilung und wir errichteten ein solides Fort quer über die Jerusalem Bohlenstraße. Diese Befestigung wird mit schweren Geschützen bestückt werden. Wir erwarten, bald aufzubrechen und uns unserer neuen Division anzuschließen.

Das Wetter ist heiß und es ist den Männern erlaubt, Strohhüte zu tragen, sofern sie sich welche beschaffen können, aber bei den Paraden wird die reguläre Mütze getragen. Ich trage einen großen, weichen Filzhut, den ich per Post erhalten habe. Er ist nicht gerade militärisch, aber sehr bequem. Die Armee bietet zurzeit einen recht zusammengewürfelten Anblick, denn der Kleidung wird wenig Beachtung geschenkt und alle sind dreckig und zerlumpt. Trotzdem bin ich fröhlich und wahrscheinlich der zufriedenste Mann in der Potomac-Armee.

8. Juli 1864 : Gestern verlegten wir unser Lager und schlossen uns der 1. Division an. Wir sind jetzt hinter der Hauptlinie und mein Lager liegt in einem hübschen Eichenhain. Wir genießen den Schatten sehr. Es ist ein wenig einsam, denn wir haben wenig zu tun. Unsere Batterien an der Front erhalten ein konstantes Feuer aufrecht, aber wir sind zu weit entfernt, um das Ergebnis zu sehen. Wir sollen unseren Sold erhalten und hoffen, dass er bald hier eintrifft, denn kein Offizier hat mehr Geld.

General Grant hat eine Order an die Kompanien erlassen, an die Offiziere die gleichen Rationen auszugeben, die auch die

Soldaten erhalten und die Kosten der Rationen werden uns über unsere Soldlisten in Rechnung gestellt. Ansonsten würden wir verhungern. Die 4. Rhode Island Freiwilligen wurden der Potomac-Armee angegliedert und sind im IX. Korps.

Wir haben gerade von der Zerstörung des Rebellendampfers „Alabama" durch das Yankeeschiff „Kearsarge" gehört. Hurra!

An Bord des U.S. Transporters „Peril", James River, 11. Juli 1864 : Werden die Wunder jemals enden? Samstagnacht, am 9., verließen wir um 23.00 Uhr mit dem VI. Korps das Lager und marschierten nach City Point. Hier blieben wir bis zur Dunkelheit am Sonntag, dem 10., als sich das 2. Rhode Island und die 37. Massachusetts Freiwilligen auf dem Dampfer „Peril" einschifften und sich auf den Weg den James River hinab machten. Unser Dampfer ist ein feiner, großer Raddampfer und bei einem Gespräch mit dem Kapitän fand ich heraus, dass dieser meinen Vater gekannt hat. Die Männer sind recht dicht gedrängt, aber die Offiziere haben schöne Prunkgemächer im Schankraum und uns geht es ausgesprochen gut. Es ist jetzt sehr früh am Morgen, aber wir haben eine zu schöne Zeit, um zu schlafen.

06.00 Uhr. Wir sind jetzt 80 Kilometer von City Point entfernt. Aus irgendeinem Grund mussten wir in der Nacht zwei Stunden vor Anker gehen. Die Flussufer sind sehr hübsch und wir genießen den Anblick.

Viele weitere Schiffe, die mit Truppen und Batterien beladen sind, segeln mit uns. Ich schätze, wir sind unterwegs nach Maryland, wo General Earlys Rebellenarmee einen Vorstoß unternimmt. Nun, das passt mir, denn ich bevorzuge Maryland vor Virginia. Viele der Offiziere sind, wie ich, damit beschäftigt, Briefe zu schreiben, die aufgegeben werden sollen, sobald wir Washington erreichen.

08.00 Uhr. Wir passieren gerade Fortress Monroe und der Ausblick ist herrlich. In Hampton Roads herrscht reger Schiffsverkehr, einschließlich Kriegsschiffen. Ich besah mir sehr interessiert ein Schiff der Monitorklasse mit drei Geschütztürmen namens „Roanoke". Es sieht aus, als könne es uns vorzügliche Dienste leisten. Ein großes, französisches Kriegsschiff liegt nahe dem Fort vor Anker und als wir vorbeifuhren, wurden seine Rahen von Seemännern in weißen Uniformen bemannt und nach dem Schuss einer Kanone wurden alle Segel gesetzt. Ich habe noch nie einen schöneren Anblick erlebt. Nachdem wir Fortress Monroe passiert hatten, wurden die Offiziere zum Frühstück eingeladen.

14.00 Uhr. Wir haben gerade unser Mittagessen zu uns genommen und trotz der Art, wie es angerichtet wurde, genossen wir eine gute Mahlzeit. Unser Schiff rollt stark in der See der Chesapeake Bay und einige der Offiziere sehen sehr blass aus, aber da ich so etwas wie ein alter Seebär bin, genieße ich es eigentlich. Der Transporter „Rebecca Clyde" kam längsseits an unser Schiff und die Kapelle unserer Brigade brachte der Besatzung des anderen Schiffes ein Ständchen dar, welches von der Kapelle des 2. Connecticut beantwortet wurde.

16.00 Uhr. Wir hatten einen heftigen Regen, aber jetzt ist es wieder angenehm. Wir fahren gerade in die Mündung des Potomac River ein. Der Ausblick ist herrlich.

18.00 Uhr. Das Abendessen ist vorüber und wir tauschen Geschichten aus und rauchen.

21.00 Uhr. Dies war ein wunderbarer Tag. Das Leben auf einem Transporter ist definitiv sehr angenehm und ich wünschte, wir könnten es noch um einen Monat verlängern. Ich werde heute Nacht gut schlafen ohne die Begleitmusik der Kanonen, die wir seit mehr als zwei Monaten hatten. Irgendwann morgen werden wir in Washington ankommen.

Dampfer „Peril", Potomac River, 12. Juli 1864 : 04.00 Uhr. Heute Morgen bin ich früh wach, denn es ist zu schön um zu schlafen. Der Dampfer ging heute Nacht wieder vor Anker und nimmt gerade wieder Fahrt auf.

06.00 Uhr. Der Fluss beginnt, sich zu verengen und die Uferseiten sind deutlicher sichtbar. Wir sind jetzt in der Nähe von Acquia Creek und knapp 100 Kilometer von Washington entfernt. Dann geht das alte Leben wieder los: Staub und Hitze.

10.00 Uhr. Wir passieren gerade Mount Vernon und unsere Kapelle spielt ein Trauerlied in Gedenken an den „Vater dieses Landes". Fort Washington liegt in Sichtweite und eine Gruppe von Damen lässt eine U.S. Flagge wehen. Unsere Kapelle spielte das „Star Spangled Banner". Die Hauptstadt ist in Sichtweite und bald werden wir an Land gehen und die Neuigkeiten erfahren.

12.00 Uhr. Hier sind wir bei der 6th Street Werft in Washington und wir können Musketenfeuer hören, das nicht weit entfernt klingt. Wir wissen nicht, was das bedeutet.

Brightwood nahe Washington, D.C., 12. Juli 1864 : Nun, dies ist ein aufregender Tag gewesen. Um 12.00 Uhr gingen wir vom Dampfer an Land. Als ich die Werft betrat und das Feuer in der Entfernung hörte, vermutete ich, es seien Truppen bei einer Drillübung. Ein Offizier näherte sich mir und fragte: „Wer befehligt diese Truppen?" Ich antwortete: „Ich kommandiere ein Regiment." Darauf sagte er: „Formieren Sie Ihre Männer und ich werde Ihnen einen Führer schicken, der Ihnen den Weg nach Brightwood zeigen wird. Warten Sie nicht auf Ihre Pferde." Ich sagte ihm, dass ich den Weg kenne und keinen Führer benötige. Während die Männer an Land gingen, informierte mich der Stabsoffizier, dass der Rebellengeneral Early in der Nähe von Brightwood sei und dass ein Angriff jederzeit zu erwarten sei. Ich marschierte die 6th Street und die Pennsylvania Avenue hinauf und folgte der 16th Street nach Brightwood. Die Leute in Washington schienen sehr froh zu sein, uns zu sehen und waren sehr verängstigt. Viele Einwohner hatten Waffen in den Händen und die Angestellten des Finanzministeriums standen aufgereiht vor den Ministeriumsgebäuden. Ein junger Mann trug einen Strohhut, ein leinenes Staubtuch, Glacéhandschuhe, sauber polierte Stiefel und Au-

ALLES FÜR DIE UNION

gengläser. Er hatte außerdem ein volles Sortiment an Ausrüstung und eine Muskete. Als ich vorbeiging, wollte er höflich sein und „präsentierte das Gewehr" mit dem Lauf seiner Muskete nach vorne. Unsere Jungs jubelten ihm großartig zu. Mehrere Einwohner schlossen sich mit Waffen in den Händen unserer Kolonne an und sie schienen voller Kampfgeist zu sein. Die Damen brachten den Männern Wasser und einige übergaben den Soldaten Päckchen mit Tabak, während wir vorbeimarschierten. Nach dem Erreichen von Fort Stevens formierte ich mein Regiment im alten Lager der 7. und 10. Massachusetts Freiwilligen hinter dem Fort. Im Jahre 1861 und im Frühjahr 1862 lagerte hier unsere Brigade, die zu diesem Zeitpunkt aus den 2. Rhode Island, den 7. und 10. Massachusetts sowie den 36. New York Freiwilligen bestand. Fort Stevens wurde damals Fort Massachusetts genannt und war von den 7. und 10. Massachusetts Regimentern errichtet worden, während das nächste Fort zur Rechten Fort Slocum genannt wurde und von den 2. Rhode Island Freiwilligen erbaut worden war. 1861 dachten wir nicht, dass diese Forts jemals von Nutzen sein würden, aber jetzt sind wir froh, dass wir geholfen haben, sie zu bauen. Wir verblieben in Gefechtslinie bis 18.00 Uhr, als das 2. Rhode Island und das 37. Massachusetts mit einem handverlesenen Trupp an die Front gingen. Fort Stevens schoss Granaten in die Reihen der Rebellen und Fort Slocum jagte seine Geschosse mit fürchterlichem Kreischen auf Earlys Männer los. Unsere Kolonne marschierte durch das Tor von Fort Stevens und auf der Brustwehr sah ich Präsident Lincoln stehen und den Truppen zusehen. Frau Lincoln und andere Damen saßen in einer Kutsche hinter den Feldbefestigungen. Wir marschierten in Kampflinie in eine Pfirsichplantage vor Fort Stevens und hier begann der Kampf. Für eine kurze Zeit ging es heiß zu, aber da der Präsident und viele Damen uns zusahen, war jeder Mann bemüht, sein Bestes zu geben. Bei Einbruch der Dunkelheit erhielt ich den Befehl, mein Regiment zur Rechten der Linie zu bringen, was ich im Laufschritt tat. Niemals habe ich das 2.

Rhode Island Besseres leisten gesehen. Ein alter Herr, ein Einwohner mit einem Seidenhut, der eine Waffe bei sich trug, ging mit uns, nahm eine Position hinter einem Baumstumpf ein und feuerte so gelassen wie ein Veteran. Die Rebellen dachten zuerst, wir seien Miliz aus Pennsylvania und sie hielten ihre Stellung, aber Gefangene sagten mir, als sie unsere Reihen ungebrochen vorrücken sahen, wussten sie, dass wir Veteranen waren. Das Griechische Kreuz unseres Korps erklärte ihnen den Rest und sie flohen in großer Unordnung. Ich verlor drei Verwundete. Es war ein feiner, kleiner Kampf, aber er dauerte nicht lange. Ein Arzt, der neben Präsident Lincoln auf dem Fort stand, wurde verwundet. Wir schliefen auf dem Feld und waren froh, dass wir Washington vor der Eroberung gerettet hatten, denn ohne unsere Hilfe wäre die kleine Streitmacht in den Forts überwältigt worden. Early hätte früh am Morgen angreifen sollen. Early kam zu spät.

Tennallytown, Maryland, 13. Juli 1864 : Die Rebellen zogen sich in der letzten Nacht zurück und heute Morgen folgten wir ihnen zu diesem Ort hier, wo wir unser Lager aufgeschlagen haben.

Orcutt's Cross Roads, Maryland, 14. Juli 1864 : Heute marschierten wir zu diesem Ort hier und jetzt warten wir auf weitere Befehle.

Poolesville, Maryland, 15. Juli 1864 : Heute erreichten wir diesen Ort hier und fanden heraus, dass die Rebellen alle jenseits des Potomac River und auf ihrem eigenen Boden in Virginia sind. Ich bin gerade von einem Ritt durch das Dorf zurückgekehrt und die netten Willkommensgrüße der Leute haben mich sehr gefreut. Es ist überhaupt nicht wie in Virginia. Die Leute sind alle froh, uns zu sehen. Die Landschaft ist hübsch und steht in deutlichem Gegensatz zu der in Virginia. Als wir das Dorf Poolesville heute Morgen betraten, sagte mir ein

Stabsoffizier, ich solle mich beim Erreichen der Hauptstraße nach rechts wenden und sie überqueren. Dies taten wir und zu unserer großen Überraschung und unserem Schrecken sahen wir einen Mann, der mit einem Strick um den Hals an einem Galgen baumelte. Es stellte sich heraus, dass es ein Soldat namens Hymes von den 65. New York Freiwilligen war, der als Spion für die Rebellen gearbeitet hatte. Nach seiner Entdeckung wurde er von einem Kriegsgericht verurteilt, prompt für schuldig befunden, zum Tode verurteilt und aufgehängt. Er trug einen Teil einer Uniform und war ein jämmerlich aussehender Bursche. Ich habe erfahren, dass er vor seiner Verhaftung dem Feind mehrere Besuche abgestattet hatte.

16. Juli 1864 : Heute Morgen marschierten wir zu White's Ferry am Potomac River. Ein Regiment Rebellenkavallerie beschoss uns sobald wir in Sichtweite kamen von der Virginia-Seite aus mit Karabinern. Batterie "C" der 1. Rhode Island Artillerie ging in Stellung und bald jagte sie mit ihren Granaten die Rebellen fluchtartig hinter die Hügel. Es war spaßig für uns zu sehen, wie sie ihre Pferde im Galopp antrieben, um den Granaten zu entkommen. Dann überquerte unsere Division den Strom und stand wieder einmal in Dixie. Der Fluss war an dieser Stelle breit und etwa einen Meter tief und wir waren sehr nass, als wir Virginia erreichten. Gegen Einbruch der Dunkelheit erreichten wir die Gegend von Leesburg und schlugen für die Nacht unser Lager auf. Die Männer waren durchnässt und unbehaglich und sie waren froh, sich um die Feuer versammeln zu können, um sich zu trocknen.

Nahe Leesburg, Virginia, Sonntag, 17. Juli 1864 : Heute sind wir friedlich im Lager geblieben und ich habe die Erholung sehr genossen. Der Anblick der Berge ist sehr hübsch.

Montag, 18. Juli 1864 : Heute verließen wir Leesburg und überquerten die Berge bei Clark's Gap, wobei wir durch das

Dorf Hamilton kamen. Zu unserer großen Überraschung wurden wir von den Damen dieses Dorfes mit wehenden Unionsflaggen und Taschentüchern begrüßt. Solche Loyalitätsbezeugungen hat das VI. Korps niemals zuvor in Virginia erlebt. Dann passierten wir das Dorf Purcellville, einen unbedeutenden Ort. Wir sahen auf der Straße viele zusammengebrochene und verbrannte Wagen, welche die Rebellen bei ihrem Rückzug zurückgelassen hatten, als unsere Kavallerie ihnen hart auf den Fersen war. Kurz vor Anbruch der Dunkelheit erreichten wir Snickers Gap in den Blue Ridge Mountains und begannen mit dem Aufstieg. Die großartige Aussicht vom Gipfel entschädigte uns für die harte Arbeit. Auf einer Seite konnten wir das Potomac-Tal mit den blauen Hügeln von Maryland in der Entfernung sehen, während sich auf der anderen Seite das fruchtbare Tal des Shenandoah River wie auf einer Karte ausbreitete, soweit das Auge reichte. Der Shenandoah River plätscherte und glänzte im Licht der untergehenden Sonne zu unseren Füßen. Bald warnten uns das Donnern von Kanonen und das Rasseln von Musketen, dass unser alter Feind in der Nähe war. Wir eilten den Abhang hinunter und fanden heraus, dass ein Teil von General Hunters Armee den Fluss überquert hatte und zurückgetrieben worden war, wobei er viele Männer verloren hatte. Eine Rebellenbatterie entdeckte uns und eröffnete das Feuer, aber glücklicherweise nahm unsere Brigade keinen Schaden, jedoch wurden mehrere aus unserer 3, Division getötet und verwundet. Die Batterien "C" und "G" der 1. Rhode Island Artillerie machten es den Rebellen bald dermaßen ungemütlich, dass diese das Feuer einstellten. Sobald es dunkel wurde, wurde das 2. Rhode Island nach vorne geschickt, um das Flussufer zu bewachen.

Ich habe 40 meiner Männer mit Spencer-Repetiergewehren bewaffnet, die sieben Patronen in einem Magazin fassen können. Ich habe diese Waffen vom 37. Massachusetts geborgt, das mit ihnen bewaffnet ist und ich benutze sie seit einiger Zeit. Wir marschierten leise hinunter zum Fluss und ich postierte zehn Männer in Deckung weniger als 40 Meter vom Feind entfernt, bevor dieser uns entdeckte. Als er unsere Position herausfand, war es zu spät für ihn, um uns zu vertreiben. Den Rest meines Regiments hielt ich in Reserve. Wir konnten hören, wie die Rebellen sich unterhielten und über die Möglichkeit spekulierten, bei Tagesanbruch von den Yankees zurückgedrängt zu werden.

Dienstag, 19. Juli 1864 : Wir verbrachten eine sehr ungemütliche Nacht mit sehr wenig Schlaf. Heute Morgen bei Tagesanbruch versuchten unsere Verwundeten, die die ganze Nacht über auf der Rebellenseite des Flusses geblieben waren, zu unserer Linie überzusetzen. Ein Rebellenoffizier befahl seinen Männern, auf sie zu feuern, was sie auch taten, aber die Männer erreichten uns in Sicherheit. Ich hatte meinen Männern verboten zu feuern, wenn sie Postendienst versehen, da es nur eine mörderische Angelegenheit ist, aber als ich hörte, wie dieser Offizier seinen Männern befahl, auf verwundete Männer zu schießen, befahl ich meiner Linie, das Feuer zu eröffnen, was sie mit großem Eifer tat. Da die Rebellen glaubten, wir hätten Vorderladermusketen, verließen sie ihre Deckung sobald wir gefeuert hatten, um uns einige Beleidigungen zuzurufen. Aber sie fanden bald heraus, dass das Feuer aufrechterhalten wurde, wobei meine 40 Männer die Arbeit von vielleicht fünfmal so vielen Männern verrichteten. Ein Rebell rief: „Hört mal, Yankees, welche Art von Waffen habt ihr?" Unsere einzige Antwort war eine weitere Salve. Den ganzen Tag lang erhielten wir unser Feuer aufrecht, aber da das Zweite hinter einem Erdwall lag, erlitten wir keinen Schaden. Wir sahen, wie die Rebellen sieben Verwundete wegtrugen. Um für Trinkwasser an den Fluss zu kommen, musste sich der Feind manchmal zeigen und dann bezahlte er die Strafe in Form einer Verwundung. Ich machte die Bekanntschaft einer unionistischen Familie in der Nähe und nahm etwas Tee mit ihnen ein. Die Dame war sehr freundlich zu unseren Verwundeten und trug sogar

Wasser zu ihnen aufs Feld. Ihr Haus wurde mehrere Male von Artilleriegeschossen und Musketenkugeln getroffen, aber sie war so gelassen wie ein alter Soldat.

Mittwoch, 20. Juli 1864 : Heute Morgen erhielten das 2. Rhode Island und das 37. Massachusetts die Order, den Fluss zu überqueren. Wir sprangen in den Strom und erreichten das gegenüberliegende Ufer, nur um herauszufinden, dass es eine Insel war. Wir machten uns wieder auf ins Wasser und erreichten bald die Rebellenseite. Der Feind zog sich zurück. In einem Haus in der Nähe fand ich einige gute Hühner. Wir marschierten zu dem Dorf Berryville, wo wir bis zum Einbruch der Dunkelheit blieben und uns dann auf den Rückweg in Richtung Washington machten.

Donnerstag, 21. Juli 1864 : Heute erreichten wir nach einem Marsch von 50 Kilometern ohne Schlaf Leesburg. Leesburg ist ein sehr hübsches Städtchen. Wir marschierten hindurch und schlugen an einem Ort namens Goose Creek unser Lager auf. Kurz nachdem wir durch Leesburg gekommen waren, griff Mosbys Rebellenkavallerie unseren Wagenzug an und nahm eine Anzahl an kranken und verwundeten Männern gefangen. Fünf dieser Gefangenen gehörten zu meinem Regiment.

Freitag, 22. Juli 1864 : Heute marschierten wir zu diesem Ort, der Difficult Creek genannt wird und sollen hier für die Nacht verbleiben.

Tennallytown, D.C., 23. Juli 1864 : Heute Morgen überquerten wir die Chain Bridge und befinden uns einmal mehr im District of Columbia. Wir haben unsere Marschorder erhalten und ich erwarte, dass wir bald die Transporter zurück nach Petersburg besteigen. Unsere Kampagne war kurz aber erfolgreich.

Nahe Washington, D.C. 24. Juli 1864 : Heute erhielt ich das Patent eines Oberleutnants für Unterleutnant Thorndike J. Smith und Patente eines Unterleutnants für Feldwebel George T. Easterbrooks und Feldwebel Charles W. Gleason. Somit habe ich vier Offiziere. Gouverneur James Y. Smith schrieb mir, er wünsche, dass ich alles in meiner Macht stehende tue, um unsere Organisation als Regiment zu erhalten. Wir werden hier wohl noch einige Tage verbleiben, da wir Nachschub benötigen; danach werden wir wahrscheinlich nach Petersburg zurückkehren. Einige meiner Männer brauchen Schuhe und litten sehr während unseres letzten Marsches. Den fünf von Mosby gefangenen Männern vom 2. Rhode Island gelang die Flucht und sie befinden sich wieder in unserem Lager. Unser Lager liegt nahe Fort Reno und Fort Gaines auf der Marylandseite des Flusses. Unsere Lager sind voll von Besuchern, Damen und Herren, denen es großes Vergnügen zu bereiten scheint, sich mit den Veteranen des VI. Korps zu unterhalten.

Dienstag, 26. Juli 1864 : Gegen Mittag verließen wir unser Lager und marschierten durch Rockville zu diesem Lager hier, das ungefähr acht Kilometer hinter dem Dorf liegt. Rebellengeneral Early bewegt sich wieder in Richtung Maryland und anstatt nach Petersburg zurückzukehren werden wir uns an einem weiteren Feldzug in diesem Staat versuchen.
Gestern ritt ich nach Washington und genoss eine gute Mahlzeit in einem Hotel. Es war schön, meine dortigen Freunde wieder zu treffen. Wir sind heute 30 Kilometer marschiert und die Hitze war unerträglich.

Nahe Hyattsville, Maryland, 27. Juli 1864 : Heute marschierten wir zu diesem Örtchen, das 20 Kilometer von Frederick City, wohin wir angeblich unterwegs sind, entfernt liegt. Wir sind nahe dem Sugar Loaf Mountain und die Landschaft ist sehr hübsch.

Jefferson, Maryland, 28. Juli 1864 : Heute marschierten wir durch Frederick City, ein hübsches großes Städtchen und wir werden für die Nacht in oder bei Jefferson rasten.

29. Juli 1864, Halltown, Virginia : Wir verließen heute Morgen Jefferson und marschierten nach Harpers Ferry, wo wir den Potomac River auf einer Pontonbrücke überquerten und sechs Kilometer weiter unser Lager aufschlugen. Harpers Ferry ist sehr schön in den Bergen gelegen und die Landschaft ist bildhübsch. Alle Verwaltungsgebäude liegen in Trümmern, da sie von den U.S. Truppen 1861 niedergebrannt wurden, um sie nicht in die Hände der Rebellen fallen zu lassen. Halltown ist ein kleines Örtchen und macht nicht viel her. Wir sind nun an den Ausläufern des Shenandoah-Tals und der Shenandoah River ist nicht weit entfernt.

Petersville, Maryland, 31. Juli 1864 : Gestern unternahmen wir einen langen und harten Marsch in die Berge nahe Harpers Ferry, Virginia, dann überquerten wir den Potomac River erneut und erreichten diesen Ort um 03.00 Uhr. Das arme alte VI. Korps ist nun schon eine ganze Weile auf seinen Füßen und wir sind sehr erschöpft. Aber es ist alles für die Union und ich bin überzeugt, dass wir gute Arbeit leisten, die den Jungs, die wir bei Petersburg, Virginia verlassen haben, hilft.

Nahe Frederick City, Maryland, Montag, 01. August 1864 : Mehrere Männer wurden auf dem Marsch hierher von der Hitze überwältigt. Gestern zeigte das Thermometer 54 Grad in der Sonne. Gestern kamen wir wieder durch das Städtchen Jefferson. Da Sonntag war, trugen alle Leute ihre gute Kleidung. Es muss ein froher Sabbat für sie gewesen sein.

02. August 1864 : Heute verblieben wir im Lager und ich stattete der Stadt einen Besuch ab, der mir viel Vergnügen bereitete. Die Leute waren freundlich und das nette Erscheinungsbild der

Straßen und Häuser gefiel mir sehr. Wir werden von hier wahrscheinlich heute Nacht oder morgen Früh aufbrechen.

Monocacy River, Maryland, 04. August 1864 : Heute Morgen verließen wir Frederick City und marschierten hierher. Mein Lager liegt in einem Weizenfeld am Flussufer und wir haben ein erfrischendes Bad genossen. Es ist bewölkt und wir hoffen auf Regen, der die Luft abkühlen und den Staub wegwaschen wird. Der Wagenzug ist angekommen und da wir unser Gepäck seit etlichen Tagen nicht mehr gesehen haben, waren wir froh, endlich unsere saubere Kleidung zu bekommen. Wir hoffen, dass wir einige Tage in diesem Lager zum Ausruhen verbringen werden. General Russell, der unsere Division kommandiert, sagte einige nette Dinge über mich, von der Art, die ein Soldat immer gerne hört.
Buckeystown ist die unserem Lager zunächst gelegene Siedlung und dorthin schicken wir unsere Briefe zur Weiterbeförderung. Es ist ein ziemlich kleines Dorf für diesen Teil des Landes.

Nahe dem Monocacy River, Maryland, 04. August 1864 : Heute Morgen erhielt ich eine Order vom Hauptquartier des VI. Korps: Das 2. Rhode Island würde vom 37. abgegliedert, als Regiment anerkannt und ich solle mich bei Oberst Edwards, dem Brigadekommandeur, melden. Ich wurde vorstellig und erhielt folgende Antwort: „Hauptmann, wenn Sie Ihr Regiment in der Zukunft ebenso gut führen, wie Sie es in der Vergangenheit getan haben, werde ich zufrieden sein." Ich bin sehr erleichtert über diese Order, da bereits von mehreren Seiten Schritte eingeleitet wurden, das 2. Rhode Island mit einem anderen Kommando zusammenzulegen. Nun sind wir zufrieden und sobald ich Rekruten bekomme, werden wir ein vollständiges Regiment haben.

05. August 1864 : Major Ellis, ein Offizier des Divisionsstabes, starb gestern an den Folgen der Wunden, die er bei

Spotsylvania erlitten hatte. Die gesamte Division stand Gewehr bei Fuß und salutierte vor seinen sterblichen Überresten, als sie an unserer Linie vorübergetragen wurden. Der vom Präsidenten ausgerufene Fastentag wurde in der Armee im Allgemeinen befolgt. Wir hielten einen Gottesdienst im Brigadehauptquartier ab.

Nahe Harpers Ferry, Virginia, 07. August 1864 : Freitagnacht um 21.00 Uhr erhielten wir den Marschbefehl und während wir auf die endgültige Order warteten, legte ich mich auf die Erde, nahm die Zügel meines Pferdes in die Hand und schlief ein. Die Offiziere und Männer taten das Gleiche. Gestern (Samstag) bei Tagesanbruch erwachte ich und fühlte mich kalt und ich sah, dass es die gesamte Nacht über geregnet hatte. Da ich keine Decke oder sonstigen Schutz gehabt hatte, war ich durchnässt und fühlte mich sehr unbehaglich, aber eine Tasse heißen Kaffees wärmte mich einigermaßen auf und um 09.00 Uhr brachen wir auf, durchwateten den Monocacy River und marschierten zum dritten Mal innerhalb einer Woche durch das Städtchen Jefferson. Nach Einbruch der Dunkelheit hielten wir zum Essen und dann ging es weiter nach Sandy Hook am Potomac River. Mein Regiment wurde der Nachhut zugeteilt und marschierte in einiger Entfernung hinter der Hauptkolonne, wobei wir Nachzügler aufgriffen. Wir marschierten mittels eines Durchlasses unter dem Kanal hindurch und liefen auf dem Leinpfad des Kanals, mit dem Potomac River auf der einen Seite und dem Kanal auf der anderen Seite. Der Leinpfad war ungefähr zweieinhalb Meter breit und der Marsch war nicht angenehm. Gegen Mitternacht kam ein Stabsoffizier zu uns geritten und sagte mir, wenn ich wolle, könne ich bis Tagesanbruch rasten lassen. Wir banden unsere Pferde an das Unterholz und legten uns schlafen. Der Stabsoffizier fand seinen Weg zurück zur Brigade nicht mehr und blieb bei mir.

Harpers Ferry, Virginia, 07. August 1864 : Heute Morgen brachen wir entlang des Leinpfades auf und erreichten Harpers Ferry, wo wir den Potomac River auf einer Pontonbrücke überquerten. Somit habe ich den Fluss seit meinem Eintritt in die Armee 25mal überquert. Wir sind nun im Lager bei unserer Brigade. Generalmajor Philip H. Sheridan ist angekommen und hat das Kommando über diesen Bezirk übernommen. Es sieht so aus, als läge noch Arbeit vor uns, mit wenig Aussicht auf eine baldige Rückkehr nach Petersburg.

Nahe Charlestown, Virginia, Mittwoch, 10. August 1864 : Heute Morgen verließen wir Harpers Ferry und auf dem Weg zu diesem Lager hier kamen wir durch Charlestown. Dies ist der Ort, an dem John Brown gehängt wurde und wir ließen jede Kapelle „John Browns Leib liegt modernd im Grab" spielen. „Aber seine Seele marschiert weiter", während wir durch die Straßen der Stadt marschierten. Die Männer sangen die Hymne mit, sehr zur Abscheu der Einwohner. In Harpers Ferry sah ich das Arsenal, in dem John Brown gefangen genommen wurde und in Charlestown den Platz, bei dem seine Hinrichtung stattfand.

Nahe dem Bach Opequon Creek, Virginia, Donnerstag, 11. August 1864 : Heute Morgen setzten wir unseren Marsch fort und haben nun ein Lager für die Nacht aufgeschlagen. Wir sind nicht weit von der Stadt Winchester entfernt, die ich hoffe besuchen zu können, da sie ein bekannter Ort im Shenandoah-Tal und angeblich eine wunderschöne kleine Stadt ist. Mehrere Kämpfe wurden dort im Verlaufe des Krieges ausgetragen.

Milltown nahe Winchester, Virginia, Freitag, 12. August 1864 : Nachdem wir heute Morgen zum Weitermarsch aufgebrochen waren, wurde unsere Brigade von der Division abgeteilt und nach Winchester geschickt, wo wir die Ankunft unserer Wagenzüge abwarten und diese dann an die Front geleiten sollen.

Die Brigade mit Ausnahme des 2. Rhode Island verblieb in der Stadt. Wir wurden nach Milltown, einem kleinen, anderthalb Kilometer südlich der Stadt an der Strasburg-Mautstraße gelegenen Dorf geschickt. Nach unserer Ankunft formierte ich eine Linie entlang eines die Straße kreuzenden Flüsschens und ließ Posten aufstellen. Danach verhaftete ich einige herumspionierende Einwohner und ließ sie unter Bewachung nach Winchester bringen. Es gibt hier eine große Mühle; sie gehört einem gewissen Herrn Hollinsworth, der in einem schönen Backsteinhaus mit hübschen Gärten wohnt. Herr Hollinsworth und seine Gattin boten mir einen ihrer Räume an, aber ich bevorzugte es, unter den Bäumen zu schlafen. Die Familie ist glühend unionistisch und ich habe es so eingerichtet, dass ich meine Mahlzeiten bei ihnen einnehmen kann. Ich unternahm einen Ausritt in die Stadt und begegnete vielen Unionisten. Wir waren sehr erstaunt, so freundlich behandelt zu werden.

Winchester ist eine alte Stadt mit einem Hang zu aristokratischem Gebaren, aber ihre große Zeit schwand mit dem Nahen des Krieges. Heute Abend verbrachten ich und einige Offiziere den Abend mit Herrn und Frau Hollinsworth und Frau H. spielte uns einige schöne Stücke auf dem Piano.

Nahe Middletown, Virginia, 14. August 1864 : Gestern kam der Wagenzug in Winchester an und unsere Brigade nahm sich seiner an und eskortierte ihn hierher. Wir sind nicht weit entfernt von dem Bach Cedar Creek und die Rebellenarmee befindet sich auf der Südseite. Dieses Tal ist sehr schön; ein vollkommener Garten.

15. & 16. August 1864 : Wir verblieben ruhig in unserem Lager nahe dem Cedar Creek.

Nahe Charlestown, Virginia, 19. August 1864 : Nun, hier sind wir, wieder in der Nähe von Harpers Ferry. Mittwochnacht verließen wir unser Lager nahe dem Cedar Creek und begannen, uns zurückzuziehen. Wir marschierten die gesamte Nacht und den nächsten Tag bis zum Einbruch der Dunkelheit, als wir den Opequon Creek erreichten, den wir überquerten, um anschließend anzuhalten. Nach dem 24-stündigen Ritt war ich sehr erschöpft und so müde, dass ich mich nicht mehr im Sattel halten konnte.

Sobald wir anhielten, legte ich mich in ein Kleefeld um zu schlafen. Ich hatte es mir gerade gemütlich gemacht, als uns die Order erreichte, Stellung auf dem den Fluss überschauenden Steilufer zu beziehen, da die Ankunft des Feindes erwartet wurde. Dort errichteten wir eine einfache Brustwehr aus Latten und warteten auf den Feind, aber er erschien nicht. Bei Tagesanbruch marschierten wir weiter und gestern bei Einbruch der Dunkelheit erreichten wir diesen Platz hier.

Heute gönnt man uns etwas Ruhe und Schlaf. Ich werde versuchen, einen fünftägigen Urlaub zu bekommen, um nach Philadelphia zu gehen.

20. August 1864 : Hurra! Mein fünftägiger Urlaub wurde gerade genehmigt und ich mache mich auf den Weg nach Philadelphia.

21. August 1864 : Ich ritt hinüber zum Lager von General Custers Kavallerie und bat um eine Kavallerieeskorte als Begleitung nach Harpers Ferry. Er sagte mir, wenn ich bis morgen warten könne, würde er mir eine bereitstellen, aber heute könne er es nicht tun. Da ich darauf bedacht war, sofort los zu reiten, bewaffnete ich meine Ordonnanz und als ich noch einen berittenen Soldaten traf, der ebenfalls nach Harpers Ferry wollte, brach ich zügig auf. Bei der Kreuzung hinter Halltown entgingen wir knapp der Gefangennahme durch Guerillas, die den Wagen eines Marketenders plünderten und gerade dann von dem Wagen abließen und davonritten, als wir uns näherten. Nach meiner Ankunft in Harpers Ferry nahm ich einen Frachtzug bis zum nächsten Relaishaus und von dort aus einen

Passagierzug nach Philadelphia, wo ich am Montagmorgen, dem 22. August ankam und mich ins Continental Hotel begab. Ich verbrachte fünf Tage in Camden, New Jersey und kehrte dann zum Lager zurück. Während meiner Abwesenheit attackierten die Rebellen die Linie, die vom 2. Rhode Island gehalten wurde und einer unserer Männer wurde verwundet.

Harpers Ferry, Virginia, 27. August 1864 : Ich kam um 15.00 Uhr wieder bei meinem Regiment an und fand alles in bester Ordnung.

Charlestown, Virginia, 30. August 1864 : Am Sonntag verließen wir unser Lager bei Harpers Ferry und begaben uns wieder zu diesem Ort hier. Gestern griff die Rebellenkavallerie unsere Linien an und wir erwarteten einen Kampf, aber der Feind zog sich zurück.
Ich erwarte in ein paar Tagen eine Menge Rekruten. Somit werde ich ein größeres Kommando haben.

Postenlinie 1. Division, VI. Korps nahe Charlestown, Virginia, 2. September 1864 : Heute fungiere ich als Divisionsoffizier vom Dienst und ich habe das Kommando über die Postenlinie. Heute Nacht soll ich abgelöst werden, da ich meinen Dienst letzte Nacht antrat. Ich saß letzte Nacht die meiste Zeit im Sattel und ritt in der Dunkelheit die Linie entlang. Es war keine sonderlich angenehme Arbeit, da unsere Linie durch den Wald verläuft und viel Gehölz am Boden liegt. Die Landschaft in dieser Umgebung ist sehr schön und die Farmen sind gut kultiviert. Die Leute scheinen uns gegenüber sehr positiv eingestellt zu sein, aber das mag nur Taktik oder Macht der Gewohnheit sein. Ein Gentleman schickte mir freundlicherweise durch einen Diener etwas eisgekühltes Wasser, als ich an seinem Haus vorbeikam. Die Nächte werden langsam kalt und wir lernen unsere gemütlichen Mäntel zu schätzen.

Nahe Clifton, Virginia, 3. September 1864 : Heute verließen wir unser Lager nahe Charlestown und marschierten das Tal hinauf bis zu diesem Punkt hier. Bei Einbruch der Dunkelheit attackierte der Feind den Teil der Linie, der von General Crooks Kommando (dem sogenannten VIII. Korps) gehalten wird, aber der Angriff wurde abgewehrt. Unser Korps wurde nicht in Kämpfe verwickelt und nur ein paar Männer wurden verwundet.

Gerade kam ein Offizier und sagte: „Hauptmann, Sie werden Ihr Kommando morgen um 04.00 Uhr gefechtsbereit haben, da wir eine Attacke des Feindes erwarten." Nur zu, sie sollen nur angreifen, wir werden bereit sein.

4. September 1864 : Wir haben um 04.00 Uhr eine Linie gebildet, aber der Feind konnte seine Anwesenheit nicht einrichten.

5. September 1864 : Das 2. Rhode Island erlebte gestern ein ziemliches Abenteuer, das ich nun versuchen werde zu beschreiben. Nachdem wir so lange Gewehr bei Fuß gestanden hatten, bis sicher war, dass der Feind sich nicht in unserer unmittelbaren Front befand, erhielt ich Order, mich beim Brigadekommandeur Oberst Edwards zu melden. Der Oberst sagte mir, ich solle mit dem 2. Rhode Island und den 5. Wisconsin Freiwilligen zur Straße vorrücken und anderthalb Kilometer vom Lager entfernt einen Außenposten errichten. Der Oberst nahm an, ich sei der dienstälteste Offizier und hätte das Kommando, aber wir fanden heraus, dass der das 5. Wisconsin kommandierende Hauptmann dem Datum seiner Beförderung nach über mir stand und so übernahm er das Kommando. Eine Kompanie der 37. Massachusetts Freiwilligen, kommandiert von Hauptmann Chamney, wurde meinem Regiment für den Tag angegliedert. Wir marschierten anderthalb Kilometer über offenes Feld, bis wir einen hohen Hügel erreichten, der auf drei Seiten von dichten Hecken umgeben war. Hier schlug ich vor, wir sollten halten und uns mit dem Großteil der Männer eingraben, während eine oder zwei Kompanien als Plänkler in das vor uns liegende Wäldchen geschickt werden sollten. Aber der das 5. Wisconsin kommandierende Hauptmann, ein Deutscher und tapferer Mann, überstimmte mich und bestand darauf, die Gefechtslinie in dem Wäldchen zu formieren. Wir fanden das Gehölz gespickt mit großen Felsen, während die Bäume so dicht standen, dass es unmöglich war, in irgendeine Richtung weit zu sehen. Das 2. Rhode Island formierte sich in Linie mit der Kompanie des 37. Massachusetts an der linken Flanke, während das 5. Wisconsin etwa 400 Meter vorrückte und sich als Plänkler im Wäldchen verteilte. Bei mir befand sich eine berittene Ordonnanz des Brigadehauptquartiers und sie bat mich um Erlaubnis, sich nach einigen Hühnern umsehen zu dürfen. Ich gab ihr die Erlaubnis und ermahnte sie, nach dem Feind Ausschau zu halten. Gegen Mittag, während ich einen Brief schrieb, hörte ich Schüsse und der Ordonnanzoffizier jagte barhäuptig sein Pferd über einen Lattenzaun und neben mir aufkommend schrie er: „Die Rebellen kommen!" Ich formierte sofort meine Männer und befahl Hauptmann Champney, seine Kompanie des 37. Massachusetts an meiner linken Flanke auszurichten und eine Meldung an Hauptmann Charles W. Kempf, den Kommandeur des 5. Wisconsin, zu schicken. Der Hauptmann kam äußerst aufgeregt zurück und übertrug mir das gesamte Kommando. Ich sagte ihm, er solle seine Position halten, während ich das 2. Rhode Island zurück auf den oben genannten Hügel schickte, wo die Männer sofort eine Brustwehr aus Latten errichteten. Ich begab mich hinaus zur Postenlinie und stellte fest, dass die Attacke von einer Gruppe Rebellenkavallerie ausgeführt wurde. Die Schüsse waren im Lager gehört worden und unser Divisionskommandeur General Russell begab sich mit Hauptmann Henry H. Young (2. Rhode Island, im Brigadestab) zu uns. In der Zwischenzeit hatte ich die Plänkler eingezogen und sie hinter der oben genannten Hecke postiert. Der General stimmte meinem

Plan zu und befahl mir, die Stellung bis zum Einbruch der Dunkelheit zu halten und mich dann ins Lager zurückzuziehen. Nachdem sich der General zurückgezogen hatte, ritt Hauptmann Young zu unserer Front und einige Rebellen feuerten aus einem Haus heraus auf ihn. Der Hauptmann jagte so schnell er konnte davon, wobei er seinen Hut verlor und die Rebellen schickten ihm einige Kugeln nach.

Die Rebellenkavallerie ritt um uns herum in unseren Rücken und schnitt uns vom Lager ab, aber da sie keine Geschütze dabei hatte, konnte sie uns nicht vom Hügel vertreiben. Hätte ich eine Kanone gehabt, hätte ich ihnen einen Granatenregen bescheren können. Sobald es dunkel wurde begann ich, die Männer kompanieweise ins Lager zurückzuschicken. In aller Stille verließ jeweils eine Kompanie den Hügel, legte eine ziemliche Entfernung entlang des Waldrandes zurück und überquerte dann die Ebene, geleitet von den Lagerfeuern. Die berittenen Offiziere verblieben bis die letzte Kompanie gegangen war, dann ritten wir den Waldrand entlang, bis wir die Rebellen im Rücken hatten, gaben unseren Pferden die Sporen und erreichten bald unsere Reihen. Im Lager hatte man bereits mit unserer Gefangennahme gerechnet. Unsere Männer wurden über die ganze Länge der Armee verstreut, aber nun kommen sie wieder zum Lager. Da wir gute Deckung hatten, waren unsere Verluste gering, aber wir hatten, wie sie es in diesem Teil des Landes nennen, eine „mächtig schneidige Zeit".

Clifton, Virginia, 6. September 1864 : Wir haben unsere Lager befestigt und vor jeder Brigade Schützenlöcher ausgehoben. Der Feind hat sich das Tal hoch in Richtung Winchester zurückgezogen. Es ist kalt und wir hatten zwei Tage lang Regen.

7. September 1864 : Noch immer warten wir in unseren Stellungen bei Clifton. Mir geht es gut, ich bin glücklich und genieße das Leben so wie die meisten Leute hier. Es gibt reichlich zu tun und reichlich zu essen.

9. September 1864 : Ich habe Neuigkeiten über Leutnant Smith erfahren. Er erholt sich von seiner Wunde und wird wieder zum Regiment stoßen, sobald die Ärzte es erlauben. Ich habe ihn zum Adjutant ernannt und es wird mich freuen, ihn wiederzusehen.

Nahe Clifton, 11. September 1864 : Heute fungiere ich als Divisionsoffizier vom Dienst und ich habe mich bei der Postenlinie aufgehalten. Ich soll um 16.00 Uhr abgelöst werden. Mein Zelt ließ ich mir nicht bringen, da letzte Nacht alles auf angenehmes Wetter hinzudeuten schien. Gegen Mitternacht legte ich mich unter einen Baum, aber ein schwerer Sturm kam auf und ich wurde nass. Es donnerte und blitzte ordentlich. Drei Offiziere eines Pennsylvania Regiments hatten sich in ein Zelt gezwängt und sie versuchten, etwas Platz für mich zu schaffen. Ich kroch hinein, aber es regnete so stark, dass unser Zelt wie ein Sieb leckte, also mussten wir es wohl oder übel aushalten. Heute bei Tagesanbruch klarte der Himmel auf und im Sonnenschein fühlen wir uns wieder wohler.

12. September 1864 : Letzte Nacht hielt unsere Brigade eine von Oberst Edwards geleitete Parade ab. General Russell und andere Offiziere waren anwesend. Die Straßen sind zurzeit sehr schlammig und unser Abmarsch wird möglicherweise verschoben. Die Linie der Rebellen befindet sich jetzt am Opequon Creek, etwa zehn Kilometer von unserem Lager entfernt.

15. September 1864 : Wir haben unsere Lager hübsch angelegt, und wenn man sie so sieht, könnte man meinen, wir blieben dauerhaft hier, aber das glaube ich nicht. Wir haben jetzt reguläre Drillübungen und ich drille mein Regiment eineinhalb Stunden lang jeden Nachmittag. Eine Parade beschließt das Tagewerk. Mein Pferd Katie ist eine Schönheit und ich genieße sowohl die dienstlichen Ausritte, als auch die täglichen Vergnügungsritte. Katie ist ein wenig wild, aber ich mag es, wenn sie ihre Mätzchen macht. Sie ist schnell und ein guter Springer. Es regnet nahezu jede Nacht, aber die Tage sind angenehm.

Nahe Clifton, Virginia, Sonntag, 18. September 1864 : Heute ist ein wundervoller Sabbattag und ich habe ihn sehr genossen. Jetzt, wo wir regulären Lagerdienst aufgenommen haben, können wir zwischen Sonntag und den anderen Tagen unterscheiden, was uns auf dem Marsch nicht möglich ist. Eine zur Nahrungsbeschaffung ausgesandte Einheit ist mit zahlreichen Dingen zurückgekehrt, so zum Beispiel mit Schafen, Gänsen, Truthähnen, Hühnern, usw. Zurzeit geht es uns sehr gut und wir leben von dem, was das Land uns bietet. Da es nicht ewig so sein wird, machen wir das Beste daraus. Ich habe mir ein Lamm aus unserer Herde ausgesucht und wir haben es zu unserem Haustier gemacht. Wir haben es „Dick" genannt und es ist bereits sehr beliebt.

Möglicherweise werden wir hier noch einige Zeit verbringen.

Hauptquartier 2. Rhode Island Freiwillige, Winchester, Virginia, Mittwoch 21. September 1864 : Gott sei Dank, mein Leben wurde geschont und es war mir vergönnt, an einem der entscheidendsten Siege des Krieges teilzuhaben. In der Nacht vom Sonntag, dem 18. erhielten wir den Befehl, uns für einen sofortigen Abmarsch von unserem Lager nahe Clifton bereitzuhalten. Wir wussten, dass dieser Befehl Kampf bedeutete und die Männer bereiteten sich auf das Kommende vor, indem sie alles wegwarfen, was sie in ihrer Bewegungsfreiheit einengen könnte. Die Munition wurde untersucht und die Munitionstaschen wurden aufgefüllt.

Am Montag, dem 19. verließ unsere Division vor Tagesanbruch das Lager und begab sich auf den Weg zum Opequon Creek. Wir marschierten langsam und es war 08.00 Uhr bevor wir den Wasserlauf erreichten. Auf dem gegenüberliegenden Ufer war unsere Kavallerie quer über die Ebene aufgestellt und weiße Rauchwolken hier und dort zeigten, dass der Feind sich dem

Vorrücken unserer Reiter widersetzte. Wir überquerten den Fluss und unsere Brigade wurde in Regimentskolonne auf einer sandigen Ebene aufgestellt. Die 3. Division unseres Korps wurde vorwärts geschickt, um die teilweise in Wäldern und Hainen verborgene Linie der Rebellen anzugreifen, aber es gelang ihnen nicht und bald sah man viele Versprengte zurückkommen. Von der Artillerie wurde auf beiden Seiten reichlich Gebrauch gemacht und nach dem erzwungenen Rückzug unserer 3. Division wurde allgemein angenommen, wir würden bis zum Einbruch der Dunkelheit warten und uns in ihrem Schutze zu unseren befestigten Lagern bei Clifton zurückziehen. Aber da kannten wir Phil Sheridan schlecht. Eine Batterie der Rebellen erwischte unsere Brigade in der Flanke und eine Kugel traf das Pferd von Hauptmann Kempf, dem Kommandeur der 5. Wisconsin Freiwilligen und flog weiter die Linie des Regiments entlang, wobei sie mehrere Männer verwundete. Dem Pferd, einem großen weißen Tier, wurde ein Teil seiner Flanke weggeschossen und es galoppierte davon, wobei sein Schwanz nur noch an einem Stück Fleisch hing. Der Hauptmann sprang auf seine Füße und schrie: „Da verschwindet mein ..... Pferd, mein ..... Brotbeutel, meine ..... Decken, meine ..... Feldflasche" und so nannte er alle seine Sachen, die sich mit seinem Pferd davonmachten. (Die obigen freien Stellen können mit entsprechenden Adjektiven bestückt werden.) Obgleich Kugeln und Granaten in unsere Brigade einschlugen, rollte sich die Gruppe Offiziere, die diese Szene beobachtet hatte, einschließlich meiner Wenigkeit, vor Lachen gekrümmt im Sand.
Wir mussten unsere Position wechseln, da sich die Rebellen anscheinend exakt auf unsere Linie eingeschossen hatten. Gegen Mittag wurde unsere Division nach vorne geschickt, und wir drängten die Rebellen in Richtung Stadt zurück. Das 2. Rhode Island erreichte einen kleinen Hügel bei einem Haus und als ich eine massive Steinmauer vor uns erblickte, formierte ich uns hinter ihr und ließ das Feuer eröffnen. Von dieser Position aus war das 37. Massachusetts, eines der besten Regi-

menter, die ich je gesehen habe und mit siebenschüssigen Spencer-Gewehren ausgerüstet, weiter vorgerückt und lag nun etwa anderthalb Kilometer zu meiner Rechten ungeschützt im Feuer einiger befestigter Rebellenkanonen. Oberst Edwards kam zu mir geritten, deutete auf das 37. Massachusetts und rief: „Um Gottes willen, Rhodes, nehmen Sie das 2. Rhode Island und helfen Sie Montague!" (Der kommandierende Oberstleutnant des 37. Massachusetts heißt George L. Montague.) Ich zog mein Regiment vom Hügel ab und versuchte hinter unserer Linie entlang rennend die Deckung eines kleinen Wäldchens hinter der Position des 37. Massachusetts zu erreichen. Die Rebellen sahen meine Bewegung und beschossen uns erbarmungslos, aber wir rannten weiter und waren bald in dem Wäldchen. Hinter dem Hain sah ich unseren Munitionszug und auf einem Wagen stand in großen Lettern „37. MASS." Da sie Patronen mit Kupferhülsen verwenden, wird ihnen ein eigener Wagen bereitgestellt. Ich vermutete, dass das 37. keine Munition mehr hatte, ließ hastig einige Munitionskisten aufbrechen und meine Jungs stopften sich die Taschen mit Patronen voll. Dann ließ ich das Regiment eine Schützenlinie bilden und gab Anweisung, schnell nach vorne zu laufen, rechts vom 37. Aufstellung zu nehmen, sich hinzulegen und dann die Lücke nach links kriechend zu schließen. Der Plan funktionierte gut und wir erreichten unsere Position bei einem Verlust von lediglich zwei oder drei Männern. Ich meldete mich bei Oberst Montague, der als Einziger aufrecht stand und er sagte: „Sie können mir hier nicht helfen, da ich keine Munition mehr habe." Ich erzählte ihm meine Geschichte und die Patronen wurden unter seinen Männern verteilt. Die Rebellengeschütze in der Befestigung waren etwa 400 Meter entfernt und ein weißer Wimpel flog über den Brustwehren. Ich ließ mein Regiment aufstehen, eine Salve feuern und sich dann wieder hinlegen zum Laden. Dies taten wir, bis die Rebellengeschütze ausgeschaltet waren. Wir blieben hier bis die Hauptlinie zu unserer Position vorrückte. Unser Divisionskommandeur General

David A. Russell war von einer Granate getötet worden und General Frank Wheaton übernahm das Kommando. Die Landschaft ist etwa fünf Kilometer um die Stadt herum offen und mit Farmhäusern und Obstgärten bedeckt. Von unserer Sicht aus hinter der Stadt liegt eine Reihe von Hügeln und auf den Hügeln stehen Forts. Eines von ihnen heißt Star Fort und schien am stärksten zu sein. Wir formierten uns mit dem XIX. Korps auf der Rechten und dem VI. Korps auf der Linken, während das Kavallerie-Korps mit dem in Reserve befindlichen VIII. Korps die äußerste Rechte hielt. Gegen 17.00 Uhr ritt General Sheridan mit dem Hut in der Hand die Linie entlang und die gesamte Armee jubelte und schrie sich heiser. Der Befehl zum Vorrücken wurde gegeben und los gingen wir. Unser Brigadekommandeur Oberst Edwards ritt zum 37. Massachusetts, schnappte sich die Flagge und rief: „Vorwärts!" Los ging's, das 37. Massachusetts und das 2. Rhode Island stürmten in Richtung der Batterie, die wir so dringend einnehmen mussten. Die Rebellen protzten ihre Geschütze auf, aber wir bedrängten sie so heftig, dass sie die Seile kappten, mit den Pferden flüchteten und zwei Kanonen in unseren Händen ließen. Die Linie der Rebellen brach zusammen und floh. Zu unserer Rechten wurden nun Trompetensignale hörbar und bald sah man die Kavallerie über den unebenen Boden herankommen. Mit lauten Schreien stießen sie in die Masse der fliehenden Rebellen. Nach links und rechts hauend und stoßend vermischten sich Freund und Feind. Die Infanterie blieb stehen und sah zu. Die Ebene war bedeckt von fliehenden Rebellen und bald stellten drei Batterien auf den Hügeln ihr Feuer ein, protzten auf und schlossen sich der Flucht an. Die Verwirrung war vollständig und unsere Batterien galoppierten an die Front, protzten ab und schickten Kugeln und Granaten in die Masse der Rebellen. Diese flohen jetzt durch die Straßen von Winchester, unsere Kavallerie auf den Fersen und es wurde die Straßen hinauf und hinab geschossen.

Die Dunkelheit brach herein und setzte den Kämpfen ein Ende. Um ein mit einem Lattenzaun umgebenes Haus herum zählte ich 16 tote Kavalleristen, sie waren von im Hof befindlichen Rebellen aus den Sätteln geschossen worden. Die Rebellen ließen ihre Toten und Verwundeten auf dem Feld, sowie ein Geschütz und mehrere Munitionswägen. Nach der Schlacht waren die Männer von Sinnen vor Freude. Mir war danach, hinzuknien und die Falten unserer alten, im Triumphe wehenden Fahne zu küssen. Wir eroberten mehrere Rebellenfahnen, die vor unseren Reihen ausgestellt wurden. Ich weinte und schrie in meiner Aufregung und habe mich niemals zuvor in meinem Leben so gut gefühlt.

Ich war schon in einer ganzen Reihe von Schlachten, aber noch niemals in einem derartigen Sieg. Hurra für Sheridan!.

Nach der Schlacht ritt unser Brigadekommandeur vor das 2. Rhode Island, rief mich nach vorne und sagte viele löbliche Dinge über uns. Er informierte mich außerdem, dass er mich für die Beförderung zum Brevet-Major vorgeschlagen habe. All dies ist sehr erfreulich für mich, da sich das Regiment wirklich glänzend geschlagen hat. Das Zweite hat neun Tote und Verwundete, sowie sieben Vermisste. Diese sind wohl tot oder Gefangene. Wir haben zahlreiche Rebellen gefangen genommen und die Stadt ist überfüllt mit Verwundeten. Wir schliefen die gesamte Nacht auf dem Feld.

Am nächsten Morgen, dem 20., marschierten wir mit unserem Korps durch die Stadt, aber als wir an der Südseite der Stadt ankamen, begab sich unsere Brigade in ein Feld und formierte sich in Regimentskolonne. General Sheridan kam geritten und hielt eine kleine Ansprache. Er lobte die Brigade für die gestrige hervorragende Arbeit und sagte uns, wir sollten als Garnison in der Stadt verbleiben. Hier sind wir nun also. Unsere erste Aufgabe war es, die Verwundeten, die gestern Nacht nicht gefunden worden waren, in die Stadt zu bringen. Das Taylor House und das Virginia House, die beiden größten Hotels, werden als Hospitäler benutzt und sind voll von Verwundeten, während auch die Kirchen und viele Privathäuser diesem Zwecke dienen müssen. Ich ritt hinaus auf das Feld und überwachte die Beerdigung der Toten. Ich fand die Leiche meines Freundes Major James Q. Rice von der 2. schweren Artillerie von Connecticut, ließ sie gesondert beerdigen und werde versuchen, sie nach Hause zu seinen Freunden überführen zu lassen. Normalerweise trug er ein hübsches Freimaurer-Abzeichen, aber jemand hatte es von seiner Jacke entfernt. Um genau zu sein hatte man ihn aller Wertgegenstände beraubt. Ich schnitt Winkelmaß und Zirkel, sowie seinen Namen, Rang und Regiment in den Deckel einer Munitionskiste und stellte ihn auf sein Grab. Armer Rice, er war viel älter als ich, aber wir waren vertraut und kannten uns als Freimaurer und Kameraden.

Gestern nahm einer meiner Männer, Soldat Henry Bromly von Kompanie "B", einen Oberst der Rebellen gefangen und brachte ihn zusammen mit anderen Gefangenen zum Gerichtsgebäude. Wir haben mehrere hundert Offiziere und eine große Anzahl einfacher Soldaten unter unseren Gefangenen. Heute besuchte ich das Gerichtsgebäude und sprach mit einigen der Rebellenoffiziere. Sie waren ziemlich deprimiert, da ihre Niederlage sie sehr überrascht hatte. Während ich mich auf dem Feld befand, traf ich mehrere Damen aus Winchester, die sich um die Verwundeten beider Seiten kümmerten und ihnen Wasser gaben. Das Beerdigen der Toten wird noch zwei oder drei Tage in Anspruch nehmen. Es ist eine traurige Aufgabe.

In meiner ganzen Armeeerfahrung war ich bisher noch in keiner Schlacht, in der ich mich so wohl wie in dieser fühlte. Es schien mir unmöglich, getötet oder verwundet zu werden und ausnahmsweise genoss ich den Kampf beinahe. Vielleicht war der Grund, dass alles zu unseren Gunsten verlief.

Winchester, Virginia, 23. September 1864 : Heute erhielten wir großartige Neuigkeiten. General Sheridan hat die Rebellen bei Fisher's Hill, 34 Kilometer entfernt von hier, erneut besiegt; er hat dabei 16 Kanonen erobert und sehr viele Gefangene ge-

macht. Wir haben die meisten unserer Gefangenen weggeschickt und die Verwundeten werden versorgt. Mein Regiment lagert in der Kent Street, einer der Hauptstraßen der Stadt. Von einem nahe gelegenen Haus habe ich mir einige Stühle, Tische, usw. geborgt und nun verfügen wir über ein sehr komfortables Hauptquartier. Einige der Leute sind sehr nett zu uns, aber andere sind sehr rebellischen Geistes. Niemandem, Zivilist wie Soldat, ist es gestattet, die Stadt zu verlassen und es herrscht Kriegsrecht. Einige der Damen, oder so genannten Damen, neigen zu Frechheiten und wechseln vom Bürgersteig auf die Straße, sobald sie eines Yankeeoffiziers ansichtig werden. Wenn sie das tun, lüften wir unsere Hüte und gehen weiter.
Gestern war ich Offizier vom Dienst und musste öfters durch die Stadt reiten. Winchester ist ein hübscher Ort. Die Loudon Street ist die Hauptstraße, während die Straßen Kent, Market und Braddock Street parallel zu ihr verlaufen. Die Querstraßen heißen Cork, Water, Piccadilly, usw.

27. September 1864 : Die Stadt wird wieder ruhiger und wir gewöhnen uns an unsere neuen Pflichten. Die Armee ist jetzt 160 Kilometer entfernt bei Harrisonburg. Am letzten Sonntag, dem 25. September, erhielt ich den Befehl, einen Wagenzug 34 Kilometer das Tal hinauf nach Strasburg zu eskortieren. Wir hatten einen schönen Marsch, passierten Milltown, Kernstown, Bartonville, Newton und Middletown und kamen bei Anbruch der Dunkelheit bei unserem Ziel an. Hier blieben wir über Nacht und am nächsten Morgen machten wir uns auf den Weg zurück nach Winchester. Ich fand Strasburg voll von verwundeten Rebellen in der Obhut begnadigter Rebellenärzte. Auf unserem Rückweg (26. September) ritt meine Ordonnanz, Korporal Zacheus Chase, der mit einem siebenschüssigen Spencer-Karabiner bewaffnet ist (das mir geschenkt wurde) auf der Suche nach Hühnern in den Wald. Als er nicht zurückkehrte, wurde ich unruhig und wollte gerade eine Kompanie auf die Suche nach ihm schicken, als ich ihn über das Feld reiten sah, mit vier vor seinem Pferd herlaufenden Soldaten der Rebellen. Der Korporal hatte seinen Karabiner in der Hand und als er herangekommen war, ließ er die Rebellen anhalten und machte Meldung. Zwei dieser Männer hatten Messinginstrumente, da sie zu einer Rebellenkapelle gehörten, aber die anderen waren Soldaten. Ich sorgte dafür, dass sie ihre Instrumente behalten konnten, brachte sie zurück nach Winchester und übergab sie dem Kommandeur der Militärpolizei. Der Korporal war auf sie zu geritten, während sie unter einem Baum saßen und als er ihnen erklärte, dass er sieben Schuss in seinem Karabiner habe und ihre Gefangennahme verlangte, kamen sie ohne Gegenwehr mit. Bei Newton erzählte mir ein Neger, dass Mosby und einige seiner Männer in dem Städtchen seien und uns angreifen wollten, sobald wir durchmarschierten. Ich griff mir einen Einwohner und schickte ihn zu Oberst Mosby mit meinen besten Grüßen und der Aufforderung, das Städtchen zu verlassen, oder ich würde den Ort anzünden lassen. Der Einwohner fragte mich, ob ich den Befehl hätte, die Stadt anzuzünden. Ich sagte ihm, wir würden zuerst ein Feuerchen veranstalten und uns danach die entsprechenden Befehle besorgen. Die Rebellen verließen das Städtchen und wir konnten sie in sicherer Entfernung auf den Hügeln sehen. Ich wollte nicht, dass sie uns aus den Häusern heraus angriffen. Ich schickte einige Posten in den Ort und folgte mit dem Regiment. Wir postierten Wachen an den Ortsausgängen und kochten dann auf der Straße unser Essen. Wir fanden reichlich Milch, Pfirsiche und Trauben, welche uns die Leute gerne verkauften. Eine Dame lud mich in ihr Haus ein und bescherte mir eine köstliche Mahlzeit. Zwei anwesende junge Damen drehten ihre Stühle um und saßen mit dem Gesicht zur Wand, aber das verdarb mir nicht den Appetit. Mein Abendessen nahm ich in einem Haus bei Kernstown ein und dann ging es weiter nach Winchester, wo wir am späten Nachmittag ankamen. Wir absolvierten den gesamten 68-Kilometer-Marsch innerhalb von 48 Stunden und ich hatte keinen einzigen Nachzügler. Ich verbrachte den letzten Abend in Gesellschaft zweier junger Damen in der Stadt und heute bin ich eingeladen, bei einem der Einwohner zu dinieren. Ich hoffe, es ist uns vergönnt, den gesamten Winter hier zu verbringen, denn es macht sehr viel Spaß. Ein junges Mädchen erzählte mir, als die Rebellen- und Unionstruppen vor ihrem Haus kämpften sei sie in ihrer Aufregung vor die Türe gerannt. Sie sagte auch, sie habe vor Freude geweint, als sie die Unionsflagge sah. Unsere gesamten Versorgungsgüter kommen nun per Wagenzug von Martinsburg.

29. September 1864 : Heute erhielt ich ein Geschenk von einem der Einwohner in Form eines Bouquets. Eine Kompanie Rekruten, bestehend aus drei Offizieren und 80 Männern, kam letzte Nacht an. Sie sind eine feine Ergänzung zu meinem Kommando. Die Kompanie wird als Kompanie "E" bezeichnet werden. Kompanie "D" ist unterwegs. Die Offiziere von Kompanie "E" sind Hauptmann James A. Bowen (ein ehemaliger Leutnant bei den 12. Rhode Island Freiwilligen), Oberleutnant Frank S. Halliday, befördert vom Posten eines Feldwebels beim 2. Rhode Island und Unterleutnant John K. Dorrance, ein kürzlicher Absolvent der Brown-Universität.

2. Oktober 1864 : Heute besuchten Hauptmann Bowen, Feldchirurg Smith und ich die Episkopalkirche, die einzige, die noch benutzt wird, da alle anderen Kirchen als Hospitäler dienen. Diese Kirche hat eine schöne Orgel und einen Chor. Die Musik war gut und wir genossen sie, aber die Predigt war etwas zu rebellisch. Der Prediger versuchte zu beweisen, dass die Leute alle Kümmernisse als gottgegeben hinnehmen sollten und er bemerkte, wie teuflisch die gesandten Mittel auch immer sein mögen, die Leute sollten stets bedenken, dass der Herr sie geschickt habe. (in anderen Worten: „Wie geht's euch, teuflische Yanks?") Er betete für alle christlichen Herrscher. Ich hoffe, dieses Gebet schloss Jeff Davis mit ein, denn der hat Gebete bitter nötig. Es waren einige Rebellenoffiziere anwesend, die ins Gefängnis gehörten, für die Dauer des Tages allerdings auf Ehrenwort freigelassen wurden, um die Kirche aufsuchen zu können. Ich frage mich, ob die Rebellen dasselbe für uns tun würden, wenn wir Gefangene wären.

Das Abendmahl wurde abgehalten und ein Unionssoldat (ein gemeiner Soldat) nahm teil. Die meisten der Damen waren schwarz gekleidet und es erweckte fast den Eindruck einer Beerdigung. Mehrere Familien haben in der letzten Schlacht Freunde verloren und die ganze Stadt trauert. Es stimmte mich traurig die Leute so sorgenvoll trauernd zu sehen, aber als ich mich erinnerte, dass sie ihre Sorgen selbst auf sich geladen haben und dass die Frauen die Männer dazu ermutigten, Krieg gegen die Regierung zu führen, konnte ich mich des Gedankens nicht erwehren, dass ihre Strafe gerecht sei. Als der Spendenteller herumgereicht wurde, warfen die Rebellen konföderiertes Geld hinein, aber die Unionssoldaten gaben U.S. Geld. Ich sah einen Einwohner, der eine Rolle konföderierten Geldes hervorholte und ohne hinzusehen einen Geldschein herausnahm, den er in den Teller legte. Er hätte besser eine Ausgabe des „New York Herald" hineingelegt, denn der ist hier wenigstens noch etwas wert. Als wir zurück zum Lager gingen, sprachen zwei junge Damen vor uns über den Gottesdienst. Eine sagte: „Hast du unsere Jungs dort gesehen? Ich schätze, sie haben sie aus dem Gefängnis gelassen, damit sie die Kirche besuchen können." „Oh, ihr kleinen Rebellinnen!" sagte Feldchirurg Smith während wir weitergingen.

Gestern regnete es den ganzen Tag lang und es war ziemlich kalt, aber heute ist es wieder warm und angenehm. Vor ein paar Tagen, als wir den Abend bei einer Familie in der Stadt verbrachten, erzählte mir eine Dame namens Virginia Wall, sie kenne einen Mann aus Rhode Island in der Rebellenarmee, sein Name sei James R. Sheldon und er sei Feldwebel in General Kershaws Division, wo er zu einem Georgia Regiment gehöre. Dies ist mein alter Schulfreund und Nachbar aus Pawtuxet.

Ich habe an seine Familie geschrieben, da diese Neuigkeit erst etwa zwei Wochen alt ist.

4. Oktober 1864 : Ich habe einen Spaziergang durch den Friedhof nahe der Stadt unternommen und das Herz wurde mir schwer, als ich die frischen Gräber konföderierter Soldaten passierte und die Blumenkränze sah, die trauernde Hände dort niedergelegt haben. Seit ich in Winchester bin, habe ich mehr traurige Szenen des Krieges gesehen als jemals zuvor. Vor ein paar Tagen traf ich eine Dame, der seit Kriegsbeginn drei Brüder getötet und einer für den Rest seines Lebens verstümmelt worden sind. Sie ist noch immer sehr verbittert und wünscht, dass der Krieg weitergehen möge. Als wir um einige Bäume bogen, trafen wir auf eine Gruppe bestehend aus Damen und begnadigten Rebellenoffizieren, die den Leichnam eines Rebellenobersts bestatteten. Es war zu spät, den Rückzug anzutreten und so nahmen wir unsere Hüte ab und stellten uns neben der Gruppe auf. Ein Rebellenoffizier in Uniform hielt die Grabrede. Die Szene war traurig und die Leute blickten uns an, als seien wir Eindringlinge, aber ich dachte, es sei nicht richtig, jetzt zu gehen und so blieb ich. Der Tote war Oberst Funk aus Winchester.

Mittwoch, 5. Oktober 1864 : Heute nahm ich die 2. Rhode Island Freiwilligen und die 5. Wisconsin Freiwilligen und wir durchstreiften die Gegend, um die Häuser nach Waffen zu durchsuchen. Die Leute sind ehrliche Farmer am Tage, aber nächtens bewaffnen sie sich, besteigen als Guerillas ihre Pferde, feuern auf unsere Posten und zerstören unsere Wagenzüge, sofern sie die Wachmannschaften überwältigen können. Die Arbeit war nicht erfreulich, aber wir mussten unsere Pflicht tun. Die Leute tobten oft vor Wut, aber wir fanden heraus, dass jene, welche ihre Unschuld am lautesten beteuerten, die meisten versteckten Waffen hatten. In einem Haus fanden wir, nachdem wir die Familie unter Bewachung in einen Raum gesperrt hatten, an verschiedenen Plätzen die gesamte Ausrüstung eines Soldaten, mit Ausnahme des Gewehrs. Dieses fanden wir nach langem Suchen schließlich im Kornspeicher, versteckt in einem mit Getreide gefüllten Fass. Wir beluden einen von sechs Maultieren gezogenen Wagen mit Waffen, Ausrüstung und Sätteln und kehrten ins Lager zurück.

Ein Herr aus Massachusetts ging mit mir auf die Suche nach dem Grab seines am 19. getöteten Sohnes. Er fand es im Wald und es brach ihm schier das Herz, als er daneben niederkniete. Gestern nahmen ich und einige Offiziere unser Abendessen bei einer Familie in der Stadt ein.

7. Oktober 1864 : Zwei weitere meiner Männer sind an ihren Wunden gestorben und sie werden heute beerdigt. Ich bin Feldoffizier vom Dienst und werde den ganzen Tag mit Herumreiten entlang der Postenlinie beschäftigt sein.

Sonntag, 9. Oktober 1864 : Ich habe heute den Gottesdienst in der Episkopalkirche besucht. Die Predigt war wieder rebellisch und ich fürchte, sie tat mir nicht gut. Nach dem Gottesdienst verlas der Prediger folgende Nachricht: „Ein Geistlicher eines New York Regiments wird heute Abend bei frühem Kerzenlicht in dieser Kirche einen Gottesdienst halten, da wir jedoch keine Möglichkeit zur Erhellung haben, will er möglicherweise gar nicht, dass ich diese Meldung verlese." Die Rebellen lächelten, als sei es ein guter Scherz, aber nach dem Gottesdienst entschieden wir, dass die Kirche beleuchtet sein würde, selbst wenn jeder von uns eine Kerze in der Hand halten müsste. Aber die Leute sind auf keinen Fall alle Rebellen. Letzte Nacht kam ein Junge zu meinem Zelt mit einem hübschen Gebinde und sagte: „Herr Hauptmann, hier sind einige Blumen, welche Ihnen meine Schwester sendet." Das Gerücht geht um, General Sheridan ziehe sich das Tal hinunter zurück und wir müssen vielleicht gehen. Das hoffe ich nicht, denn ich mag diesen Ort sehr. Es ist jetzt kalt und wir benötigen unsere Mäntel.

11. Oktober 1864 : Gestern hatte die Armee an der Front einen Kampf und General Sheridan eroberte 11 weitere Kanonen. Die loyalen Leute in Winchester sind erleichtert und die Rebellen niedergeschlagen. Ich finde es lustig, in meinem Zelt zu sitzen und Anfragen der Leute wegen Bewachung zu erhalten. Wir stellen immer diese Frage: „Sind Sie loyal zu den Vereinigten Staaten?" Die Mehrheit startet sofort eine lange Diskussion, um zu beweisen, der Süden sei im Recht und der Norden im Unrecht. Wir schützen jedoch jegliches Eigentum, egal ob es loyalen oder illoyalen Personen gehört. Oberst Edwards hat das Kommando über die Stadt inne und die 37. Massachusetts Freiwilligen fungieren als Militärpolizei mit Oberstleutnant Montague als Polizeichef. Es ist schwer zu sagen, welchen Dienst das 2. Rhode Island versieht. Wir müssen die Postenlinie bewachen, Wachen für Züge bereitstellen, Eigentum beschützen, usw. Mein Haustier-Lamm „Dick" hat die Schlacht überlebt und ist in der Stadt sehr bekannt. Er folgt mir und meinem Pferd wohin wir auch gehen.

13. Oktober 1864 : Das Gerücht geht um, das VI. Korps solle nach Petersburg zurückkehren. Das hoffe ich nicht, denn ich mag diesen Ort hier. Das Wetter ist kalt und wir hatten starken Regen.

14. Oktober 1864 : Ich bin erneut Offizier vom Dienst und kümmere mich um die Postenlinie. Oberst Mosby und seine Rebellenkavallerie treiben sich schon den ganzen Tag in der Nähe der Stadt herum, aber sie haben uns nicht angegriffen. Er ist in Virginia, was das Schiff „Alabama" auf dem Ozean war. Wir wissen nie, wann oder wo wir ihn zu erwarten haben. Wenn ich mit dem 2. Rhode Island draußen gewesen bin, habe ich versucht, einen Kampf mit ihm anzuzetteln, hatte aber bisher noch keinen Erfolg.
Ich hatte heute einen langen, harten Ritt, da unsere Postenlinie die Stadt umringt und somit ist der Umkreis natürlich groß.

Aber der Tag war schön und insgesamt genoss ich den Dienst. Egal ob heiß oder kalt, Regen oder Sonnenschein, ich habe eine schöne Zeit und bin glücklich.

Sonntag, 16. Oktober 1864 : Ich habe heute Morgen dem Gottesdienst beigewohnt, wobei ich schwerlich „Gottesdienst" sagen kann, denn der Pfarrer der einzigen Kirche (der Episkopalkirche) ist ein lupenreiner alter Rebell. Ich hoffe, es wird bald eine weitere Kirche eröffnet werden. Unsere Männer legen Feuerstellen in ihren Hütten an und bereiten sich auf den Winter vor. Es ist so kalt, dass ich in einem Haus nahe dem Lager schreibe. Der Mann hat eine Frau und ein Kind, aber wie sie es schaffen zu überleben, ist mir ein Rätsel. Seine Frau bäckt uns Brot und unser Koch benutzt ihren Ofen. Mehrere Marketender haben ihre Läden in der Stadt eröffnet, um Waren an die Soldaten zu verkaufen, aber die Einwohner können dort nichts kaufen, außer sie haben eine vom Kommandeur der Militärpolizei unterzeichnete Erlaubnis. Es ist sehr amüsant, die Leute beim Beantragen der
Genehmigungen zu beobachten. Reifröcke und Schuhe, Haarnadeln, Schleifen und Bänder scheinen bei den Schönheiten von Winchester sehr gefragt zu sein. Die Soldaten kaufen diese Artikel manchmal für die Einwohner, auch wenn es verboten worden ist.

18. Oktober 1864 : Das von Oberst Edwards, dem Standortkommandeur, benutzte Haus liegt in der Braddock Street, Ecke Piccadilly Street. Die Räume sind hübsch eingerichtet. Das Musikzimmer wird vom stellvertretenden Generaladjutanten als Büro benutzt. Heute Morgen traf sich dort eine Gruppe Offiziere, inklusive mir und sang zu Pianobegleitung.
Gestern bildeten wir eine Gruppe aus Offizieren und Damen und mit einer Kavalleriewache unternahmen wir einen Ausritt in die Gegend. Eine junge Dame aus Winchester ritt mein Pferd „Katie". Wir hatten eine schöne Zeit und hoffen, es eines

Tages wiederholen zu können. Vor einigen Tagen fand ich in einem Haus kurz vor der Stadt zwei Rebellensoldaten. Wir nahmen die Männer gefangen und ich ließ eine Wache vor dem Haus aufstellen. Die dort lebende Dame schickte mir eine sehr beleidigende Nachricht und verlangte den Abzug der Wache. Sie verkündete, sie würde keinen Yankeesoldaten in ihrem Haus dulden, aber sie musste es doch.
Ich schrieb zurück, dass sie in dieser Angelegenheit keine Wahl habe und dass die Wache bleiben werde. Manchmal ist es amüsant, die über uns gemachten Bemerkungen zu hören.

20. Oktober 1864 : Gestern war ein Tag höchster Aufregung für diese Stadt. Bei Tagesanbruch hörten wir den Donner der Kanonen an der Front und er schien näher zu kommen. Ich eilte hinaus, formierte mein Regiment und erhielt bald Order, persönlich beim Kommandeur des Standortes, Oberst Edwards, vorstellig zu werden. Er sagte mir, an der Front fände ein großer Kampf statt und General Sheridan, der in der Nacht zuvor sein Gast im Logan Herrenhaus (dem Hauptquartier des Standortes) gewesen war, habe sich an die Front begeben. Mir wurde befohlen, das Kommando über das 2. Rhode Island und die 5. Wisconsin Freiwilligen zu übernehmen und mich um den Nordteil der Stadt zu kümmern. Ich formierte meine Brigade und schickte eine Postenlinie nach vorne.
Im Verlaufe des Morgens strömten unsere Wagenzüge in großer Eile und Unordnung in das Städtchen. Die anderen vier Regimenter unserer Brigade standen an der Südseite der Stadt und kümmerten sich um die Versprengten, die zu hunderten über die Tal-Mautstraße kamen. Wir hielten die Wagen an und wenn die Fahrer panisch erschienen, erhielten sie Soldaten als Begleitung. Bei Einbruch der Nacht hatte ich etwa 2.000 Wagen auf der Ebene nördlich der Stadt abgestellt. Als Gerüchte über eine Niederlage die Stadt erreichten, waren die Unionisten sehr bestürzt, während die Rebellen jubelten und im Laufe des Tages wurde mir, da meine Aufgabe das mehrmalige Durchrei-

ten der Stadt erforderte, wiederholt verkündet, General Early würde uns noch vor Einbruch der Nacht aus Winchester hinauswerfen. Zeitweise sah es tatsächlich so aus, als könne er es tun, aber wir behielten unsere Zuversicht. Die Rebellenkavallerie trieb sich bei den Außenbezirken der Stadt herum und ich hatte alle Hände voll damit zu tun, nach den Posten zu sehen.

Viele Rebellenfamilien bereiteten Essen für die erwartete Rebellenarmee vor, aber diese kam nicht und nachts erfuhren wir die Neuigkeit von Sheridans glorreichem Sieg. Hurra für Sheridan! Er ist ein Mann nach meinem Geschmack. Nachdem sich die Lage wieder beruhigt hatte, ritt ich in das Städtchen, sprach mit einigen meiner Rebellenbekanntschaften, die mich am Morgen noch mit Worten über meine baldige Abreise verspottet hatten und eröffnete ihnen die Neuigkeiten.

Unsere Armee verfolgt Early jetzt in die Berge. Ich hoffe, sie erwischen ihn und reiben ihn vollständig auf. General Ricketts aus unserem Korps wurde verwundet und nach Winchester gebracht. Ich und einige andere Offiziere halfen ihm aus dem Ambulanzwagen und trugen ihn ins Logan Haus. Ich schätze die gesamten Verwundeten werden morgen hergebracht werden. General Bidwell aus unserem Korps wurde getötet. Das alte VI. Korps hat sich wieder mit Ruhm bedeckt. Ausnahmsweise hat die 3. Brigade einen Kampf verpasst.

Gestern beleidigte ein Mann Oberst Edwards auf der Straße, woraufhin der Oberst ihn prompt niederschlug und auf die Wachstube bringen ließ. Ich glaube, es ist der Besitzer des Virginia Hotels.

Wir hören, unsere Division, die Erste, habe schwer gelitten. Heute Morgen standen wir um 03.00 Uhr unter Waffen, aber alles war ruhig. Hauptmann Henry H. Young (2. Rhode Island) wurde zum Major unseres Regiments ernannt, aber ich bin nicht sicher, ob er das Kommando übernehmen wird oder nicht. Eine weitere Kompanie ist auf dem Weg zum 2. Rhode Island.

Sonntag, 23. Oktober 1864 : Alles ist ruhig und wir versehen unseren regulären Dienst. Heute besuchte ich (zur Abwechslung) die lutheranische Kirche, die kürzlich eröffnet worden ist. Der Prediger betete für Frieden und Einigkeit und hielt dann eine rebellische Predigt. Es gibt keine großen Unterschiede zwischen den Predigern dieser Stadt. Die rebellischen Einwohner sind nicht mehr so glücklich wie sie es vergangenen Mittwoch waren, als sie dachten, General Earlys Armee sei im Anmarsch. Die Leiche des Rebellengenerals Ramseur wurde gestern unter Eskorte zweier Rebellenmajore nach Winchester gebracht. Beide Armeen hatten in der Schlacht vom 19. dieses Monats schwer zu leiden, aber es war ein Sieg für die Union und eine Niederlage für die Sezessionisten.

Seit dem 19. September haben wir vom Feind 70 Geschütze erbeutet. Jeff Davis muss seine Kanonen zuhause lassen, wenn er sie nicht verlieren will, denn General Sheridan nimmt sich alles, was in dieses Tal kommt. Nun, ein paar weitere Siege wie die zwei, die wir im Tal hatten und der Krieg wird vorbei sein. Niemand wird erleichterter sein als ich, denn ich habe das Blutvergießen satt. Aber Gott war gut zu mir und ich hoffe, ich werde leben, um das Ende zu erleben, so wie ich den Anfang der Rebellion erlebt habe.

25. Oktober 1864 : Heute hatten wir eine weitere Panik. General Alfred N. Duffie (ehemals Oberst der 1. Rhode Island Kavallerie) verließ heute auf dem Weg nach Martinsburg in einem Ambulanzwagen durch die Nordseite der Stadt unsere Linien. Bald kam ein Soldat zurück und meldete, der General sei gefangen genommen worden und die Rebellen kämen in großer Stärke. Die Truppen wurden formiert, und ich schickte einige Männer nach vorne, um die Sache zu untersuchen. Sie fanden heraus, dass der General von General [sic] Mosbys Guerillas gefangen worden war und so endete die Panik.

Mein Schaf „Dick" ist ein Original und die Männer haben ihm viele Kunststücke beigebracht. Er ist von streitlustiger Natur und wehe jedem, der nicht auf der Hut ist, wenn Dick sich nähert. Ich denke, ich sollte ihn als Kuriosität in der Reihe der Schafe zu dem Schausteller P. T. Barnum schicken.

Hauptquartier 2. Rhode Island Freiwillige, nahe Middletown, Virginia, 1. November 1864 : Wir haben die Freuden von Winchester hinter uns gelassen und sind jetzt an der Front bei unserer Division und unserem Korps. Letzten Freitag (28. Oktober) wurde mir nachts befohlen, beim Standortkommandeur vorstellig zu werden. Da ich gerade meinen Pflichten als Offizier vom Dienst nachging, dachte ich, es sei eine weitere Mosby-Panik, aber mir wurde vom kommandierenden Oberst gesagt, ich solle alle zu meiner Brigade gehörenden Posten durch Einheiten, die sich noch bei mir melden würden, ersetzen und am Morgen für einen Marsch zur Front bereit sein. Wir schliefen nicht lange, da wir noch viele Dinge zu erledigen und viele Abschiedsbesuche zu machen hatten. Es nützte jedoch nichts, sich deswegen schlecht zu fühlen, denn ich bin zutiefst dankbar für die schöne, erholsame Zeit, die wir in Winchester hatten. Ich besuchte mehrere Freunde und traf dann meine Vorbereitungen für den Abzug. Meine Männer hatten mir gerade erst ein schönes Haus errichtet und dieses übergab ich Oberstleutnant Snyder vom 9. New York Regiment, der mich ablöste. Am Samstagmorgen verließ ich Winchester, wobei die Trommler „O Carry Me Back to Old Virginny" und „Glory Hallelujah" spielten. Die Unionisten applaudierten und die Rebellen blickten finster drein. Oberst Edwards bleibt Kommandeur von Winchester, das 37. Massachusetts fungiert als Militärpolizei. Oberst Isaac C. Bassett kommandiert unsere Brigade.

Wir erreichten gegen 15.00 Uhr die Front und fanden die Armee entlang dem Cedar Creek und auf dem Schlachtfeld des 19. Oktober lagernd vor. General Wheaton, der unsere Division kommandiert, kam herüber, um seine „alten Jungs", wie er das 2. Rhode Island nennt, zu sehen. Die Felder gleichen eher einem Schlachtfeld denn einem Lager, da sie mit Gräbern bedeckt sind. Berge umschließen uns auf drei Seiten und die Landschaft ist sehr hübsch. Es ist sehr kalt und vor unseren Zelten lassen wir tags wie nächtens riesige Feuer brennen. Die Rebellen haben ihre Positionen an unserer Front vollständig verlassen und wir halten unsere regulären Drillübungen ab, als seien wir in einem dauerhaften Lager. Nahe dem Lager befinden sich in solidem Fels zwei Höhlen. Eine ist etwa 30 Meter lang und ziemlich hoch. Ich begab mich gestern hinein und feuerte meine Pistole ab, um das Echo zu hören. Major Young (2. Rhode Island) wurde als Leiter der Aufklärer zu General Sheridans Stab berufen. Somit liegt das Kommando des Regiments in meinen Händen. Mehrere Offiziere des Regiments sind befördert worden. Unterleutnant Easterbrooks wird Oberleutnant, Adjutant Smith wird Brevet-Hauptmann, Oberfeldwebel Robert Small wird Oberleutnant, Unterleutnant Gleason wird Oberleutnant, die Feldwebel David Small und William Perry werden Unterleutnants.

Nahe Middletown, Virginia, 6. November 1864 : Ein Wagenzug aus Richtung Winchester kam gestern hier durch. Er hatte eine schwere Zeit; ein Mann getötet und vier Gefangene durch Mosbys Männer. Mit dem Wagenzug kam eine Postladung. Heute Morgen hatten wir eine weitere Panik und zu Tagesanbruch stand die gesamte Armee bereit, aber der Feind erschien nicht.

Der Boden war heute Morgen mit Schnee bedeckt und die Gipfel der Berge sind weiß. Heute unternahm ich einen Ritt hinüber in das Lager der 1. Rhode Island Kavallerie, wo ich mehrere meiner Freunde traf. Es ist sehr kalt und die Männer drängen sich um ihre Feuer. Es geht das Gerücht um, diese Armee werde den Winter nahe der Stadt Winchester verbringen, aber da habe ich meine Zweifel. Etwas muss allerdings geschehen, oder die Männer werden unter den schweren Schneefällen, die kommen werden, sehr zu leiden haben.

Nahe Middletown, Virginia, 8. November 1864 : Heute hielten wir unter dem Gesetz, das Soldaten das Wählen erlaubt, die Präsidentenwahl ab. Lincoln ist der Favorit bei den Soldaten.
Seit drei Tagen regnet es und wir stehen jeden Morgen bei Tagesanbruch Gewehr bei Fuß, das Erscheinen des Feindes erwartend, aber er zeigt sich nicht.
Ich ließ mir eine Holzhütte als Quartier errichten, aber ich hoffe, wir werden den Winter nicht hier verbringen müssen, denn es ist ein ödes, trostloses Lager. Wenn wir nicht zurück nach Petersburg gehen, so hoffe ich, wir begeben uns das Tal hinauf oder hinunter.

Nahe Kernstown, 10. November 1864 : Die Kapelle beim Brigadehauptquartier spielt gerade das „Star Spangled Banner" zu Ehren der Wiederwahl von Präsident Lincoln.
Gestern fiel die gesamte Armee zu diesem kleinen Städtchen zurück, das nur fünf Kilometer südlich von Winchester liegt. Die Gegend ist hübsch und wir lagern in einem schönen Eichenhain, der reichlich Holz für Brennstoff bietet. Heute Morgen ritt eine große Gruppe Offiziere, einschließlich meiner Wenigkeit, nach Winchester. Wir hatten eine schöne Zeit und kehrten heute Abend zurück. Es fühlte sich wie eine Art Zuhause an, meine Freunde wieder zu treffen.
Vor ein paar Nächten mischte sich unser Schaf „Dick" unter die Reihe der Offiziere, als sie kamen, um bei der Parade zu salutieren und marschierte mit ihnen. Das bereitete den Jungs eine Menge Vergnügen.

Nahe Newtown, Virginia, 13. November 1864 : Hier bin ich nun, fünf Kilometer vom Lager entfernt und habe die Aufsicht über die Postenlinie. Ich bin in einem alten Blockhaus untergebracht, das einem der Eingeborenen gehört. Gestern attackierten die Rebellen unsere Kavallerie in Sichtweite unseres Lagers, aber sie wurden verjagt, wobei sie drei Geschütze verloren. General Torbert kommandierte unsere Kavallerie und einige Minuten lang tobte ein scharfer Kampf. Es ist Sonntag, aber hier deutet nichts darauf hin. Unsere Männer heben hinten im Lager eine Reihe von Schützenlöchern aus.

Nahe Kernstown, 13. November 1864 : Unsere Befestigungslinie ist fertig und ich wäre nicht überrascht, sollten wir hier noch einige Zeit verbleiben. Das Wetter wird sehr schnell kälter.

Camp Russell, nahe Kernstown, 18. November 1864 : Unser Lager ist Russell genannt worden, zu Ehren von General D.A. Russell, der am 19. September bei Winchester getötet wurde. Eine Order folgenden Wortlauts kam gerade eben an: „General Wheaton bezeugt seine Hochachtung und würde Hauptmann Rhodes gerne im Divisionshauptquartier sehen." Ich habe mich sofort beim General gemeldet und habe erfahren, dass er eine neue Divisionsflagge erhalten hat, ein Geschenk der Damen von Providence. Die Flagge ist prächtig und der General hat das Geschenk redlich verdient.

Es regnet, aber ich habe es ziemlich gemütlich. Mein Quartiermeister ließ mir ein Zelt bringen und ich ließ mir darin eine Feuerstelle einrichten.

Gestern wurde unsere Brigade vom Brigadekommandeur besichtigt. Die Offiziere des 2. Rhode Island wurden für ihre Art des Salutierens gelobt.

Camp Russell, 20. November 1864 : Es regnet noch immer und ich fürchte, die große Inspektion durch General Sheridan, die auf morgen festgelegt ist, wird verschoben werden müssen. Ich habe eine Einladung erhalten, am Erntedankfest im Brigadehauptquartier zu speisen.

Martinsburg, West Virginia, 26. November 1864 : Letzten Dienstag wurde unser Regiment zur Bewachung eines auf dem Weg hierher befindlichen Wagenzuges abgestellt. Bei Einbruch der Dunkelheit verließen wir das Lager, marschierten nach

Winchester und lagerten auf einem Hügel ohne Zelte und Brennstoff. Es war eine der kältesten Nächte, die ich je erlebt habe. Sobald die Formation aufgelöst war, rannten die Männer in die Stadt und die Einwohner erlaubten ihnen, in den Häusern zu schlafen. Ich begab mich zum Hauptquartier des Kommandeurs der Militärpolizei und schlief in einem guten Bett.

Am Mittwochmorgen war es bitterkalt, aber wir zogen mit dem Wagenzug aus und erreichten diesen Ort hier nach Einbruch der Dunkelheit. Da wir hier keine Freunde haben, schliefen wir auf dem Feld und hatten arg unter der Kälte zu leiden. Ich meldete mich beim kommandierenden Offizier, General Littlefield aus New York und fand ihn sehr freundlich und zuvorkommend. Diese kleine Stadt liegt an der Baltimore & Ohio Bahnstrecke und am Ende jeder Straße sind starke Palisaden errichtet, um die Rebellenkavallerie fernzuhalten. Im Vorbeigehen blieb ich vor dem Hotel stehen, und ein Einwohner fragte mich: „Kommen Sie von der Front?" Ich antwortete: „Ja." „Wissen Sie, wie weit es bis zum Lager der 2. Rhode Island Freiwilligen ist?" Ich sagte: „Oh ja, es sind etwa 200 Meter." „Nein" sagte er, „sie lagern doch nahe Winchester." Ich sagte ihm dann, ich gehöre dem Regiment an und wir seien gerade außerhalb der Stadt. Er stellte sich als A. Crawford Green aus Providence vor und sagte mir, er habe eine Ladung gekochter Truthähne für unser Erntedankessen. Ich nahm ihn mit hinaus zum Lager und stellte ihn dem Regiment vor. Er hielt eine kleine Ansprache und wir brachten drei Hochrufe auf ihn und drei Hochrufe auf Rhode Island aus. Wir hatten genug Truthähne, um jeweils drei Männern des Regiments einen zu geben. Das 18. Connecticut Regiment lagerte in unserer Nähe und wir luden sie ein, unsere Truthähne mit ihnen zu teilen, was sie gerne annahmen. Am Abend besuchte ich ein Treffen einer Freimaurerloge (ich bin Mitglied von Harmony Nr. 9, Rhode Island) und traf Offiziere aller Ränge. Ein begnadigter Rebellenmajor wurde in die Loge aufgenommen.

Martinsburg, West Virginia, Sonntag, 27. November 1864 : Der stellvertretende Adjutant Leutnant Halliday und ich besuchten heute die Methodistenkirche und ich genoss den Gottesdienst und spürte, dass wir unserem Herrn huldigten. Der Pastor gab bekannt, dass „dies eine loyale Kirche ist" und lud alle Christen ein, am Abendmahl teilzunehmen. Wir blieben und nahmen mit den Anderen daran teil, Einwohner ebenso wie Soldaten. Der Pastor betete für den Präsidenten der Vereinigten Staaten und für den Erfolg der Unionsarmeen.

Camp Russell, Kernstown, Virginia, 30. November 1864 : Wieder daheim im Lager bei einem heiteren Feuer und sehr zufrieden mit meiner gemütlichen Umgebung. Wir verließen Martinsburg gestern am frühen Morgen und marschierten nach Winchester, wo wir über Nacht verblieben. Heute Morgen kamen wir zum Lager. Ich sah, dass während meiner Abwesenheit eine neue Kompanie "D" mit drei Offizieren und 80 Männern angekommen war. Hauptmann Stephen Thurber hat das Kommando inne mit Oberleutnant Benjamin G. West und Unterleutnant Jeremiah Tourgee, die aus dem 2. Rhode Island befördert worden sind. Hauptmann Thurber hat Postendienst und ich habe ihn noch nicht getroffen.

Morgen werde ich mein Lager an einen besseren Platz verlegen, an dem ich erwarte, das beste Lager der Armee zu errichten und hoffe, dort über den Winter zu verbleiben.

U.S. Transporter „City of Albany", James River, Virginia, 4. Dezember 1864 : Am Mittwoch, dem 30. November gegen Mitternacht erhielten wir Order, bei Tagesanbruch des 1. Dezember marschbereit zu sein. Wir (das heißt, unser Korps) bestiegen die Waggons und erreichten Washington gegen Mittag am 2. Dezember. Wir nahmen unser zahmes Schaf mit uns, aber als wir Washington erreichten, hatten die Feld- und Stabsoffiziere kein Geld mehr, also überwanden wir unsere Gefühle, verkauften den armen Dick für fünf Dollar an einen Schlachter und investierten den Erlös in den Erwerb von Brot und Wurst. Das 2. Rhode Island und die 82. Pennsylvania Freiwilligen wurden auf dem Seitenraddampfer „City of Albany" untergebracht und wir sind auf dem Weg nach Petersburg. Nach dem Verlassen von Washington fuhren wir bis Alexandria und lagerten dort über die Nacht. Bei Tagesanbruch am Samstagmorgen, dem 3. Dezember stieß General Wheaton an Bord des Dampfers „Idaho" zu uns und die Flotte machte sich den Potomac River hinunter auf den Weg. Die Offiziere belegen die Einzelzimmer und Kabinen und wir haben es sehr bequem, aber die Männer stehen auf den Decks gedrängt.

Letzte Nacht ankerten wir bei Hampton Roads, brachen heute Morgen erneut auf und werden wahrscheinlich heute Nacht bei City Point ankommen. Es tat mir leid, das Shenandoah-Tal zu verlassen, denn wir haben einen großartigen Feldzug gehabt, aber Pflicht ist Pflicht und ich beklage mich nicht. Wenn es den Krieg beenden wird, werde ich überall hingehen, wohin man mich schickt.

Hauptquartier 2. Rhode Island Freiwillige, Befestigungen vor Petersburg, Virginia, 6. Dezember 1864 : Hier sind wir nach unserer fünfmonatigen Abwesenheit in Maryland und dem Shenandoah-Tal wieder in den Gräben vor Petersburg.

Am 4. Dezember verließen wir den Dampfer bei City Point und fuhren in Waggons 20 Kilometer nach Parke's Station. Hier blieben wir über Nacht. Da es bereits dunkel war, als wir die Waggons verließen, hatten wir eine Diskussion, wie nahe an der Front wir wohl bereits seien. Diese Frage wurde bald durch das scharfe Krachen der Gewehre geklärt, als die Posten in unserer Nähe zu feuern begannen.

Wir einigten uns also, dass wir gerade nahe genug seien.

Gestern, am 5. Dezember, marschierten wir zum Lager. Das V. Korps war hier stationiert, aber es ist zu einer neuen Position marschiert und wir haben seine Gräben und Befestigungen übernommen. Wir sind nahe der Weldon Bahnstrecke und

unsere Brigade steht an der Front mit Fort Wadsworth zu unserer Linken und Batterie 26 zu unserer Rechten. Vor meinem Lager haben wir eine hohe und sehr starke Reihe von Feldbefestigungen. Der Feind befindet sich etwa drei Kilometer vor unserer Front, aber die Postenlinien stehen sehr nahe aneinander. Zu unserer Rechten und an der Front des IX. Korps finden konstante Feuergefechte statt, aber hier scheint eine Übereinkunft zu herrschen, dass unsere Linien nicht feuern.
Das V. Korps hinterließ einige sehr gute Blockhäuser. Das, in dem ich lebe, hat eine gute Feuerstelle und ist ziemlich gemütlich. Das Armeelager gleicht einer großen Stadt, mehrere große Gebäude sind errichtet worden und die Läden der Marketender sind sehr zahlreich. Aber der Unterschied zu unserer Zeit im Tal ist groß und es wird einige Zeit dauern, sich an die Belagerungsarbeit zu gewöhnen, die wir im letzten Juli so plötzlich aufgaben. Seit wir hier weggingen, wurden wenige Fortschritte gemacht, aber wir wissen, dass der Krieg irgendwann zu unseren Gunsten entschieden werden wird.

7. Dezember 1864 : Heute bin ich Divisionsoffizier vom Dienst und habe das Kommando über die Postenlinien. Heute Morgen ritt ich die gesamte Linie ab, in voller Sicht der Rebellen, aber kein einziger Schuss wurde abgefeuert. Die Befestigungen der Rebellen sind sehr stark und ich konnte ihre Männer herumlaufen sehen und die Kanonen in ihren Forts zählen. Gestern erschossen die Rebellen einen unserer Posten und nahmen seine Mütze. Ihre Absicht dabei war, anhand des Kennzeichens auf seiner Mütze zu bestimmen, zu welchem Korps er gehörte, aber es war zufällig kein Mann vom VI. Korps.
Ich werde meinen Dienst bei der Postenlinie volle drei Tage lang verrichten. Ich habe Hauptmann Stephen Thurber zum leitenden Feldoffizier bestimmt und er lebt nun in meinem Hauptquartier. Ich denke, er wird sich als ein fähiger Offizier erweisen.

Freitag, 9. Dezember 1864 : Heute Morgen kam General Wheaton nach vorne zur Postenlinie und er und ich krochen weiter nach vorne, soweit wir konnten, ohne direkt auf die Rebellenposten zu stoßen. Mit Ferngläsern konnten wir die Befestigungen der Rebellen sehen; wir machten unsere Beobachtungen und zogen uns zurück. Nach Mittag wurde ich abgelöst und zurück in das Lager beordert, wo ich das VI. Korps marschbereit vorfand.

12. Dezember 1864 : Am 9. Dezember um 16.00 Uhr verließen wir das Lager und das Korps marschierte durch einen Schneesturm auf der Squirrel Level Straße zu der Umgebung des Baches Hatcher's Run. Es war dermaßen kalt, dass es unmöglich war, zu reiten und als sich der Schnee in Regen verwandelte, wurde die Kleidung der Männer steif vor Eis. Wir rasteten gegen Mitternacht in einem Sumpf, der mit Wasser und umgestürzten Bäumen gefüllt war. Nach mehreren vergeblichen Versuchen gelang es uns endlich, ein Feuer zu entfachen und bald war der Sumpf von zahlreichen Lagerfeuern erleuchtet. Wir hatten keine Zelte und selbst, wenn wir welche gehabt hätten, so wären sie von keinem Nutzen gewesen, da der Boden mit Schnee, Eis und Wasser bedeckt war. Wir kauerten halb erfroren bis zum Anbruch des nächsten Tages (dem 10.) um unsere Feuer, bewegten uns dann zum Rande des Waldes und errichteten eine Reihe von Feldbefestigungen. Die Rebellen attackierten unsere vorgelagerte Schützenlinie, erreichten unsere Befestigungen jedoch nicht. Hier verblieben wir bis 17.00 Uhr, dann marschierten wir zurück zu unserem Lager vor Petersburg, fast tot vor Kälte und Erschöpfung.

Wir hatten uns gerade in unseren Hütten bei einem Feuer hingelegt, als ein erneuter Marschbefehl eintraf. Wir machten uns durch Schlamm und Wasser, das 30 Zentimeter hoch stand, auf den Weg und marschierten etwa acht Kilometer in die Nähe von Fort Sedgwick (auch Fort Hill genannt) an der Front des IX. Korps. Hier steckten wir die Männer in Hütten ohne Dächer. Ich selbst zwängte mich mit Leuten vom Stab und einigen Soldaten in eine Hütte und wir saßen die gesamte Nacht hindurch bei einem Feuer.

Am Sonntag, dem 11. Dezember, kamen wir in dieses Lager hier, versuchten, uns vor dem Erfrieren zu bewahren und waren gerade erst eingeschlafen, als wir angewiesen wurden, zu unserem alten Lager zurückzukehren. Wir erreichten unser Lager gegen Mitternacht und ich legte mich sofort nieder und wachte nicht vor 11.00 Uhr am heutigen Tage auf. Zwei Nächte ohne Nachtruhe haben die Tendenz, mich schläfrig zu machen. Armeedienst im Winter ist eine kalte Arbeit, aber es ist alles für die Union und ich werde mich nicht beklagen. Ich danke Gott, dass ich guter Gesundheit bin und die Strapazen ertragen kann.

14. Dezember 1864 : Wir haben es sehr gemütlich in unserem Lager und haben die Drillübungen und Paraden wieder aufgenommen. Es wird behauptet, der Feldzug sei für den Winter vorbei, aber das glaube ich kaum, denn wir sind den Rebellen so nahe, dass wir ihre täglichen Drillübungen sehen und den Lärm ihrer Lager hören können. Es scheint mir unmöglich, dass zwei derartig große Armeen für längere Zeit so dicht beisammen liegen können.

General Wheaton wurde zum Brevet-Generalmajor der U.S. Freiwilligen befördert. Wir sind alle glücklich über diese Anerkennung unseres alten Obersts. Letzte Nacht hatten wir ein schönes Gemeinschaftssingen und wir genossen unsere selbstgemachte Musik sehr.

Oberleutnant Easterbrooks ist jetzt Hauptmann. Seit ich vor sechs Monaten das Kommando über das 2. Rhode Island übernahm, habe ich 15 Offiziere ernannt. Ich denke, auch meine Zeit für eine Beförderung wird irgendwann kommen.

16. Dezember 1864 : Heute beschossen die Rebellen die Lager zu meiner Rechten, aber aus irgendwelchen Gründen ließen sie uns in Ruhe. Dafür bin ich ihnen sehr dankbar. Mein Lager wurde gestern offiziell besichtigt und wir erhielten zahlreiche Komplimente.

20. Dezember 1864 : Das Wetter ist kalt, aber wir behalten unsere Drillübungen bei, da wir denken, dass es so besser für die Männer ist. Meine Blockhütte ist sehr gemütlich mit ihrer Feuerstelle aus Zweigen und ihrem aus einem Fass gemachten Kamin. An den Wänden hängen zahlreiche Bilder von Generälen und Schlachten aus der Zeitschrift „Harper's Weekly" und auch ein Karabiner, sowie mein Säbel und meine Sporen hängen an der Wand. Meine Bibliothek ist nicht umfangreich, nur etwa ein Dutzend Bücher auf einem Regal mit einem bescheidenen Tisch darunter. Mehrere Stühle, gezimmert aus Deckeln von Proviantkisten, sowie ein Bett aus Pfählen und Zweigen vervollständigen mein Mobiliar. Die Hütte zu meiner Rechten ist vom Adjutanten und dem Quartiermeister belegt, während Hauptmann Thurber und der Feldarzt die Hütte zu meiner Linken bewohnen.

Hinter unseren Quartieren haben wir ein Büro, eine Küche und ein Zelt für unsere Bediensteten. Zusätzlich haben wir noch eine Hütte, in der wir uns dreimal täglich treffen, um die Qualität von Uncle Sams Keksen usw. zu prüfen.

Heute Nacht hatte unsere Brigade eine Parade, die einige Aufmerksamkeit erregte.

21. Dezember 1864 : Ein nasser, stürmischer Tag und es geschieht nichts Erwähnenswertes. Wir sind froh, in unseren Hütten bleiben zu können und uns warm und trocken zu halten.

22. Dezember 1864 : Es ist zu kalt um unsere übliche Panik an der Schützenlinie auszulösen. Wir fürchten das Ergebnis eines Sturmangriffes des Feindes auf unsere Befestigungen nicht, denn diese sind sehr stark. Die Forts und Batterien, wie sie genannt werden, liegen in gegenseitiger Reichweite und sind durch Gräben und Schützenlöcher verbunden. Vor unseren Befestigungen sind tiefe Gräben, die jetzt mit Wasser gefüllt sind und davor liegen Baumverhaue aus Ästen und Bäumen, die schräg in den Boden gerammt und deren Enden zugespitzt sind. Dann haben wir Drähte in alle Richtungen etwa 15 bis 30 Zentimeter hoch über der Erde gespannt. Und noch vor all dem haben wir Bäume zerhackt und wirr aufgeschichtet. Ich wünschte, die Rebellen würden versuchen, unsere Linien einzunehmen. Es wäre spaßig für uns.

Weihnachten, Sonntag, 25. Dezember 1864 : Es ist der Geburtstag unseres Erlösers, aber auf religiöse Weise haben wir ihm heute nur sehr wenig Beachtung geschenkt. Letzte Nacht kam eine Gruppe Offiziere von den 49. Pennsylvania Freiwilligen mit der Kapelle zu meinem Quartier und spielte mir sehr schöne Musik. Sie waren gerade wieder gegangen, als eine Gruppe Offiziere von den 37. Massachusetts Freiwilligen kam und mir ein Ständchen brachte. Ich lud sie in meine Hütte ein und unterhielt sie, so gut es mir möglich war. Gegen Mitternacht erreichte uns Kompanie "F" (eine neue Kompanie) unter dem Kommando von Hauptmann John A. Jeffreys. Dies gibt mir sechs volle Kompanien und ich habe nun eines der größten Regimenter in der Brigade. Gegen 02.00 Uhr heute Morgen legte ich mich zum Schlafen nieder. Da heute Morgen sowohl Sonntag als auch Weihnachten war, hatten wir zuerst unsere übliche Inspektion und dann unternahm ich einen Ausritt und speiste mit einigen Freunden. Es sieht nicht gerade nach Sonntag oder Weihnachten aus, denn die Männer schleppen Holz, um Hütten zu bauen. Das ist eine notwendige Arbeit, denn die Quartiere, die wir bisher benutzen, sind nicht warm genug.
Dies ist mein viertes Weihnachtsfest in der Armee. Ich frage mich, ob es wohl mein letztes sein wird.

26. Dezember 1864 : Mein Adjutant, Thorndike J. Smith, kam letzte Nacht ins Lager, um mich zu treffen und ich war sehr erfreut, ihn zu sehen. Er war geschäftlich unterwegs und wird bald wieder seinen Dienst antreten.

27. Dezember 1864 : Wir waren den ganzen Tag über damit beschäftigt, Quartiere für die neue Kompanie "F" zu errichten. Gestern erreichte uns die Neuigkeit von der Einnahme Savannahs in Georgia und heute Morgen wurde ein großer Salut zu Ehren dieses Sieges abgefeuert. Seit Weihnachten ist es ruhig hier und an der Front wird nur sehr selten geschossen.

29. Dezember 1864 : Unser Lager ist vollendet und sieht gut aus. Die Hütten haben alle die gleiche Größe und die sechs Straßen liegen auf einer Linie. Der medizinische Inspektor des Korps untersuchte gestern unser Lager und bemerkte in seinem Bericht, die Erscheinung des Lagers sei sehr löblich. Morgen sollen wir mit dem Bau neuer Hütten beim Hauptquartier beginnen.

31. Dezember 1864 : Mach's gut, altes 1864. Dein Ende wird nicht bedauert, da es uns dem Ende des Krieges näher bringt. Möge Gott uns im beginnenden Jahr Erfolg gewähren.

1865

1. Januar 1865, Gräben vor Petersburg, Virginia : Wieder einmal Neujahrstag und dies ist der vierte, den ich in der U.S. Armee verbracht habe. Der Krieg zieht sich weiter, aber wir spüren, dass wir ständig Fortschritte machen und wenn Petersburg und Richmond fallen, und das müssen sie bald, wird der Krieg zu Ende sein. Ich bin Gott dankbar für all seine Gnaden mir gegenüber und dass ich in Gesundheit und Stärke erhalten wurde, um meinen Teil zur Wiederherstellung der Union zu leisten.

Oberst Amos D. Smith III von Gouverneur Smiths Stab erreichte uns heute gegen Mittag mit neuen Flaggen und Markierungen für die 2. Rhode Island Freiwilligen. Eine Flagge folgt dem regulären U.S. Muster, die andere ist eine blaue Rhode Island-Staatsflagge mit dem Staatswappen darauf. Einer der Wimpel ist blau, der andere rot und auf jedem steht in güldenen Lettern „2. RIF". Morgen wird ein großer Tag sein und die Präsentation wird stattfinden. Das Wetter ist sehr kalt.

Montag, 2. Januar 1865 : Heute war ein bedeutender Tag für unser Lager und wir hatten viele Besucher. Um 14.00 Uhr bezog das Regiment Aufstellung, mit der Kapelle der Brigade zur Rechten. Die Ränge wurden geöffnet und ich nahm meine Stelle vor der Mitte der Linie ein. Als die Flaggen erschienen, eskortiert von der Wache und Oberst Smith, gab ich das Kommando „Präsentiert das Gewehr!" und die Trommeln spielten den Marsch. Dann steckte ich meinen Säbel zurück und Oberst Smith übergab die Flaggen mit einer schönen Rede, auf welche ich antwortete. Anschließend übergab ich die

Flaggen den ausgewählten Unteroffizieren, die sie tragen sollten und richtete an jeden von ihnen einige Worte. Nun wurden die Flaggen an ihren Platz in der Linie gebracht und die Kapelle spielte das „Star Spangled Banner". Danach fand eine Parade statt. Unser Brigadekommandeur und sein Stab, sowie der Stab unseres Divisionskommandeurs General Wheaton waren anwesend. General Wheaton war wegen Krankheit abwesend, aber er schickte mir einen schönen Brief. Am Abend war eine Gruppe Offiziere bei mir in meinem Quartier und wir genossen den Abend sehr.

Dienstag, 3. Januar 1865 : Heute Morgen unternahmen Oberst Smith und ich einen Ausritt und besuchten Brevet-Oberstleutnant John G. Hazard und Brevet-Major T. Fred Brown von der 1. leichten Artillerie von Rhode Island. Gegen Mittag speisten wir im Korpshauptquartier mit Oberst Charles N. Tompkins von der 1. leichten Artillerie von Rhode Island, dem Kommandeur der Artillerie des VI. Korps. Es schneit jetzt stark und es sieht nach einem schweren Sturm aus, welcher, sollte er andauern, unsere Pläne für morgen durchkreuzen wird.

Donnerstag, 5. Januar 1865 : Heute hatte ich ein seltsames Erlebnis. Einer unserer neuen Männer wurde krank und zeigte Anzeichen von Wahnsinn. Einige seiner Kameraden versuchten, ihn festzuhalten, aber er riss sich los, griff mich an und zerriss meine Uniform. Ich ließ ihn in sichere Verwahrung bringen und eine Untersuchung brachte heraus, dass er bei den 1. Rhode Island Freiwilligen wegen Wahnsinns entlassen worden war und sich damit gebrüstet habe, er hätte seinen Offizieren einen schönen Streich gespielt und werde die gleiche Sache beim 2. Rhode Island wiederholen. Nachdem ich mich überzeugt hatte, dass er ein Betrüger ist, ließ ich ihn bestrafen. Im Laufe des Tages konnte er ausbrechen und griff mich erneut an. Ich stand zufällig neben einem Holzhaufen, also schnappte

ich mir einen Knüppel und bearbeitete den Kerl solange damit, bis er um Gnade bettelte und zugab, nicht verrückt zu sein. Er ist jetzt eingesperrt und lebt für einige Tage von Wasser und Brot. Dieser Mann ist ein waschechter Prämienjäger und die Männer sind froh, dass er entlarvt wurde.
Oberst Smith verließ heute unser Lager in Richtung Rhode Island. Wir genossen seinen Besuch sehr und werden uns noch lange an die tolle Zeit, die wir bei der Flaggenübergabe hatten, erinnern.

Freitag, 6. Januar 1865: Heute wurde ich Zeuge eines traurigen Anblickes - der Exekution eines Soldaten, der von einem New Jersey Regiment desertiert war. Zuerst fuhr der verurteilte Mann innerhalb eines Ambulanzwagens auf seinem Sarg sitzend durch die Lager. Bei ihm waren ein Geistlicher und eine Eskorte von Soldaten, die auf ihn aufpassten. Als er mein Quartier passierte, konnte ich ihn mir genau ansehen und ich machte die Bemerkung, ließe man ihn in Ruhe, stürbe er vor Angst von alleine. Aber meine Vorhersage erwies sich als falsch, denn er starb tapfer. Unsere gesamte Division war aufgestellt, um der Exekution beizuwohnen. Ich versuchte, mich von meiner Anwesenheit entschuldigen zu lassen, hatte jedoch keinen Erfolg. Als wir den Ort der Exekution erreichten, wurden die Soldaten zu drei Seiten eines Quadrats aufgestellt; das Grab lag auf der vierten Seite. Der Sarg wurde in der Nähe des Grabes abgelegt und der Verurteilte wurde mit verbundenen Augen daraufgesetzt. Ein Exekutionskommando bezog vor ihm Aufstellung und nach dem Gebet durch den Geistlichen gab der Kommandeur der Militärpolizei die Befehle „Achtung! Legt an! Feuer!" Ich war entschlossen, mir die Szene nicht anzusehen, aber als ich die Kommandos hörte, blickte ich fast unwillkürlich zu dem Erschießungskommando und sah alles. Während man das Feuer der Musketen hörte, fiel der Mann tot zurück. Die Leiche wurde auf den Deckel des Sarges gelegt, die Division marschierte kompanieweise vorbei und wenn sich eine Kompanie dem Grab näherte, gab der Hauptmann das Kommando „Augen rechts!" und so war jeder Soldat gezwungen, sich den Leichnam anzusehen. Ich war froh, als es vorbei war. Der Mann hatte sein Schicksal verdient, aber ich ziehe es vor, es nicht zu sehen, wenn diese Art von Gerechtigkeit jemandem zuteilwird, auch nicht, wenn er ein Schurke ist. Ich hätte lieber nur die Berichte in den Zeitungen gelesen. Die Truppen kehrten zum Lager zurück und die Szene war das Gesprächsthema für den Rest des Tages.

Sonntag, 8. Januar 1865 : Die Kapellen der Brigade stehen gerade vor meinem Quartier und geben mir ein Ständchen. Wir hatten einen großartigen Tag, aber nicht gerade einen regelrechten Sabbat. Nach der Inspektion der Truppen unternahm ich einen langen Ausritt. Die Rebellen an unserer Front verhalten sich ruhig und wir genießen ein angenehmes Leben. An manchen Tagen breitet sich eine große Unruhe aus und dann erwarten wir jeden Moment einen Angriff, aber seit einigen Tagen wird an unserer Linie nur sehr wenig geschossen. Heute Abend wurde ich bei General Wheaton vorstellig. Hauptmann Steven Thurber, der als Stabsoffizier fungierte, ist von seinem Urlaub zurückgekehrt.

12. Januar 1865 : Das Leben in unserem befestigten Lager war in den letzten Tagen öde, aber jetzt halten wir auf einem Feld hinter unseren Befestigungen regelmäßige Drillübungen ab. Diese und der Postendienst halten uns wach.
Heute wurde ein Deserteur von einem der Regimenter unserer Brigade (nicht den 2. Rhode Island Freiwilligen) aus der Armee geworfen und dann in ein Zuchthaus für zwei Jahre schwerer körperlicher Arbeit gebracht. Die gesamte Brigade war angetreten und der inhaftierte Mann lief die Reihen entlang, während der „Rogue's March" getrommelt wurde. Ich höre, dass Oberst George E. Church, ehemals bei den 1. Rhode Island Freiwilligen, zum Oberst der 2. Rhode Island Freiwilligen ernannt

worden ist. Nun, abgesehen von der Ungerechtigkeit mir gegenüber denke ich, dass Gouverneur Smith einen Fehler begangen hat, denn Church hat nicht die geringste Chance, jemals als Oberst des 2. Rhode Island akzeptiert zu werden und der Gouverneur hat das Missfallen unseres Regiments und den Tadel der kommandierenden Offiziere von der Brigade bis zum Korpshauptquartier erregt. Ich diene jetzt seit mehr als dreieinhalb Jahren und kommandiere das Regiment seit sechs Monaten mit einem Rang, der unter anderen Offizieren steht, die kleinere Kommandos innehaben und es erscheint mir nicht gerecht, dass der Gouverneur einen Mann aus Rhode Island schickt, um das Kommando zu übernehmen. Sicher, ich könnte meinen Posten niederlegen, aber ich hoffe, dass ich meinem Land ehrlich und nicht aus persönlichen Motiven diene und ich werde versuchen, das Ende des Krieges zu erleben. Ich denke, gemäß Gottes Willen wird sich alles zum Guten wenden, da mir von den hohen Kommandeuren versichert wurde, dass ich nicht von einem Günstling des Gouverneurs verdrängt werden soll.

16. Januar 1865 : Hurra! Der Präsident hat mich für Tapferkeit bei der Schlacht von Winchester (18. September 1864) zum Brevet-Major der U.S. Freiwilligen ernannt und die Ernennung wurde vom Senat bestätigt. Dies berechtigt mich zum Führen des Ranges und dem Tragen der Uniform eines Majors, aber ich erhalte weiterhin den Sold eines Hauptmannes, bis mir der Präsident eine Aufgabe unter meinem Brevetrang zuteilt. Ich bin sehr stolz auf meinen neuen Rang, denn er wird dem Gouverneur von Rhode Island beweisen, dass ich von den Offizieren, unter denen ich diene, geschätzt werde. Ich bin ziemlich entrüstet darüber, dass der Gouverneur mich auf diese Weise behandelt hat und ich denke, nach meiner langen Dienst- und Kommandeurszeit, sowie den schmeichelhaften Empfehlungen, die ihm gesandt wurden, sollte er mich besser behandeln. Aber es ist alles für die Union. Gestern wurde ich abgestellt um

die 82. Pennsylvania Freiwilligen zu inspizieren und es war anstrengende Arbeit, da es ein großes Regiment ist.
Wir haben gerade die Neuigkeit von der Einnahme von Fort Fisher, North Carolina erhalten.

17. Januar 1865 : Ich habe heute von General Meade, dem Kommandeur der Potomac-Armee, eine Order erhalten, die mir 18 Tage gewährt, um mich dienstlich nach Rhode Island zu begeben. Dort soll ich Beförderungen für die Männer des Regiments erreichen und den Gouverneur überzeugen, keine Zivilisten mehr als Offiziere zum 2. Rhode Island zu schicken.
Anmerkung: Ich verließ das Lager vor Petersburg am 18. Januar 1865 und begab mich direkt in meine Heimat nach Providence, Rhode Island. Nachdem ich meine Freunde besucht hatte, begab ich mich zum Büro von Gouverneur Smith, der mich freundlich empfing und mich nach einigen das 2. Rhode Island betreffenden Erkundigungen fragte: „Major, was kann ich beförderungstechnisch für Sie tun?" Ich antwortete, ich sei nicht in Rhode Island um eine Beförderung für mich zu sichern; ich wünschte stattdessen, dass zehn bis zwölf Feldwebel eine Beförderung erhalten sollen und dass er alle neu für das Regiment aufgestellten Kompanien mit zu Offizieren ernannten altgedienten Feldwebeln aus dem Felde besetzen soll. Nachdem der Gouverneur mich über den politischen Druck aufgeklärt hatte, der wegen Beförderungen auf ihn ausgeübt wurde und wir die verschiedenen Fragen reiflich erörtert hatten, stimmte er meinen Vorschlägen zu und ich gab ihm eine Liste mit den Namen der Veteranen, deren Beförderung ich wünschte. Diese Liste schickte er an das Büro des Generaladjutanten und ich nahm die Beförderungsdokumente mit auf den Rückweg. Der Gouverneur bestand darauf, dass etwas für mich getan werden solle und so schlug ich vor, Major Henry H. Young (der als Leiter der Aufklärung in General Sheridans Stab diente) zum Oberstleutnant zu befördern, woraufhin ich damit zufrieden wäre, den Posten des Majors zu übernehmen und das

Kommando über das Regiment zu behalten. Dies lehnte er ab mit der Begründung, Young habe erklärt, er würde bei seiner Ernennung zum Major zum Regiment zurückkehren, sei seiner Zusage aber nicht nachgekommen. Ich bemühte mich, die Situation zu erklären, indem ich dem Gouverneur erzählte, General Sheridan wolle Young nicht aus dem Stabsdienst entlassen und da Young ein tapferer Veteran sei, solle er seine Beförderung nicht verlieren. Dabei beließ ich die Sache und wenige Tage vor meinem Aufbruch zurück zur Armee war ich verblüfft, vom Büro des Generaladjutanten eine Benachrichtigung über die Beförderung zum Oberstleutnant der 2. Rhode Island Freiwilligen für Elisha H. Rhodes zu erhalten. Ich wurde sofort beim Gouverneur vorstellig und drängte ihn, die Beförderung an Young zu vergeben und mich zum Major zu ernennen. Er weigerte sich, dies zu tun und sagte, sollte ich den Oberstleutnant nicht annehmen, so würde auch Young ihn nicht erhalten. Darauf schlug ich vor, die Beförderung anzunehmen und Young aufzusuchen. Sollte dieser willens sein, zum Regiment zurückzukehren, so würde ich meine Papiere zurück nach Rhode Island schicken und Young seine Beförderungspapiere zukommen lassen.

Ich traf Young auf meiner Rückreise, er weigerte sich, zum Regiment zurückzukehren und so wurde ich von Hauptmann und Brevet-Major A.M. Tyler als Oberstleutnant der 2. Rhode Island Freiwilligen eingeschrieben. Diese Beförderung war mir sehr hilfreich, denn sie verlieh mir einen meinem Kommando entsprechenden Rang. Young und ich blieben bis zu seinem vorzeitigen Tod gute Freunde.

Freitag, 3. Februar 1865 : Ich habe Providence in der Nacht verlassen und mich auf den Rückweg zum Regiment gemacht.

Samstag, 4. Februar 1865 : Heute Morgen erreichte ich New York und nach dem Frühstück überquerte ich den Hudson River nach Jersey City, wo ich den Zug nach Baltimore nahm und dort gegen 15.30 Uhr ankam. Ich sah, dass der Fluss gefroren war und somit keine Dampfschiffe nach City Point fahren konnten, also machte ich mich bei Anbruch der Dunkelheit auf den Weg nach Annapolis. Hier traf ich auf den Dampfer „River Queen" aus Providence, der bereit zur Abfahrt war und nach einigen Mühen bekam ich einen Platz an Bord des Schiffes.

Sonntag, 5. Februar 1865 : Heute Morgen erreichten wir Fortress Monroe, ich begab mich mit meinem Gepäck auf den Transporter „George Leary" und wir machten uns auf den Weg nach City Point, Virginia, wo wir bei Anbruch der Dunkelheit ankamen. Bei City Point fand ich einen Zug, der gerade im Begriff war, auf einer militärischen Bahnstrecke zur Front zu fahren und einige Waggons mit sich führte. Ich erreichte das Lager um 22.00 Uhr. Als ich mich meinem Hauptquartier näherte, vernahm ich den scharfen Anruf des Wachtpostens: „Wer da?" Ich antwortete: „Ein Freund" und fügte rasch hinzu: „Posten, haben die Lagerwachen Order, Personen zu überprüfen?", da ich wusste, dass dies bei unseren Truppen innerhalb der Befestigungslinie nicht üblich war. Er erkannte meine Stimme, und als ich mich näherte, sah ich, dass die Hütte des Hauptquartiers verdunkelt und im gesamten Lager kein Licht zu sehen war. Ich fragte nach dem Grund und der Bedienstete sagte mir, das 2. Rhode Island sei zusammen mit den anderen Truppen der Brigade zu früher Stunde aus dem Lager aufgebrochen und zum Hatcher's Run marschiert und dass morgen wahrscheinlich eine Schlacht losbrechen würde.

Ich fand Solomon D. Hatch, meinen Bediensteten, der sich um meine Pferde kümmert, in seiner Hütte und wies ihn an, Katie um 03.00 Uhr morgen Früh zu satteln. Dann ließ ich nach dem Feldwebel der Wache schicken und nachdem ich ihm aufgetragen hatte, mich um 03.00 Uhr zu wecken, begab ich mich zu Bett.

ALLES FÜR DIE UNION

Montag, 6. Februar 1865 : Gegen 03.00 Uhr hörte ich, wie jemand an der Türe klopfte und da ich dachte, es sei der Feldwebel der Wache rief ich: „In Ordnung, Feldwebel!" Aber eine Stimme antwortete: „Wie geht es Ihnen, Herr Hauptmann?" und ich erkannte die Stimme meines Adjutanten Leutnant Frank G. Halliday, welcher das Regiment nächtens verlassen hatte und in der Hoffnung mich zu finden zum Lager geritten war. Er war sehr erfreut zu sehen, dass ich Oberstleutnant war und kein Hauptmann mehr. Wir bestiegen unsere Pferde und machten uns auf den Weg zum acht Kilometer entfernten Hatcher's Run, wo wir gerade bei Tagesanbruch ankamen. Ich fand das Regiment bei seiner altvertrauten Arbeit, dem Graben von Schützenlöchern und als ich eine kleine Brücke überquerte, die die Hauptstraße von der Linie trennte, entdeckten mich die Jungs, ließen ihre Schaufeln und Spitzhacken fallen, versammelten sich um mich und brachten drei Hochrufe auf den Hauptmann aus. Bald entdeckte einer die silbernen Blätter auf meiner Jacke und als sich die Neuigkeit von meiner Beförderung herumsprach, wurden Hochrufe auf den Oberst ausgebracht. Ich stieg ab und gab den Offizieren und Männern die Hand, während sie an mir vorbeigingen. Dieses Zeichen von Respekt und Wertschätzung fand ich sehr schön und ich fühlte mich sehr glücklich zu wissen, dass ich die Liebe meiner Männer besitze. Die Männer begaben sich zurück an ihre Schanzarbeiten und ich ritt hinüber zum Brigadehauptquartier, um meine Ankunft zu melden, wo ich ebenfalls mit vielen herzlichen Glückwünschen zu meiner Beförderung empfangen wurde. Sodann wurde ich bei Frank Wheaton, dem Kommandeur unserer (ersten) Division, vorstellig und er gratulierte mir aufs Herzlichste. Er riet mir, mich sogleich einmustern zu lassen und schickte nach seinem Musterungsoffizier Hauptmann A.M. Tyler, aber dieser war nirgends auffindbar.

Der Befehl erreichte uns, den Hatcher's Run zu überqueren und als ich General Wheaton verließ, um zu meinem Regiment zurückzukehren, sagte er: „Auf Wiedersehen, Rhody. Pass heute gut auf dich auf, denn falls du verwundet wirst, bekommst du lediglich die Rente eines Hauptmannes." Wir überquerten sogleich den Fluss und die zweite Brigade ging ins Gefecht, aber unsere Brigade (die Dritte) wurde zusammen mit der ersten Brigade unserer Division als Reserven in einem Fort postiert. Für eine kurze Zeit war es eine heiße Angelegenheit und unsere Truppen wurden zu unserem Fort zurückgetrieben, aber sie gewannen den verlorenen Boden bald zurück. Das Gefecht dauerte den ganzen Tag, bis die Dunkelheit den Kampfhandlungen ein Ende setzte. Wir wurden abgelöst, überquerten den Fluss erneut und lagerten für die Nacht in einem Wäldchen. Kurz vor Mitternacht fand ich Hauptmann A.M. Tyler, unseren Musterungsoffizier, bei einem Feuer schlafend und nach einigem unwilligem Gemurmel, weil ich ihn geweckt hatte, musterte er mich als Hauptmann aus und ich wurde als Oberstleutnant wieder eingemustert.

Dienstag, 7. Februar 1865 : Heute Morgen als ich erwachte, bemerkte ich, und ebenso die Männer, dass wir mit Schnee und Eis bedeckt waren. Die Nacht über war Schnee gefallen, der sich in Regen verwandelte und gefror, während er niederfiel. In meinem ganzen Leben habe ich mich nie unwohler gefühlt und wir entfachten Feuer und versuchten, unsere Kleidung zu trocknen. Um die Angelegenheit noch unangenehmer zu machen, eröffneten die Rebellen das Feuer auf uns und eine Granate wäre beinahe in mein Feuer gesaust. Wir überquerten den Hatcher's Run erneut und formierten uns auf einem Feld in Gefechtslinie. Der Regen hielt an, ebenso das Feuer der Rebellen und so verbrachten wir einen sehr unangenehmen Tag. Das Feuer der Rebellenbatterien war dermaßen heftig, dass sich die Truppen zum Schutz in die Schützenlöcher begaben. Das V. Korps stand vor uns und gegen 17.00 Uhr erreichte unsere Division die Order, das V. Korps in den Schützenlöchern abzulösen, damit es gegen die Linien der Rebellen vorrücken konnte. Das Feuer war eine Zeit lang sehr heftig; eine

Granate traf unsere Schützenlöcher und schlug bei Kompanie "D" des 2. Rhode Island ein, aber zum Glück explodierte sie nicht. Meine neuen Männer verhielten sich gut dafür, dass es ihre erste Aktion unter feindlichem Feuer war. Nach dem Ende der Kämpfe entfachten wir Feuer und versuchten erneut, unsere Kleidung zu trocknen.

Mittwoch, 8. Februar 1865 : Heute Morgen gegen 01.00 Uhr erhielten wir die Order, den Hatcher's Run zu überqueren und zu unserem alten Lager zurückzukehren. Wir hatten einen anstrengenden Marsch in der Dunkelheit und erreichten das Lager bei Anbruch des Tageslichtes, erschöpft, durchnässt und hungrig. Ich bin froh, dass ich rechtzeitig wieder hier war, um gestern mit meinen Männern im Feuer zu liegen, denn ich wollte sehen, wie es die neuen Männer ertragen würden. Ich bin sehr zufrieden mit ihrem Verhalten und werde mit unerschütterlichem Vertrauen in sie in die nächste Schlacht gehen.

Vor Petersburg, Virginia, Freitag, 10. Februar 1865 : Als ich zurück ins Lager kam, bemerkte ich, dass die Hütten unseres Hauptquartiers verändert worden waren, aber ich stellte keine Fragen. Bei unserer Rückkehr von unserem Abstecher zum Hatcher's Run lud mich der Feldarzt Dr. W.F. Smith ein, eine neue Hütte zu inspizieren, die während meiner Abwesenheit in der Heimat errichtet worden war. Ich besah mir das neue Haus und brachte meine Begeisterung darüber zum Ausdruck, als er sagte: „Herr Oberst, bitte betrachten Sie diese Hütte in Zukunft als die Ihrige." Ich bin den Offizieren und Männern, die diese angenehme Überraschung für mich geplant haben, sehr dankbar und ich weiß, ich werde meine neue Unterkunft genießen. Sie besteht aus Stämmen mit einem Leinwanddach, die Wände sind mit weißem Stoff verkleidet und sie verfügt über einen guten Bretterboden und eine ebensolche Tür. Auf der einen Seite habe ich eine Feuerstelle mit einem Kaminsims und die Jungs haben einiges Zierwerk am Schornstein angebracht.

Die kürzliche Bewegung diente dazu, unsere Linien in Richtung der South Side Bahnstrecke auszuweiten, welche, mit Ausnahme der Bahnstrecke nach Richmond, die einzige von Petersburg wegführende Strecke ist, die sich noch in den Händen der Rebellen befindet. Die Offiziere und Männer, denen ich Besorgungen mitbrachte, sind sehr glücklich. General Wheaton ließ heute nach mir schicken, und wir sprachen über die Angelegenheiten des 2. Rhode Island.

Oberstleutnant James W. Miller von den 82. Pennsylvania Freiwilligen überreichte mir heute ein Geschenk in Form eines hübschen Paars silberner Blätter für meinen Dienstmantel.

Das Wetter ist schön heute und es ist warm wie im Frühling. Wir genießen es nach dem Schnee und Eis, die wir vor einigen Tagen hatten. Mir geht es sehr gut und ich bin so froh, wie ein Mann nur sein kann. Heute Abend kam die Kapelle vom Brigadehauptquartier herüber und brachte mir ein Ständchen zu Ehren meiner Beförderung. Ich habe dermaßen viele Gratulationen und Komplimente erhalten, dass ich befürchte, ich könne zu stolz werden. Nun, ich bin stolz. Stolz, eine dermaßen tapfere Gruppe von Männern wie die 2. Rhode Island Freiwilligen zu kommandieren.

Sonntag, 12. Februar 1865 : Heute war für mich kein Gottesdienst nahe genug, um daran teilnehmen zu können, also blieb ich im Lager. Ich wohnte der Inspektion bei, der Parade, usw. Letzte Nacht brachte mir der Gesangverein eines nahe gelegenen Regiments ein schönes Ständchen. Ich bin begeistert vom musikalischen Talent der Armee. Nun, es macht dieses Leben angenehm und sogar erfreulich und wir sind bessere Menschen und Soldaten, wenn wir einen Sinn für die feineren Dinge entwickeln.

Dienstag, 14. Februar 1865 : Wir haben jetzt einen neuen Brigadekommandeur, Brevet-Brigadegeneral (Oberst) Joseph E. Hamblin. Ich kenne ihn gut, als ich ihn zum ersten Mal traf, war er Major. Er ist ein Gentleman und ein guter Soldat und er wird unserer Brigade zur Ehre gereichen.

Heute habe ich meinen ersten Vergnügungsausritt seit meiner Rückkehr aus Rhode Island unternommen. Ich ritt hinüber zum Lager von Batterie "B" der 1. leichten Artillerie von Rhode Island, aber dort fand ich heraus, dass sie zum Hatcher's Run beordert worden waren und so setzte ich meinen Ritt in diese Richtung fort. Unsere neuen Befestigungslinien erstrecken sich nun bis zu diesem Ort. Kilometerweit waren die Männer damit zugange, Schützenlöcher auszuheben und das Gehölz zu beseitigen. Die Rebellen befanden sich in Sichtweite auf der anderen Seite des Feldes, aber es wurde nicht geschossen. Nach einem zweistündigen Ritt fand ich Leutnant William B. Westcott von Batterie "B" und machte einen erfreulichen Besuch bei meinem alten Schulfreund.

Die Bäume sind durch Kugeln und Granaten zersplittert und in einem Baum zählte ich 16 Kugeln. Vor einer Woche war ich an diesem Ort und inmitten des Kampfes. Ich ritt mein Pferd Charley bei diesem Ausflug und bei meiner Rückkehr zum Lager versuchte ich, Katie etwas Bewegung zu verschaffen, aber sie ist so lange im Stall gewesen, dass sie wild und beinahe unkontrollierbar geworden ist.

Donnerstag, 16. Februar 1865 : Heute hatten wir eine lebhafte Zeit und beide Seiten versuchten, den Gegner mit Granaten aus seinen Gräben zu jagen. An der Front des IX. Korps, zur Rechten unserer Linie, war die Luft voll von Kugeln und Granaten und das Donnern der Kanonen war den ganzen Tag lang hörbar. An unserer Front war jedoch alles ruhig. Unsere Rebellennachbarn sind gutmütig.

Freitag, 17. Februar 1865 : Heute tat ich meine Arbeit als Kommandeur einer Abteilung von 600 Männern und wir arbeiteten an einem Fort namens „Fort Fisher", welches gegenüber der Weldon Bahnstrecke errichtet wird. Es regnete den ganzen

Tag lang und wir arbeiteten im Schlamm und Wasser. Dieses Fort wird stark sein und da es in Sichtweite der Rebellen liegt, werden wir hier noch Musik haben, bevor es fertig ist.

Sonntag, 19. Februar 1865 : Ein sehr ruhiger Tag und noch dazu ein sehr angenehmer. Heute Morgen inspizierte ich mein Regiment und General Hamblin, unser Brigadekommandeur, war zugegen. Nach dem Mittagessen unternahm ich einen langen Ausritt auf meinem Pferd Katie und seit meiner Rückkehr unterhalte ich Besucher in meiner Behausung oder meinem „Shebang", wie die Armeehütten genannt werden.

Dienstag, 21. Februar 1865 : Wir waren den ganzen Tag lang damit beschäftigt, unser Lager und mein Hauptquartier zu verbessern. Wir haben einen Zaun hinter den Zeltreihen errichtet und weißen Sand in den Lagerstraßen verstreut. Dies macht unser Lager zu einem sehr sauberen und fröhlichen Anblick und unserer Meinung nach ist es eines der besten Lager in der Armee. Wir haben schönes Wetter, es ist ziemlich warm und ich unternehme jeden Tag einen langen Ausritt. Heute Nachmittag ritt ich zu General Meades Hauptquartier. Heute erreichten uns glorreiche Neuigkeiten - die Einnahme von Charleston, South Carolina. Entlang der gesamten Linie wurden Salutschüsse abgefeuert und die Truppen schrien sich heiser. Dank sei Gott für diesen Sieg und ich hoffe, er wird helfen den Krieg zu beenden. Der Feind desertiert auch weiterhin zu unseren Linien. Letzte Nacht kamen zehn. Sie alle erzählen die gleiche Geschichte - dass die Sache des Südens hoffnungslos ist. Allmählich fühle ich, dass der Krieg sich tatsächlich seinem Ende nähert, aber wir haben sicher noch einige harte Kämpfe vor uns. An unserer Front herrscht große Besorgnis über einen Angriff durch den Feind und die Truppen werden ständig in der Bemannung der Verteidigungsanlagen gedrillt. Jede Kompanie hat einen für sie markierten Platz in der Reihe der Erdwerke und der Buchstabe der Kompanie ist auf ein Schild gemalt, das an die Grenzpfosten der Schützenlöcher genagelt ist. Wenn Alarm gegeben wird, ergreift jeder Mann seine Waffe und Ausrüstung, rennt zu seinem Platz in den Befestigungen und legt dort seine Ausrüstung an. Das 2. Rhode Island benötigt lediglich zwei Minuten, um nach dem Erklingen des Alarms seine Stellungen zu beziehen.

Die Anzeichen deuten darauf hin, dass bald etwas passieren wird, aber was genau scheint niemand zu wissen. Sollten die Rebellen unsere Reihen angreifen, werden sie Prügel beziehen, denn unsere Linien sind stark und ihre Front ist durch allerlei Vorrichtungen abgesichert, einschließlich über dem Boden gespannten Drähten. Trotzdem sind wir noch immer dabei, unser Lager zu verbessern und ich ließ gerade einen hübschen Zaun vor meinem Hauptquartier errichten.

Ich habe erfahren, dass der U.S. Senat meine Beförderung zum Brevet-Major der U.S. Freiwilligen bestätigt hat. Nun, das kommt reichlich spät, aber es ist eine Anerkennung, die ich sehr schätze.

Donnerstag, 23. Februar 1865 : Gestern war Washingtons Geburtstag und wir feierten ihn auf großartige Weise. Um 12.00 Uhr mittags wurde ich ins Lager der 119. Pennsylvania Freiwilligen, unter dem Kommando von Oberstleutnant Gideon Clark, eingeladen, wo wir einen feinen Imbiss ausgebreitet fanden, welchem wir uns sogleich in gebührender Weise zuwandten. Es folgte Musik von der Kapelle und einem Gesangsverein. Im Lager wurde eine Flagge gehisst und wir genossen die Zeit sehr. Abends waren ich und mein Stab im Brigadehauptquartier eingeladen, wo wir von General Hamblin unterhalten wurden. Der Hain vor dem Hauptquartier war erleuchtet und die Kapelle hatte sich dort aufgestellt. Nach einer Stunde, die wir mit Erzählen, Rauchen, Lustwandeln und ein wenig Tanzen verbrachten, wurden wir in eine große Hütte eingeladen, in der wir ein großartiges Abendessen bereitgestellt fanden. Dem Essen folgten Reden, Vorträge und Gesang.

Gegen 23.00 Uhr, inmitten von Spaß und Ausgelassenheit erreichte uns eine Order an die Truppen, bei Tagesanbruch zur Abwehr eines erwarteten Angriffes an der Front des VI. Korps bereit zu sein. Natürlich wurde die Feier hierdurch beendet und wir machten uns auf den Weg zum Lager, um uns auf den erwarteten Angriff vorzubereiten. Ich ließ die Wachen in den Gräben meines Lagers verdoppeln und begab mich gegen 01.00 Uhr heute Morgen zu Bett. Um 03.00 Uhr heute Morgen formierte sich das Regiment sehr still in stürmischem Wetter, aber bei Tagesanbruch wurden wir entlassen, da die Rebellen nicht auftauchten. Vielleicht werden sie es morgen früh versuchen. Es war eine ziemlich unruhige Nacht für uns. Ein Rebellenoberst und 30 Männer desertierten und kamen zur Linie unserer Brigade herüber. Uns erreichen zurzeit jede Nacht etwa 100 Rebellendeserteure.

Ich veranstalte jeden Abend eine Offiziersschulung und wir verbessern unseren Drill.

Samstag, 25. Februar 1865 : Wenn die Neuigkeiten von heute wahr sind, bereiten die Rebellen die Evakuierung von Petersburg vor. General Meade hat alle Batterien an der Front des IX. Korps (zu unserer Rechten) angewiesen, das Feuer auf die Stellungen des Feindes zu eröffnen und während ich dies schreibe, donnern die Kanonen und die Luft ist voll von explodierenden Granaten. Die Rebellen antworten uns entsprechend und wir haben „Musik in der Luft". Heute Nacht regnet es und es ist sehr dunkel, aber das Feuer wird aufrechterhalten und wir können die brennenden Lunten der Granaten sehen, während sie sich in der Luft kreuzen.

Ich fungiere als Divisionsoffizier vom Dienst und heute Morgen ritt ich unsere Postenlinie entlang. Die Rebellen verhielten sich ruhig und schossen nicht auf mich. Gestern Nacht desertierten 160 Rebellen und kamen zu unseren Linien. Wir haben Zettel gedruckt, auf denen wir jedem Rebellendeserteur anbieten, ihn für sein Gewehr und seine Ausrüstung zu bezahlen und ihm freies Geleit in den Norden zusichern. Nächtens schicken wir Männer nach vorne, sie verteilen diese Zettel auf Baumstümpfen und die Rebellen finden sie und verteilen sie an ihre Männer. Angeblich haben die Rebellen Feldwebel aufgestellt, die ihre Postenlinien überwachen sollen, aber viele schaffen es trotzdem, zu entkommen. Morgen Nacht werde ich bei der Postenlinie schlafen und somit eine Chance haben, einige der Gefangenen zu sehen.

Der Krieg nähert sich sicher seinem Ende und ich danke Gott dafür, denn auch wenn ich das Soldatenleben liebe, so liebe ich mein Zuhause noch mehr und will Frieden.

Postenlinie der 1. Division, VI. Korps, Weldon Bahnstrecke vor Petersburg, Montag, 27. Februar 1865 : Ich bin noch immer Divisionsoffizier vom Dienst. Ich habe eine Hütte bei der Postenlinie, die aus Stämmen gebaut und angeblich kugelfest ist. Eine Wache ist nahe meiner Hütte aufgestellt und die Reserveposten befinden sich davor. Etwa 50 Meter vor der Hütte befinden sich die Posten, geschützt durch ihre Schützenlöcher, vor denen niedergehauene Bäume liegen. In etwa 300 Metern Entfernung von unserer Linie können wir die Rebellen sehen. Letzte Nacht pfiffen die Kugeln recht lebhaft über unsere Köpfe und wir waren in ständiger Alarmbereitschaft. Ich lief die Linie entlang, um nachzusehen, ob alles in Ordnung war und begab mich gegen Mitternacht in meiner Hütte zu Bett. Der Offizier vom Dienst versieht einen dreitägigen Dienst und muss natürlich schlafen. Die übrigen Offiziere und Soldaten bleiben nur 24 Stunden auf ihren Posten und dürfen nicht schlafen. Ich wies den diensthabenden Feldwebel meiner Hüttenwache an, keinen Deserteuren den Eintritt zu erlauben, bevor er mich geweckt habe. Nachdem ich eine kurze Zeit geschlafen hatte, hörte ich jemanden „Herr Oberst!" rufen und als ich aufsah, erblickte ich vier Rebellen, die in meiner Hütte standen. Mein erster schläfriger Gedanke war, ich sei gefangen und so griff ich in meinen Stiefelschaft (ich trug meine Stiefel noch), zog meinen Revolver hervor und spannte den Hahn. Der Feldwebel rief: „Warten Sie, Herr Oberst!" und als ich seine Stimme erkannte, erwachte ich vollständig und begriff die Situation. Die vier Rebellen waren Deserteure und gehörten zum 37. North Carolina Regiment. Ich untersuchte sie, hielt ihre Antworten auf bestimmte Fragen schriftlich fest und nachdem ich die Munition aus ihren Taschen genommen hatte, schickte ich sie zusammen mit den Notizen zum Kommandeur der Militärpolizei im Korpshauptquartier. Der Sinn des Mitschickens der notierten Fragen und Antworten zum Korpshauptquartier besteht darin, zu sehen, ob sie die gleiche Geschichte zweimal identisch erzählen. Bevor sie gingen, sagte mir einer von ihnen den Namen seines Freundes, der versuchen würde, zu desertieren. Kurz darauf wurde an der Linie geschossen und die Rebellen schrien jemandem nach, er solle stehen bleiben und zurückkommen. Unsere Männer riefen „Komm rüber, Johnny!" und bald darauf brach ein Rebellensoldat durch das Gehölz vor uns und landete unverletzt bei unserer Linie. Er wurde zu mir gebracht und ich erinnerte mich des Namens, den mir die erste Gruppe gegeben hatte und sprach ihn auf gut Glück damit an. Er wirkte ziemlich überrascht und gab zu, er sei es. Dann nannte ich ihm den Namen seines Hauptmannes, den Buchstaben seiner Kompanie, die Nummer seines Regiments, seiner Brigade, seiner Division und auch den Namen des kommandierenden Offiziers seiner Postenlinie (natürlich hatte ich alle diese Informationen von der ersten Gruppe erhalten). Der Mann sagte, ich hätte Recht und schien sehr verblüfft zu sein über all die Informationen, die ich ihm gegeben hatte. Ich wies die Wache an, ihn zum Korpshauptquartier zu bringen und während er die Hütte verließ, wandte er sich um und sagte: „Ich weiß, dass ihr Yankees clever seid, aber ich kann nicht begreifen, wie ihr so viel über mich herausgefunden habt." Ich antwortete: „Oh, das ist schon in Ordnung, wir haben unsere Methoden, Dinge herauszufinden, von denen ihr Leute nichts wisst." Er verließ uns in dem Glauben, dass irgendein Mysterium die

Yankees umgebe und wir brachen in schallendes Gelächter aus. Letzte Nacht kamen an unserer Front nur fünf Deserteure, eine geringere Anzahl als gewöhnlich. Wir verstreuten letzte Nacht eine große Anzahl der Zettel. Wir benutzen sie als Köder und manchmal fangen wir damit unseren Fisch.

Vor Petersburg, Virginia, 1. März 1865 : Gestern wurde ich von meinem Posten als Divisionsoffizier vom Dienst an der Postenlinie abgelöst und kehrte zum Lager zurück. Die Sorge um einen Angriff der Rebellen hat sich gelegt und der allgemeine Eindruck ist, dass die Rebellen sich darauf vorbereiten, Petersburg zu verlassen. Nun, ich hoffe, sie tun es, denn wir hatten eine schwere Zeit, sie davon zu überzeugen.
General Joseph B. Hamblin und sein Stab wurden heute bei mir vorstellig und er brachte seine Zufriedenheit mit meinem Lager zum Ausdruck. Ich meldete mich heute auch bei General Wheaton, der gerade von Rhode Island zurückgekehrt ist.

Vor Petersburg, Virginia, 3. März 1865 : Es ist sehr ruhig im Lager und es gibt nichts zu tun, außer Drillübungen und Taktikstudien. Wir üben uns täglich im Fechten und ein wenig im Revolverschießen. Der Feind erhält sein Feuer zu unserer Rechten vor dem IX. Korps aufrecht und natürlich antworten unsere Forts entsprechend, aber an unserem Frontabschnitt müssen wir nur selten vor Rebellengranaten in Deckung gehen.

Vor Petersburg, Virginia, Sonntag, 5. März 1865 : Gestern legte sich der Sturm, der eine Woche angehalten hatte und heute ist das Wetter schön. Major Zenas C. Rennie, der Zuweisungsbeauftragte für Rhode Island, besucht mich zurzeit im Lager. Gestern unternahmen wir gegen 15.00 Uhr einen Ausritt und kehrten erst gegen Mitternacht zum Lager zurück. Wir machten einige Besuche und als wir das Divisionshauptquartier erreichten, wo wir unsere Besuche beendeten, hatte sich unsere Gruppe auf etwa 20 Offiziere ausgeweitet. Der Major wird uns morgen verlassen und er wird eine beträchtliche Summe Geldes für die Männer und Offiziere mit sich nehmen, da wir heute ausbezahlt wurden. Obgleich Sonntag ist, ging die Auszahlung der Truppen trotzdem weiter. Für gewöhnlich ist es nicht üblich, an einem Sonntag Auszahlungen vorzunehmen, aber die Entschuldigung für heute war, dass die Armee wahrscheinlich bald ausrücken wird, was auch stimmt.

Unser VI. Korps versucht, die Summe von 20.000 Dollar aufzubringen, um ein Denkmal für Generalmajor John Sedgwick in West Point, New York errichten zu lassen. Ich habe keinen Zweifel am Erfolg unserer Absicht.

Mein Arzt, Dr. Smith, hat sich nach Rhode Island begeben und da er mit mir in meiner Hütte lebt, vermisse ich ihn sehr. Er wird 15 Tage weg sein.

Vor Petersburg, Montag, 6. März 1865 : Wir haben seit mehreren Tagen keine Post erhalten und das gefällt uns überhaupt nicht. Ein Soldat kann ohne Hartkekse auskommen, aber nicht ohne seine Briefe von zuhause. Wir führen ein ruhiges Leben.

Dienstag, 7. März 1865 : Das Wetter ist angenehm und so warm wie ein Frühling in Rhode Island. Gestern ließ ich ein Bild (eine Fotographie) anfertigen von allen Offizieren, die etwas Zeit erübrigen konnten und sich in einer Gruppe aufstellten. Ein Teil des Regimentshauptquartiers ist auf dem Bild zu sehen. General Wheaton und sein Stab wurden ebenfalls bei seinem Hauptquartier hinter meinem Lager fotographiert.

Die Brigadekapelle brachte mir gestern Abend ein Ständchen. Das 2. Rhode Island hat etwa 200 Dollar für das Sedgwick-Denkmal aufgebracht. Wir haben wieder gute Neuigkeiten über General Sheridans Armee im Shenandoah-Tal gehört.

Mittwoch, 8. März 1865 : Es hat den ganzen Tag lang heftig geregnet, alles sieht trostlos aus und ich fühle mich sehr einsam und habe Heimweh. Die Neuigkeiten über General Sheridan erreichten uns durch einige Rebellendeserteure und wir hoffen, dass sie wahr sind. Es gibt noch keine Neuigkeiten über eine Bewegung, aber es kann nicht mehr lange dauern. Wenn General Lee in Petersburg bleibt, wird General Sherman ihn von Süden her erwischen. Das hoffe ich, denn ich bin das Kämpfen leid und möchte, dass der Krieg endet. Aber ich werde ihn durchstehen.

Vor Petersburg, Virginia, Donnerstag, 9. März 1865 : Wir haben uns der Dichtung zugewandt, das heißt, die Offiziere haben sich ihr zugewandt und wir treffen uns abends zum Studium und lesen Longfellow. Meine letzte Anstrengung galt der „Brautwerbung des Miles Standish". Einer meiner Leutnants liest Shakespeare und wir haben viel Spaß bei seinen Rezitationen.

Heute Morgen griffen die Rebellen unsere Postenlinie an und bereiteten uns kurzzeitig eine lebhafte Zeit, aber unsere befestigte Hauptlinie griffen sie nicht an. Die Panik legte sich nach kurzer Zeit.

Das Wetter heute ist sehr schön.

Samstag, 11. März 1865 : Heute stattete ich City Point einen Besuch ab, wobei ich es per Eisenbahn erreichte und verließ. Die Entfernung beträgt lediglich 25 Kilometer, aber wir befanden uns drei Stunden lang auf dem Rückweg. General Grant kam heute mit einer großen Gruppe Offiziere und Damen, um eine Besichtigung abzuhalten. City Point ist inzwischen tatsächlich eine Stadt. Mehrere große Gebäude sind errichtet worden und der James River ist voll von Schiffen. Ich hatte nichts Bestimmtes in City Point zu erledigen und ging lediglich hin, um mal eine andere Aussicht zu haben. Das Gerücht geht um, dass General Grant bald das VI. Korps inspizieren wird.

Postenlinie der 1. Division, VI. Korps, nahe Petersburg, Sonntag, 12. März 1865 : Hier bin ich wieder in der Nähe meiner alten Freunde, der Rebellen und fungiere als Divisionsoffizier vom Dienst. General L. A. Grant von der Vermont Brigade ist Korpsoffizier der Wache und wir haben gerade einen Ausritt entlang der Postenlinie unternommen. Der Tag ist schön und warm und der Postendienst wäre spaßig, wenn er nicht so gefährlich wäre.

Vor Petersburg, Dienstag, 14. März 1865 : Ich bin zurück vom Postendienst und alle sind in Aufregung wegen des Marschbefehls. Nun, ich bin bereit und möge Gott uns den Sieg schenken.

Vor Petersburg, Virginia, Mittwoch, 15. März 1865 : Also heute hatten wir ein komisches Erlebnis. Letzte Nacht erhielt ich einen Brief von Oberst Benedict, dem Vertreter des Staates Rhode Island in Washington, des Inhaltes, dass er und Dr. Richard Browne aus Rhode Island (ein Zahnarzt), sowie ein gewisses Fräulein Lena Lunt aus Chicago (eine Cousine von Oberst Benedict) mir von City Point aus einen Besuch abstatten wollten.

Wir räumten auf und dekorierten mein Hauptquartier und dann begab sich eine Gruppe Offiziere in kompletter Paradeuniform hinüber zum „Mead Station" genannten Bahnhof, um die Gruppe zu empfangen. Ihre Ankunft verlief problemlos und wir begleiteten sie zu unserem Lager. Gerade als wir meine Hütte betraten, attackierten die Rebellen unsere Posten vor meinem Lager. Hastig erklärte ich Oberst Benedict, er solle die Dame zu einer tiefen Senke hinter dem Lager bringen und machte mich dann auf den Weg zu meinem Regiment, das zu Beginn der Angriffe sofort hinter der Brustwehr Aufstellung bezogen hatte. Der Schusswechsel an unserer Front war eine Zeit lang sehr lebhaft und einige der Kugeln schwirrten über unsere Befestigungen. Zu meiner großen Überraschung fand ich Fräulein Lunt bald direkt hinter den Befestigungen bei den Männern, wo sie mit dem Ausdruck großer Freude in die

Hände klatschte. Ich versuchte, sie wegzuschicken, aber sie wollte nicht gehen und so musste ich sie unter der Brustwehr belassen, wo sie nicht getroffen werden konnte. Einige Augenblicke später war die ganze Sache vorüber, aber die Dame schien diese Abwechslung genossen zu haben. Nach dem Abendessen unternahmen wir einen Ausritt. Ich borgte mir einen Damensattel von Oberstleutnant Clendennins Gattin im Divisionshauptquartier und Fräulein Lunt ritt meine Stute Katie. Wir nahmen etwas Tee zu uns und anschließend begaben wir uns hinüber zum Bahnhof, wo wir erfuhren, dass der letzte Zug bereits nach City Point aufgebrochen war. Ein freundlicher Lokomotivführer war jedoch einverstanden, Oberst Benedict und Fräulein Lunt auf der Lok, die er nach City Point fahren sollte, mitzunehmen.

Vor Petersburg, Virginia, Freitag, 17. März 1865 : Dr. Browne hat meine Einladung, einige Tage bei mir zu bleiben, angenommen. Wir nahmen an den Feierlichkeiten im Lager der (so genannten) „Irischen Brigade" teil. Die Wettbewerbe waren grob und nachdem ich gesehen hatte, wie ein Oberst und zwei Soldaten von ihren Pferden fielen und so schwer verletzt wurden, dass sie wahrscheinlich sterben werden, kehrte ich zu meinem Lager zurück in der Überzeugung, dass irische Feierlichkeiten ein gefährliches Vergnügen sind. Hürdenläufe und Sprünge über Gräben waren die Hauptbestandteile der Wettkämpfe. Ich mag ein gutes Pferd und ein gutes Rennen, aber die Art von Wettkampf, die ich heute sah, ist nicht nach meinem Geschmack. Der Feind eröffnete das Feuer, aber als sie sahen, dass es sich um eine Feier handelt, stellten sie es wieder ein.

Sonntag, 19. März 1865 : Heute nach der Inspektion ritt ich begleitet von meinem Arzt Dr. Smith und meinem Besucher Dr. Browne hinüber zur Stellung des IX. Korps und besuchte Fort Sedgwick (oder Fort Hell, wie es genannt wird). Die 4. und

7. Rhode Island Freiwilligen sind in diesem Fort stationiert. Die Linien der Rebellen und der Union sind an dieser Stelle nur einige Meter voneinander entfernt. Als wir über die Brustwehr sahen, bemerkten wir eine Gruppe Rebellen, die nur einige Meter von uns entfernt über die Befestigungen schauten. Es erschien mir seltsam. Dies war einer der guten Tage und es wurde nicht geschossen. Es war uns nicht erlaubt, miteinander zu sprechen. Ich begab mich zurück in mein schönes Lager und war sehr zufrieden, dass zwischen uns und den Rebellen etwas mehr Platz ist.

Letzte Nacht gegen 21.00 Uhr war der Himmel zu unserer Rechten voll von Granaten. Es war schön, die brennenden Lunten der Granaten zu betrachten, die sich in der Luft kreuzten, aber sie bedeuteten den Tod für viele arme Kerle.

Nach der Parade spazierte ich zum Korpshauptquartier hinüber und wurde bei General Oliver Edwards vorstellig, der kürzlich zurückgekehrt ist und in Ablösung von General Hamblin das Kommando über die Brigade übernommen hat. Eine weitere neue Kompanie aus Rhode Island ist eingetroffen und ich habe Oberleutnant Charles W. Gleason zum Hauptmann ernannt und ihm das Kommando über selbige übergeben.

Assistenzarzt William F. Smith wurde zum Arzt mit dem Rang eines Majors ernannt. Wir haben noch immer den Befehl, stets zum sofortigen Abmarsch bereit zu sein.

Montag, 20. März 1865 : Heute wurde unsere Division (1. Division, VI. Korps, unter dem Kommando von Brevet-Generalmajor Frank Wheaton) von Generalmajor Meade, Generalmajor Wright und Admiral David D. Porter von der U.S. Marine besichtigt. Ich habe noch keine feinere Besichtigung erlebt. Der Tag war schön und warm und die Offiziere und Männer erschienen hübsch gekleidet und in guter Verfassung. Unsere Division empfindet es als Kompliment, dass wir dazu ausgewählt wurden, uns dem Admiral zu präsentieren. Wir haben in unserem Regiment einen Rat der Unionsliga, dessen Vorsitzender ich bin. Heute Nacht nahmen wir sechs neue Mitglieder auf. Meine Hütte war zu diesem Zwecke mit Flaggen und Schärpen dekoriert und gekreuzte Schwerter hingen an den Wänden. Es stimmte uns ein wenig traurig, als der Donner der Geschütze zu unserer Rechten an unsere Ohren getragen wurde.

Dienstag, 21. März 1865 : Dies ist mein Geburtstag. Ich bin heute 23 Jahre alt und bin bereits seit beinahe vier Jahren in der Armee. Gott war sehr gut zu mir, und ich bin dankbar für seine schützende Fürsorge. Dr. Browne machte sich heute auf den Heimweg. Es tat mir leid, von ihm zu scheiden. Charles Slocum von den 4. Rhode Island Freiwilligen schickte mir einen Mörser, der aus Rebellenkugeln, die auf Fort Sedgwick abgefeuert worden sind, gefertigt ist. Es scheint mir ein passendes Geburtstagsgeschenk für einen Soldaten zu sein. Slocum und ich verbrachten unsere Kindheit zusammen in Pawtuxet. Wir haben heute einen regnerischen Tag.

Vor Petersburg, Mittwoch, 22. März 1865 : Alles ist ruhig und es gibt nichts zu tun außer Drillübungen und dem Beobachten des Gegners, aber es wird bald für jeden lebhaft genug zugehen. Diese Belagerung muss bald enden.

Donnerstag, 23. März 1865 : Heute hatten wir einen schweren Orkan, begleitet von einem Sandsturm. Die Sonne schien, aber der Wind heulte, riss die Dächer von den Hütten und entwurzelte Bäume. Die Luft war voll von Sand, der in unsere Hütten eindrang und alles bedeckte. Das Gehölz bei der Postenlinie der Rebellen an unserer Front fing Feuer und sie mussten sich zur Hauptlinie ihrer Befestigungen zurückziehen. Natürlich konnten wir keinen Vorteil daraus ziehen, da das Feuer es verhinderte. Präsident Lincoln ist in City Point und wird einen Teil der Armee besichtigen. Es könnte unsere Division sein, denn wir glauben, wir sind so ziemlich die Beste.

Sonntag, 26. März 1865 : Gestern hatten wir einen sehr aufregenden Tag. Bei Tagesanbruch stürmten die Rebellen Fort Stedman an der Front des IX. Korps und nahmen es in Besitz. Unsere Division wurde zur Entlastung des IX. Korps entsandt. Die Entfernung betrug etwa acht Kilometer; wir legten sie zum größten Teil im Laufschritt zurück und kamen rechtzeitig an, um zu sehen, wie eine Division unter dem Kommando von General John J. Hartranft aus Pennsylvania das Fort zurückeroberte und viele Gefangene machte. Wir wurden ordentlich mit Granaten beschossen, als wir die Rebellenforts passierten und unsere Division verlor zwei Pferde. Dann kehrten wir zum Lager zurück und wurden sofort zur Linken des VI. Korps nahe Fort Wadsworth an die Weldon Bahnstrecke beordert. Hier trafen wir auf Herrn und Frau Lincoln, General Grant und Gattin sowie General Meade. Das Ziel dieser Bewegung war, die Postenlinie des Feindes zu vertreiben und unsere eigene auszudehnen. Mein Regiment stand an der äußersten rechten Flanke unserer Division und als wir vorwärts stürmten, startete der Feind einen Gegenangriff aus einem Rebellenlager und erwischte mich in der rechten Flanke. Ich bog schnell meinen rechten Flügel nach rechts und hinten um und ließ das Feuer eröffnen, welches ihre Linie auseinander brach. Viele, die es nicht zurück zu ihren Linien schafften, ergaben sich. Ich selbst nahm zwei Rebellen gefangen und übergab sie einer Wache. Der Schusswechsel war heftig bis zum Einbruch der Dunkelheit, als wir begannen, Schützenlöcher auszuheben. Gegen Mitternacht war die Linie fertiggestellt und dann wurden wir abgelöst und kehrten zum Lager zurück. Wir hatten gestern weder Frühstück noch Abendessen und waren halb verhungert, als wir gegen 03.00 Uhr heute Morgen das Lager erreichten. Nach einer Tasse heißen Kaffees legte ich mich nieder und erwachte nicht vor 09.00 Uhr heute Morgen.

Postenlinie der 1. Division, VI. Korps vor Petersburg, Dienstag, 28. März 1865 : Erneut bin ich der Divisionsoffizier vom

Dienst und habe das Kommando über die Postenlinie. Ich begab mich gestern Morgen nach draußen und werde morgen zurückgehen. Unsere Postenlinie wurde am letzten Samstag nach vorne verlegt und vertrieb den Feind aus seinen Schützenlöchern und jetzt halten wir sie besetzt. Ein Offizier und 30 Männer vom 2. Rhode Island nahmen an dem Vormarsch teil und wurden von Brevet-Brigadegeneral Issac C. Bassett, dem Korpsoffizier vom Dienst, in den höchsten Tönen gelobt. Er sagte zu mir: „Oberst, Sie können mit dem Betragen Ihrer Männer hoch zufrieden sein, denn ich habe noch nie eine bessere Schützenlinie gesehen." Letzte Nacht postierten die Rebellen eine Batterie vor meiner Linie und massierten eine große Anzahl an Infanterie. Da ich einen Angriff erwartete, meldete ich die Sache General Wheaton, unserem Divisionskommandeur und er schickte mir drei Infanterieregimenter als Verstärkung, wodurch mir nun einschließlich meiner Posten etwa 2.000 Männer zur Verfügung standen. Heute Morgen kam ein Deserteur zu uns und erklärte den Grund für die massierten Rebellentruppen als den Folgenden: Sie erwarteten einen Angriff von uns. Ich habe die zusätzlichen Truppen zurück ins Lager geschickt, mit der Anweisung, sich morgen in der Frühe wieder bei mir zu melden. General Wheaton, sein Stab und eine Gruppe Zivilisten aus New York und Rhode Island kamen heraus um sich die Linien anzusehen. Da wir es nicht wagten, zu reiten, liefen wir die Stellen der Linie ab, die sicher waren. Die Schlacht vom letzten Samstag hat sich als brillant für unser Korps erwiesen. Der Feind scheint empfindliche Verluste erlitten zu haben und hat viel Boden eingebüßt. General Edwards hat das 2. Rhode Island in den höchsten Tönen für sein Verhalten gelobt. Wir standen an einer sehr heiklen Stelle. Wir haben noch immer den Befehl, uns marschbereit zu halten und zweifellos wird in wenigen Tagen das Schicksal von Petersburg besiegelt sein. Ich werde froh sein, den Anbruch des Friedens willkommen zu heißen, denn ich habe das Blutvergießen satt. Aber mit Gottes Willen werde ich das Ende erleben. Mir ist es ernst mit diesem Gedanken und wenn ich überlebe, so werde ich das Ende der Rebellion sehen.

General Sheridan und das Kavalleriekorps haben sich der Armee wieder angeschlossen und es sieht so aus, als hätten sie einiges zu tun gehabt. In der Nähe unseres Lagers stehen die Pfirsichbäume in Blüte und die Luft riecht nach Frühling.

Postenlinie, Mittwoch, 29. März 1865 : Noch immer auf Postendienst und es ist sehr ruhig, obgleich jeder Mann in Alarmbereitschaft ist. Irgendetwas wird bald geschehen. Wir sind alle marschbereit und würde ich unsere Anführer nicht kennen, so würde ich vermuten, dass wir uns in einer gefährlichen Lage befänden und kurz davor seien, den Rücktritt anzutreten. Aber ich bin mir sicher, dass der Feind kurz davor steht, Petersburg zu verlassen und wir werden in Bereitschaft gehalten um ihn zu verfolgen. Ich werde heute Nacht vom Postendienst abgelöst und bin froh darüber, denn ich habe zwei Nächte lang nicht geschlafen.

Vor Petersburg, Virginia, Donnerstag, 30. März 1865 : Es regnet heftig und in der Entfernung zu unserer Linken, in Richtung Five Forks und dem Hatcher's Run, können wir das Donnern von Kanonen und das Rasseln von Musketen hören. Wir warten darauf, das Ergebnis des Kampfes zu erfahren und angeblich werden unsere weiteren Bewegungen von besagtem Ergebnis abhängen. General Sheridan ist zusammen mit dem V. Korps und der Kavallerie in dieser Sache unterwegs. Wir haben noch immer unsere Sachen gepackt und warten einfach nur - warten auf Befehle. Letzte Nacht ging ich zu Bett, um zum ersten Mal seit zwei oder drei Tagen zu schlafen, aber ich hatte mich kaum hingelegt, als der Trommelwirbel ertönte und so musste ich aufstehen, um dafür zu sorgen, dass die Forts bemannt wurden. In der Entfernung zu unserer Rechten schien der Himmel voll von krepierenden Granaten zu sein. Sie sahen aus wie Meteore, als sie sich in der Luft mehrere Male kreuzten. Wir blieben bis Mitternacht an der Linie und wurden dann bis 04.00 Uhr entlassen. Nach Tagesanbruch konnte ich mir ein kurzes Schläfchen gönnen.

Nun, ich habe dieses Leben fast vier Jahre lang ertragen und manchmal glaube ich, ich mag es. Große Ereignisse werden in wenigen Tagen geschehen und ich will hier sein, um das Ende zu erleben. Das Ende des Krieges wird das Ende der Sklaverei sein und dann wird unser Land wirklich das „Land der freien Menschen" sein.

Vor Petersburg, Freitag, 31. März 1865 : Es sind bedeutsame Ereignisse zu erwarten. Letzte Nacht wurden alle Regimentskommandeure angewiesen, sich im Brigadehauptquartier zu melden. Dort wurde uns mitgeteilt, dass das VI. Korps an diesem Morgen um 04.00 Uhr Petersburg angreifen muss und dass wir nicht scheitern dürfen, sondern die Befestigungen des Feindes einnehmen müssen, ganz gleich was es uns kosten mag. Wir kehrten in ernster Stimmung zu unseren Regimentern zurück und trafen unsere Vorbereitungen. Die Leinwanddächer wurden von den Hütten entfernt, die Tornister und Brotbeutel wurden gepackt und schließlich wurden die Musketen geladen, die Bajonette aufgepflanzt und das Regiment stellte die Musketen zusammen, um auf den Marschbefehl zu warten. Es war keine Beleuchtung erlaubt und nicht einmal ein angezündetes Streichholz war zu sehen. Gegen Mitternacht kam ein Stabsoffizier angeritten und sagte mir, der Befehl sei widerrufen worden. Wir fühlten uns ziemlich erleichtert, obwohl wir wissen, dass es bald geschehen muss. Der Regen fiel stetig und da unsere Dächer abgenommen waren, hatten wir keinen Schutz. Ich legte mich trotzdem für ein Schläfchen nieder, aber um 03.00 Uhr wurde der neue Befehl widerrufen und wir blieben bis zum Anbruch des Tages bei der Linie. Der Kampf tobt bereits den ganzen Tag lang an der Front des II. Korps zu unserer Linken und wir haben unsere Waffen griffbereit und warten darauf, dass sich etwas ereignet. Es bedeutet einen Kampf innerhalb weniger Stunden und möge Gott uns einen Sieg bescheren. Grant weiß, was er tut und ich traue ihm die Leitung der Armee-Angelegenheiten zu.

Ich habe Briefe geschrieben, die im Falle meines Todes nach Hause geschickt werden sollen und sie dem Feldarzt gegeben. Ich habe ihm gesagt, er soll sich meines Todes vergewissern, bevor er sie an meine Mutter und jemand Anderen abschickt. Ich habe ihm auch meine Uhr und mein Geld gegeben, damit er die Sachen für mich aufbewahrt oder sie nach Hause sendet. Ich habe keine Angst vor dem Tod und ich werde möglicherweise einer von vielen sein. Mein Vertrauen liegt in Gott, denn er tut alle Dinge wohl. Wenn wir den Angriff durchführen, so bin ich sicher, dass wir siegen werden.

Vor Petersburg, Samstag, 1. April 1865 : Wir sind noch immer marschbereit und haben den Befehl, bei entsprechender Benachrichtigung sofort bereit für den Angriff zu sein. Der Feind erwartet offensichtlich eine Aktion von unserer Seite, denn seine Posten sind in Alarmbereitschaft und halten schweres Gewehrfeuer aufrecht.

Meine Männer sind sehr still und ich bin mir sicher, dass sie dem guten Namen der 2. Rhode Island Freiwilligen Ehre machen werden. Wir sind nervlich sehr angespannt und ich denke, je eher dieser Druck beendet wird, desto besser. Wir erhalten keinerlei Neuigkeiten, aber jeder Offizier sieht angespannt aus.

Ich habe ein Treffen mit meinen Offizieren abgehalten und ich habe die Lage mit ihnen besprochen und ihnen eingeschärft, ihre Pflicht zu tun. Bei diesen Männern war es nicht notwendig, aber da ich mich bestens mit ihnen verstehe, dachte ich, dass ein Wort der Ermutigung nicht schaden könne. Viele von ihnen habe ich aus den Rängen der Soldaten heraus befördert und selbst als Junge von 23 Jahren fühle ich eine väterliche Anteilnahme für sie.

Innerhalb der Rebellenlinien bei Petersburg, Sonntagabend, 2. April 1865 : Gott sei Dank! Petersburg ist gefallen oder muss zumindest heute Nacht evakuiert werden.

Letzte Nacht wurden die Regimentskommandeure zum Brigadehauptquartier beordert und wir erhielten unsere endgültigen Befehle. Es wurde uns gesagt, dass wir siegen müssen, denn ein Versagen würde die gesamte Armee gefährden. Es war eine ernste Versammlung und als ich sie verließ, ergriff General Edwards meine Hand und sagte: „Gott segne Sie, Oberst. Machen Sie morgen früh mit denen, was Paddy mit der Trommel gemacht hat: Hauen Sie ordentlich drauf." Ich kehrte in mein Lager zurück, versammelte die Offiziere und versuchte erneut, ihnen den Ernst der Lage klar zu machen.

Gegen 22.00 Uhr eröffneten alle unsere Batterien an der Front des VI. Korps das Feuer auf den Feind. Der Lärm war furchtbar und das Kreischen der Kugeln und Granaten gab uns eine Vorstellung davon, was wir am Morgen zu erwarten hatten. Batterie "E" der 1. leichten Artillerie von Rhode Island, die in Fort Wadsworth zur Linken unseres Lagers stationiert ist, war schwer bei der Arbeit. Kurz nachdem unsere Batterien das Feuer eröffnet hatten, verließ unsere Brigade das Lager. Die Männer waren angewiesen, ihre Becher und Pfannen in ihren Tornistern zu verstauen und unter keinen Umständen laut zu sprechen oder ein Streichholz zu entzünden. Schweigend begaben wir uns zum etwa sechs Kilometer entfernten Fort Fisher, marschierten durch das Fort und formierten uns davor. Das VI. Korps stand in divisionsweise gestaffelter Linie, mit der 1. Division, in der wir dienen, zur Rechten und ein wenig nach hinten versetzt.

Gegen Morgen legte sich dichter Nebel auf das Feld und wir konnten in keine Richtung auch nur 20 Meter weit sehen. Unsere Befehle lauteten, beim Klang des Signalhorns still aber zielstrebig zur Front vorzurücken. Während wir warteten, eröffnete der Feind von seiner Postenlinie aus das Feuer auf uns und Korporal Mills von meiner Fahnenwache wurde getötet.

Eine Abteilung der 37. Massachusetts Freiwilligen wurde mit Äxten der Linie vorausgeschickt, um die Baumsperren zu zerhauen. Ich hatte meinen Männern befohlen, vor dem Verlassen des Lagers ihre Musketen zu laden und nun ging ich die Linie entlang und ließ sie die Zündhütchen von ihren Musketen abnehmen, da die Offiziere von vorne führen sollten und ich nicht wollte, dass sie von unseren eigenen Männern niedergeschossen würden. Das 2. Rhode Island stand in der zweiten Reihe unserer Brigade. Während wir auf das Signal warteten, riss sich ein Maultier, das zum Pionierkorps der Brigade gehörte und mit Pickeln und Schaufeln beladen war, los und rannte auf die Front zu. Die Schanzwerkzeuge klapperten dermaßen laut, dass die Rebellen dachten, es sei etwas im Busch und ein fürchterliches Feuer eröffneten. Wäre dieser Unfall nicht passiert, so denke ich, die Überraschung wäre vollständig gewesen. Als das Signal ertönte, stieß das gesamte Korps, trotz der Anweisung, ruhig zu bleiben, einen mächtigen Schrei aus und warf sich nach vorne in den Nebel. Da ich in der zweiten Reihe war, konnte ich meine Position nicht sehr gut ausmachen und so bewegte ich mich nach rechts. Zuerst stießen die 2. Rhode Island Freiwilligen auf die Postenlinie der Rebellen, die direkt in unsere Gesichter feuerte, aber wir schwärmten über sie, ohne einen Schuss abzufeuern. In der Tat konnten wir nicht feuern, da meine Männer keine Zündhütchen auf ihren Waffen hatten. Es lief, wie ich es geplant hatte. Die Rebellen in den Schützenlöchern warfen ihre Gewehre von sich und ergaben sich. Sie riefen: „Nicht schießen, Yanks!" und ich befahl ihnen, sich zu unseren Linien zu begeben, was sie auch rennend taten. Ich formierte hastig meine Linie in den Schützenlöchern, als Korporal Maurice O. Hearn nach „drei Hochrufen für Oberst Rhodes!" verlangte und sie wurden ausgebracht, bevor ich einschreiten konnte. Dieser Jubel gab dem Feind einen Hinweis auf unsere Position und vier Geschütze von einer Befestigung zu meiner Linken sowie zwei Geschütze zu meiner Rechten eröffneten das Feuer auf uns. Ich schrie „Vorwärts!" und los stürmten wir zwischen die beiden Befestigungen. Als wir auf die feindlichen Baumsperren stießen, war ich zufällig an der rechten Flanke des Regiments und als ich eine Öffnung für Versorgungswagen im Gehölz entdeckte, gab ich die entsprechenden Kommandos, um mein Regiment an der Flanke hindurch zu manövrieren und es dann vor den beiden Geschützbatterien in Linie aufzustellen. Das Erste, an das ich mich erinnere, ist, dass ich in den Graben fiel und nach mir noch einige Männer. Die Rebellen feuerten ihre Geschütze und Musketen über unsere Köpfe und dann kletterten wir das Seil hinauf auf die Brustwehren ihrer Befestigung, wobei wir direkt zwischen ihre Musketen kamen, die über die Befestigung zielten. Das Ganze geschah so schnell, dass die Rebellen keine Gelegenheit hatten, erneut zu feuern und sie ließen ihre Waffen fallen und rannten. Als das 2. Rhode Island die Brustwehr erreicht hatte, gab ich den Befehl, die Zündhütchen aufzustecken und zu feuern und wir jagten eine Salve in ihre Hütten, die hinter der befestigten Linie standen. Mein diensttuender Adjutant Oberleutnant Frank S. Halliday erschoss einen Kanonier an einem der Geschütze. Die Rebellen brachten eine Kanone von der Rückseite des Forts heran, aber wir kamen so schnell über sie, dass sie sie im Stich lassen mussten. Dann drehte Halliday die Kanone auf den Feind und feuerte mehrere Schüsse in seine Befestigungen. Als sich die Rebellen sammelten, um auf das Geschütz loszustürmen, lud Korporal William Railton es mit einer Kartusche und da er keine Geschosse mehr hatte, füllte er den Lauf bis zur Mündung mit Steinen und feuerte diese direkt in die Gesichter der auf uns zustürmenden Rebellen. Das Geschütz zerbarst, verletzte aber keinen meiner Männer, sondern zerschmetterte die Rebellen, die sich daraufhin zurückzogen. Da ich niemanden aus unserer Brigade sehen konnte, formierte ich eilig meine Linie und rückte durch die Lager vor. Meine Befehle lauteten, die Boydton Bohlenstraße zu finden und dort haltzumachen. Bald erreichte ich die Straße und ließ anhalten. Wenige Momente später sah ich ein Regiment, das in Linie von den eroberten Befestigungen her vorrückte. Da ich nicht wusste, wer sie waren, schickte ich einige Plänkler vor und fand heraus, dass es sich um das 49. Pennsylvania aus unserer Brigade, unter dem Kommando von Oberstleutnant Hickman, handelte.

Hier blieben wir für eine kurze Zeit, dann erhielten wir einen Befehl durch einen Stabsoffizier und marschierten zurück zu den Befestigungen der Rebellen. Hier traf ich auf General Wheaton, der mir sehr herzlich für die vom 2. Rhode Island geleistete Arbeit gratulierte. Wir erheben Anspruch darauf, die ersten Truppen gewesen zu sein, die die Linie der Rebellen erreichten und die erste Flagge auf den Befestigungen der Rebellen aufgepflanzt zu haben. Das VI. Korps bildete jetzt eine Linie im rechten Winkel zu den Befestigungen des Feindes und marschierte auf den Hatcher's Run zu, aber nach einem Marsch von etwa fünf Kilometern kehrten wir um und marschierten in Richtung Petersburg, bis wir auf ihre inneren Linien stießen. Hier lagen wir den ganzen Tag lang unter Feuer und bei Einbruch der Dunkelheit konnten wir eine der Hauptstraßen der Stadt hinab sehen. Leutnant John K. Dorrance wurde schwer verwundet und 15 Soldaten wurden getötet und verwundet. Nach Einbruch der Dunkelheit versammelten sich die Offiziere und mit dankbaren Herzen sangen wir „Preist Gott, der uns den Segen gibt." Hurra für die Union! Sie wird bald wiederhergestellt sein, Gott sei Dank!

Montag, 3. April 1865 : Heute Morgen schickte General Edwards die 37. Massachusetts Freiwilligen nach Petersburg hinein und fand heraus, dass der Feind während der Nacht abgezogen war. Die Erleichterung ist groß. Der Bürgermeister der Stadt übergab sie an General Edwards. Dann nahm die Armee die Verfolgung der Rebellen in Richtung Lynchburg auf. Heute haben wir gehört, dass Richmond evakuiert wurde und in Flammen steht. Nun, soll es nur brennen, wir wollen es nicht. Wir sind hinter Lee her und wir werden ihn kriegen. Ich wurde für einen Brevet-Rang als Oberst vorgeschlagen, für Tapferkeit beim Sturm auf Petersburg. Hurra!

Dienstag, 4. April 1865 : Wir folgen noch immer der demoralisierten Armee. Die Straße ist übersät mit zusammengebrochenen Wagen und den Dingen, die die Rebellen auf der Flucht weggeworfen haben. Ich weiß nicht genau, wo wir uns befinden, aber es kümmert mich nicht, denn Grant steht an der Spitze und die Sache wird gut ausgehen.

Mittwoch, 5. April 1865 : Wir trotten noch immer vorwärts und verfolgen Lee. Bei jedem Schritt sehen wir Beweise für den demoralisierten Zustand von Lees Armee. Wenn wir an ihm dranbleiben, werden wir ihn erwischen und wenn das geschieht, wird der Krieg enden. Oft ist er uns gefolgt und auch wir ihm, aber dies ist das letzte Mal. In der Nacht schlossen wir uns bei Jetersville Sheridans Kavallerie an.

Freitag, 7. April 1865 : Gestern hatte das alte VI. Korps einen großen Kampf und es errang einen Sieg, der dabei helfen muss, den Krieg zu beenden. Gott sei gedankt, dass ich noch lebe. Mein Herz ist traurig, wenn ich an all die tapferen Offiziere und Männer denke, die gestern starben. Dem Ende so nahe und trotzdem müssen noch Männer sterben. Gestern führte das 2. Rhode Island zufällig das VI. Korps an und musste somit natürlich die Wachabteilungen bereitstellen, um Häuser und andere Orte entlang der Straße zu bewachen. Ich habe etwa 400 Männer im Regiment, aber die bereitgestellten Abteilungen waren dermaßen zahlreich, dass mir nur etwa 200 Männer und 11 Offiziere verblieben.
Am Nachmittag, als wir aus dem Wald heraus auf eine Lichtung kamen, hörte ich Feuer aus der Richtung der Front und zu unserer Rechten. Ich sah die Generäle Sheridan, Wright, Wheaton und Edwards, die auf Pferden saßen und sich ernsthaft unterhielten. General Edwards hob seine Hand als

Zeichen für mich anzuhalten und ich gab das Kommando an das Regiment hinter mir weiter. Dann lud er mich ein, mich der Gruppe anzuschließen. Ich ritt zu ihr hin und grüßte und man sagte mir, dass vor uns ein kleiner Bach namens Sayler's Creek flösse und dass auf der anderen Seite General Ewells Rebellenkorps Lees Wagenzug bewachen würde und dass unsere Kavallerie es abgeschnitten habe und es angreifen werde. Als ich zu meinem Regiment zurückritt, trat Hauptmann Charles W. Gleason an mich heran und sagte: „Herr Oberst, werden wir wieder kämpfen?" Ich antwortete: „Ja." „Gut" sagte er, „wenn wir siegen wird dies die letzte Schlacht sein und dann können Sie und ich nach Hause gehen. Gott segne Sie, Herr Oberst." Ich antwortete: „Gott segne Sie, Hauptmann. Ich hoffe, Sie nach dem Kampf zu sehen." Der arme Gleason, wenige Minuten später erlitt er einen Kopfschuss und wurde getötet. Er war ein tapferer Kerl und ich hielt große Stücke auf ihn. Ich hatte ihn aus den Rängen herausgenommen und ihn zum Unterleutnant, Oberleutnant, Brevet-Hauptmann und Hauptmann befördert. Die Schlachtlinie des Korps wurde dergestalt aufgestellt, dass ich mich an der äußersten linken Flanke der Linie befand. Unsere Brigade von sechs Regimentern stand in drei Reihen und das 2. Rhode Island befand sich in der dritten Reihe. Noch bevor wir weit vorgerückt waren, erhielt ich die Order, Stellung zur Linken der zweiten Reihe und schließlich zur Linken der ersten Reihe zu beziehen, was mich an die äußerste Flanke des Korps brachte. Ich sprach mit dem Brigadekommandeur darüber und er sagte mir, dass eine Kavallerieabteilung meine Flanke schützen werde. Die Linie bewegte sich einen Hügel hinab und als ich einen Fluss vor uns sah, stieg ich ab und ließ mein Pferd nach hinten hinter eine Scheune bringen. Die Rebellen eröffneten das Feuer auf uns, sobald wir den Fluss erreichten, aber wir sprangen hinein, wobei uns das Wasser bis zu den Hüften reichte und erreichten bald die gegenüberliegende Seite. Hier formierten wir uns und rückten eine flache Anhöhe hinauf gegen ein Wäldchen vor, während sich die Rebellen vor uns zurückzogen. Als wir noch etwa 50 Meter von dem Wäldchen entfernt waren, trat ein Rebellenoffizier daraus hervor und rief: „Erhebt euch, Feuer!" Eine lange Linie von Rebellen feuerte direkt in unsere Gesichter, stürmte dann durch unsere Linie und setzte sich zwischen uns und den Fluss. Der Kampf war erbittert und hier fiel der arme Hauptmann Gleason und ebenso Oberleutnant William H. Perry. Hauptmann Jeffrey, Oberleutnant Halliday und Unterleutnant George B. Peck wurden verwundet, ebenso mehrere Soldaten. Ich sah, dass die Rebellen unsere Staatsflagge hatten, richtete das Regiment schnell nach hinten aus und wir stürmten auf sie los, durchbrachen ihre Linie und überquerten den Fluss. General Edwards war von seiner Brigade getrennt worden und da ich der ranghöchste anwesende Offizier war, erhielt ich von General Wheaton die Anweisung, das Kommando zu übernehmen und den Fluss erneut zu überqueren. Ich ließ nach meinem Pferd schicken und nachdem ich die Linie formiert hatte, überquerten wir wieder den Fluss und vertrieben den Feind aus dem Wald, wobei wir den Wagenzug eroberten. Feldwebel Cameron vom 5. Wisconsin Regiment aus unserer Brigade nahm General Ewell gefangen, während sich Kommodore Tucker und andere Marineoffiziere ergaben. Unser Regiment hatte etwa 50 Rebellenoffiziere gefangen. Wir setzten die Wagen in Brand, die mit Kartoffeln und Hirse-Melasse beladen gewesen waren, welche sich unsere Jungs schmecken ließen. Wir rückten vor bis die Dunkelheit hereinbrach und hielten dann an. General Wheaton befahl mir, unsere Brigadelinie vorrücken zu lassen, was ich im hellen Mondlicht tat. Das 2. Rhode Island hat 44 Tote und Verwundete zu beklagen. Gegen 22.00 Uhr legte ich mich nieder um zu schlafen, aber ich wurde bald von General Edwards geweckt, der uns gefunden hatte und mich von meinem Brigadekommando ablöste. Das 2. Rhode Island hat sich, wie gewöhnlich, hervorragend betragen. Heute bewachen wir unseren Wagenzug und folgen noch immer Lees Armee.

Samstag, 8. April 1865 : Letzte Nacht verließen wir den Wagenzug und schlossen uns unserer Brigade an. Seit ich am 2. dieses Monats Petersburg verließ, habe ich 50 Männer verloren. Einige sind tot und einige sind verwundet. Möge Gott ihnen helfen und uns den Sieg bringen. Es geht immer weiter und weiter und vor uns donnern die Kanonen, die anzeigen, dass Lee nicht weit weg ist und sich möglicherweise zur Verteidigung stellt.

Nahe Appomattox Court House, Virginia, Sonntag, 9. April 1865 : Ehre sei Gott in der Höhe! Friede auf Erden und den Menschen ein Wohlgefallen! Gott sei Dank, Lee hat sich ergeben und der Krieg wird bald enden. Wie kann ich die Ereignisse dieses Tages wiedergeben? Heute Morgen brachen wir früh auf und folgten noch immer dem Klang gelegentlicher Kanonenschüsse. Am Wegesrand stieß ich auf einen Rebellenhauptmann aus North Carolina und als ich sah, dass er ein Freimaurer war, ließ ich ihn zu meiner Militärpolizei bringen. Gegen 11.00 Uhr hielten wir auf einem Feld, das an den Wald grenzte und stellten unsere Waffen zusammen. Gerüchte von einer bevorstehenden Kapitulation wurden laut, aber wir waren uns nicht sicher.

Ich brachte den Rebellenhauptmann hinüber zu General Edwards Hauptquartier und wir nahmen unser Essen mit ihm ein. Der Hauptmann beharrte darauf, dass Lee sich ergeben werde und er bat uns eindringlich, ihn nicht nach hinten zu schicken.

Irgendwann am Nachmittag hörten wir lauten Jubel von der Front und bald darauf kam Generalmajor Meade, der Kommandeur der Potomac-Armee, wie ein Verrückter und barhäuptig die Straße entlang galoppiert und schrie: „Der Krieg ist vorbei und wir gehen nach Hause!" Solch eine Szene ereignet sich nur einmal in Jahrhunderten. Die Batterien begannen, Kartuschen ohne Geschosse abzufeuern, während die Infanterie mit ihren Musketen in die Luft schoss. Die Männer schleuderten ihre Tornister und Feldflaschen in die Luft und heulten wie von Sinnen. General Wheaton und eine Gruppe Offiziere kamen zu unserem Regiment geritten und brachten tatsächlich drei Hochrufe auf das 2. Rhode Island aus, die bereitwillig erwidert wurden. Ich weinte und lachte abwechselnd. Niemals in meinem Leben war ich dermaßen glücklich.

Die Rebellen sind halb verhungert und unsere Männer haben ihre Rationen mit ihnen geteilt. Das 2. Rhode Island hatte Rationen für drei Tage und nachdem wir sie mit den Rebellen geteilt haben, werden wir mit unseren eineinhalb Tagesrationen drei Tage lang auskommen müssen. Wir haben es jedoch frohen Herzens getan. Nun, ich habe das Ende der Rebellion erlebt. Ich war in der ersten Schlacht, die die gute Potomac-Armee ausgefochten hat und ich war in der letzten. Ich danke Gott für alle seine Segnungen und dass mein Leben verschont wurde, um diesen glorreichen Tag zu erleben.

Hurra! Hurra! Hurra!

Appomattox Court House, Montag, 10. April 1865 : Letzte Nacht erschien es mir seltsam, zu schlafen, ohne Angst vor einem Angriff haben zu müssen, aber die Rebellen sind jetzt alle unter Bewachung. Ich habe mit einigen von ihnen gesprochen und habe erfahren, dass sie genauso froh wie wir darüber sind, dass der Krieg vorbei ist. Sie alle scheinen über die freundliche Behandlung, die ihnen widerfährt, erstaunt zu sein und ich glaube, General Grants Art, die Dinge zu regeln wird im Frieden, der kommen muss, hilfreich sein. Ich weiß nicht, was an der Front geschieht, da es niemandem erlaubt ist, die Rebellenlager aufzusuchen, aber ich bin zufrieden. Ich habe alle Rebellen gesehen, die ich zeit meines Lebens sehen möchte. Soweit ich weiß, werden wir uns morgen in Marsch setzen; wohin, vermag ich nicht zu sagen.

Dienstag, 11. April 1865 : Heute Morgen verließen wir mit dem VI. Korps das Lager bei Appomattox Court House und nach einem Marsch von 30 Kilometern sind wir jetzt auf der Straße nach Burkesville, falls irgendjemand weiß, wo oder was das ist. Das Marschieren ist angenehm und die Männer sind in guter Stimmung.

Mittwoch, 12. April 1865 : Wir sind heute ein gutes Stück marschiert und erwarten, morgen in Burkesville anzukommen. Ich habe erfahren, dass es ein wichtiger Eisenbahn-Knotenpunkt ist. Die Einheimischen, die wir auf der Straße treffen, scheinen wie benommen zu sein und können anscheinend nicht begreifen, dass Lee kapituliert hat.

Donnerstag, 13. April 1865 : Wir haben heute Burkesville erreicht, es liegt an der Kreuzung der Richmond & Danville und der Lynchburg Bahnstrecken. Der ehrenwerte Frederick Miller aus Providence ist zu Besuch bei mir und ich bin richtig froh ihn zu sehen, da ich ein Angestellter in seinem Geschäft war, als ich mich bei den 2. Rhode Island Freiwilligen einschrieb. Natürlich ist das alles hier neu und fremdartig für ihn und er genießt das Leben.

Als wir durch Farmville marschierten, hörte ich jemanden „Oberst, Oberst!" rufen und als ich darauf nicht antwortete, da es ja eine ganze Reihe von Obersten gibt, vernahm ich den Ruf „Elisha!" Ich schaute in die Richtung der Eingangstreppe des Hotels und sah Herrn Miller dort stehen, mit einem Koffer in der Hand. Ich ritt zu ihm hin, ließ meine Ordonnanz absteigen und er stieg auf und ritt mit mir weiter. Er wird einige Tage bleiben, da er im Auftrag der Christlichen Kommission hier ist.

Burkesville, Virginia, Freitag, 14. April 1865 : Mein Lager liegt in einem hübschen Kiefernwäldchen und wir genießen die Ruhe. Gestern Abend erreichte uns eine Ladung Post und heiterte alle auf. Die letzten beiden Wochen waren die anstrengendsten von allen meinen Feldzügen, aber mir geht es gut und ich fühle mich prächtig.

ALLES FÜR DIE UNION

Burkesville, Virginia, Samstag, 15. April 1865 : Wir haben einen regnerischen Tag, aber da der Wagenzug angekommen ist, habe ich mein Zelt aufstellen lassen und fühle mich recht behaglich. Herr Miller liest, um sich die Zeit zu vertreiben.

Schreckliche Neuigkeiten haben uns gerade erreicht. Korporal Thomas Parker hat Herrn Miller eben mitgeteilt, Präsident Lincoln sei tot, ermordet. Ich ließ nach Parker schicken und sagte ihm, er solle die Geschichte nicht weitererzählen, aber kurz darauf kam ein Stabsoffizier geritten und überbrachte mir die traurigen Neuigkeiten. Er überreichte mir ein Rundschreiben von General Meade, das die furchtbare Tatsache verkündet und die Umstände, soweit sie bekannt sind, schildert. Anscheinend erschoss ihn ein Mann namens Booth letzte Nacht im Theater mit einer Pistole. Das Rundschreiben berichtet, dass ebenfalls ein Anschlag auf das Leben von Minister Seward stattgefunden hat und dass nach General Grant, der sich auf den Weg nach New York gemacht hat, verlangt wird. Ich rief Herrn Miller aus dem Zelt und las ihm die Nachricht vor, woraufhin das Regiment Aufstellung bezog und der Adjutant die Nachricht vor den Offizieren und Männern verlas. Die traurige Neuigkeit wurde mit Betrübnis und Stille aufgenommen, denn wir alle spüren, dass wir einen persönlichen Freund verloren haben. Wir sahen Präsident Lincoln nur einen oder zwei Tage, bevor wir Petersburg einnahmen. Wir hatten ihn oft gesehen, wenn er die Armee besuchte und er wurde stets mit Jubel empfangen. Welchen Sinn hat dieser Mord und wer ist verantwortlich? Die Soldaten meinen, dass die Anführer der Rebellion verantwortlich sind und ich befürchte, hätte sich Lees Armee nicht ergeben, so wäre es ihr in unseren Händen schlecht ergangen. Nachdem sie die Nachricht aufgenommen hatten, wandten sich meine Männer ab und gingen in aller Stille zu ihren Kompaniestraßen. Wir können die Tatsache nicht begreifen, dass unser Präsident tot ist. Möge Gott seiner Familie und unserem armen Land helfen. Ich vertraue darauf, dass Gottes Wille selbst in dieser traurigen Tragödie zutage treten wird.

Burkesville, Virginia, Sonntag, 16. April 1865 : Es ist dies ein trauriger Sonntag im Lager, denn die Nachricht von Präsident Lincolns Tod scheint jeden zu lähmen. Wir können nur immer wieder darüber reden und spekulieren, was jetzt geschehen wird. Es macht die Soldaten wild vor Wut, daran zu denken, dass dieser große und gute Mann, der so viel für unser Land getan hat, in der Stunde des Sieges niedergestreckt worden ist.

Burkesville, Virginia, Montag, 17. April 1865 : Herr Frederick Miller hat heute das Lager in Richtung Heimat verlassen. Es tat mir leid, von ihm zu scheiden, denn ich habe seine Gesellschaft sehr genossen. Alles war neu und fremdartig für ihn. Ich glaube, er hat jetzt eine sehr gute Vorstellung vom Armeeleben.
Ich höre, dass mein Adjutant Brevet-Hauptmann Thorndike J. Smith auf dem Weg zum Regiment ist. Ich werde froh sein, ihn zu sehen, denn ich bedarf dringend seiner Dienste. Das Gerücht geht um, unser Korps solle nach North Carolina geschickt werden, aber inwieweit das wahr ist, vermag ich nicht zu sagen.
Dies ist ein schlechter Platz für die Versorgung, da die Bahnstrecke alt und in schlechtem Zustand ist, was die Fahrt der Züge langsam und ungewiss macht. Manche glauben, dass unser Korps nach Richmond oder Petersburg geschickt werden wird. Es ist schön, zu spüren, dass die Kämpfe vorbei sind und dass wir nicht mehr damit rechnen müssen, nächtens herausgerufen zu werden. Je mehr ich die Sache überdenke, desto froher stimmt es mich, dass ich die erste und die letzte Schlacht der Potomac-Armee erlebt habe.
Ich ritt heute hinab nach Burkesville Station, aber ich blieb nicht lange, da es dort nichts zu sehen gibt außer dem Bahnhof und wenigen Häusern. Dies ist nicht gerade ein erstklassiges Städtchen.

Burkesville, Virginia, Dienstag, 18. April 1865 : Ich habe ein schönes Geschenk von Leutnant William H. Bullock aus meinem Regiment erhalten, der gerade aus Rhode Island zurückgekehrt ist. Es ist ein silberner Schild mit dem Kreuz des VI. Korps aus roter Emaille in der Mitte, wobei mein Name, mein Rang und mein Regiment das Kreuz umfassen. Der Schild wurde von der Firma Gorham in Providence gefertigt.

Burkesville, Virginia, Mittwoch, 19. April 1865 : Die Flaggen der Armee wehen auf Halbmast und sind mit schwarz drapiert, während minütlich Geschütze zu Ehren unseres toten Präsidenten abgefeuert werden. Wir können noch immer nicht begreifen, dass er tot ist. Alle Herzen sind in Trauer und die große alte Potomac-Armee beklagt den Verlust der Nation. Lincoln war ein wahrhafter Freund der Soldaten und sie werden ihn niemals vergessen.

Burkesville, Virginia, Freitag, 21. April 1865 : Heute gibt es keine Neuigkeiten und nichts, über das ich schreiben könnte. Ich verbringe meine Zeit mit dienstlichen Pflichten und Drill und gelegentlich unternehme ich Ausritte in die Landschaft. Die Leute scheinen gutmütig zu sein und ich glaube, sie sind froh, dass der Krieg vorbei ist. Die Offiziere reden bereits über die Heimkehr des Regiments. Nun, jetzt, da der Krieg praktisch vorüber ist, wäre mir das sehr genehm. Ich schätze, ich werde mich stolz fühlen, wenn ich die Westminster Street hinaufreite, als Kommandeur eines Regiments, mit dem ich vor vier Jahren die gleiche Straße als gemeiner Soldat hinab marschiert bin.
Letzte Nacht erreichte uns das Gerücht, der Rebellengeneral Johnston habe sich General Sherman ergeben. Alle Lager waren erleuchtet und die Männer paradierten mit Fackeln, was einen feinen Anblick bot. Wenn diese Neuigkeit wahr ist, kann man den Krieg getrost als beendet betrachten, denn der Feind kann auf keinen Fall neue Armeen aufstellen.

Burkesville, Samstag, 22. April 1865 : Wir stehen unter dem Befehl, bei Benachrichtigung sofort marschbereit zu sein und das Gerücht geht um, Johnston habe sich nicht ergeben und wir würden Sherman helfen, ihn zu erwischen. Nun, ich dachte, wir hätten alle Kämpfe überstanden, aber so läuft es eben. Das alte VI. Korps steckt noch voller Kampfgeist. Ich schätze, wir werden heute oder morgen abmarschieren.

Keyesville, Virginia, Sonntag, 23. April 1865 : Heute Morgen verließen wir das Lager bei Burkesville und marschierten etwa 30 Kilometer auf der Straße zu diesem kleinen Ort hier. Es heißt, wir seien unterwegs nach Danville, Virginia, an der Grenze zu North Carolina. Wir hatten heute einen ordentlichen Marsch und ich habe ihn ziemlich genossen. Ich glaube, die Männer ziehen den Marsch dem Lagerleben vor. Der Landstrich, den wir passierten, ist hübsch und scheint sich zu verbessern, je weiter wir nach Süden gehen.

Montag, 24. April 1865 : Heute Morgen setzten wir unseren Marsch fort und lagern jetzt am Ufer eines Flusses, den die Leute den Staunton River nennen. Die Landschaft ist noch immer hübsch und wir kommen gut voran.

Halifax Court House, Virginia, Dienstag, 25. April 1865 : Heute Morgen überquerten wir den Fluss auf einer Pontonbrücke, die die Pioniere während der Nacht gelegt hatten und setzten unseren Weg durch eine Ortschaft namens Laurel Hill bis zu diesem Ort hier fort. Halifax Court House ist eine ruhige kleine Siedlung auf einem Hügel. Die Leute empfingen uns sehr kühl und scheinen den Yankees gegenüber verbittert zu sein. Wir nahmen das Städtchen in Besitz und hissten das Sternenbanner auf dem Gerichtsgebäude. Dies ist wahrscheinlich seit einigen Jahren die erste U.S. Flagge, die in diesem Teil Virginias zu sehen ist. Gestern hielten die Einwohner hier ein Treffen ab und erklärten die Union für nichtig, aber als wir ankamen, fanden wir keine dieser Gruppen vor.

Brooklyn, Virginia, Mittwoch, 26. April 1865 : Heute Morgen verließen wir Halifax Court House und hatten einen guten Marsch zu dieser kleinen Siedlung hier. Die Neger sind verrückt vor Freude, denn sie wissen, dass sie jetzt frei sind. Wir nähern uns Danville rasch und werden morgen dort ankommen.

Danville, Virginia, Donnerstag, 27. April 1865 : Heute Nachmittag erreichten wir diese Stadt hier und überquerten auf der Brücke den Dan River. Die Rebellen hatten versucht, sie zu zerstören und hatten an einigen Stellen das Holz angesägt, aber unsere Kavallerie erreichte den Fluss rechtzeitig, um die Brücke zu retten. Die Leute betrachteten uns mit Abscheu in ihren Gesichtern, als wir mit tönenden Trommeln und wehenden Fahnen durch die Straßen marschierten. Ich sah nicht ein lachendes Gesicht, außer bei den Sklaven, die natürlich froh waren, uns zu sehen. „Wir haben auf euch gewartet!" wurde uns viele Male zugerufen. Als wir ankamen, war der Bahnhof voll von Lokomotiven. Ich schätze, Uncle Sam wird sie für sich beanspruchen.

Danville, Freitag, 28. April 1865 : Mein Regiment lagert knapp außerhalb der Stadt, sehr nahe an der Grenze von North Carolina. Tatsächlich sind wir uns nicht ganz sicher, in welchem Staat wir uns befinden. Danville ist eine recht kleine Stadt, aber ich hatte bisher noch keine Zeit, sie mir anzusehen. Das Wetter ist schön und genau wie ein Juni in Rhode Island.
Wir haben gerade die Neuigkeit erhalten, dass Johnston endlich kapituliert hat und alle unsere Batterien feuern Salutschüsse ab. Dies ist eine gute Neuigkeit und der Krieg ist sicherlich vorbei. Aber ich werde abwarten, denn er war bereits so oft vorbei, dass ich noch ein wenig zweifle. Auf jeden Fall werden wir wohl nicht weiter nach Süden marschieren. Auf unserem Marsch nach Danville sahen wir viele Neger. Die Straßen waren voll von ihnen, lachend und grinsend. Natürlich sagten wir

ihnen, sie seien frei, aber ihre Herren wollten es nicht glauben. An einem Ort befahl der Aufseher die Neger zurück an die Arbeit und sie weigerten sich. Einige von ihnen kamen auf der Suche nach Rat herüber zu meinem Lager. Als sie zurückgingen, boten sie an zu arbeiten, wenn sie für ihre Arbeit bezahlt würden. Ich weiß nicht, wie die Angelegenheit ausging.

Danville, Samstag, 29. April 1865 : Wir haben uns heute die Stadt angesehen und ich bin zu dem Schluss gekommen, dass mir die Städte in Virginia nicht zusagen. Hingegen erwarb ich einige gute Zigarren, die mir zusagten. Es sind die ersten, die ich seit einiger Zeit gesehen habe.

Danville, Virginia, Sonntag, 30. April 1865 : Dies war ein geschäftiger Tag und nicht gerade ein gewöhnlicher Sonntag. Mein Regiment erhielt seinen Sold von Oberstleutnant Hickman von den 49. Pennsylvania Freiwilligen und ich musste die 5. Wisconsin Freiwilligen ausbezahlen. Das nahm so viel Zeit in Anspruch, dass ich die Kirche in der Stadt nicht aufsuchen konnte, was ich eigentlich beabsichtigt hatte. Major William C. Gray von den 119. Pennsylvania Freiwilligen hat den Abend mit mir verbracht. Gestern sah ich mir die Gebäude der Stadt an, in denen die Yankee-Gefangenen untergebracht waren. Nun, ich möchte in keinem von ihnen eingesperrt sein. Es gibt sechs große backsteinerne Tabaklagerhallen, die bis zuletzt für diesen Zweck genutzt wurden. Keine Gefangenen mehr für dich zum Misshandeln, Johnny Reb. Die Stadt ist voll von begnadigten Rebellenoffizieren, die mit Damen die Straße entlang laufen und die manchmal grob zu unseren Offizieren und Männern sind. Aber wir können es uns leisten, sie gewähren zu lassen, denn wir sind die Sieger. Unsere Leute ärgern sich etwas darüber, dass es diesen Rebellenoffizieren erlaubt ist, in Uniform herumzulaufen. Nicht, dass wir ihnen etwas Böses wollen, aber wir denken, sie sollten etwas bescheidener sein. Wenn wir ausreiten, so treffen wir mit Sicherheit eine Gruppe von ihnen, die ebenfalls einen Ausritt unternimmt. Eine ihrer Damen machte die Bemerkung, dass sie sich unsere Truppen ansehen könne, der Anblick des Sternenbanners sie jedoch wütend mache. Aber anschließend gestand sie, dass sich die Yankees in den Straßen von Danville besser betragen als es die konföderierten Truppen getan hatten. Bei Gesprächen mit einigen Damen sagten diese, sie hätten es sich zur Gewohnheit gemacht, Revolver bei sich zu tragen, als die Konföderierten in der Stadt waren, aber dass sie sich jetzt bei den Yankees sicher fühlten.

Es klang angenehm, heute Morgen die Glocken zum Gottesdienst läuten zu hören. Es erinnerte mich an Zuhause. Wäre die Auszahlung nicht gewesen, so hätte ich am Gottesdienst teilgenommen. Wir haben bereits seit einiger Zeit keine Post mehr erhalten.

Danville, Virginia, Montag, 1. Mai 1865 : Wir wurden gerade darüber informiert, dass heute eine Postsendung in Richtung Norden gehen wird, da die Züge auf der Bahnstrecke nach Richmond fahren. Mein Lager ist nicht sehr angenehm, aber da wir hier wohl lediglich eine kurze Zeit bleiben werden, ist das nicht wichtig. Wir sind inmitten dichten Gehölzes und mussten die jungen Bäume herausschlagen, um Straßen für die Kompanien anzulegen. Momentan halten wir kaum noch Drillübungen ab.

Dienstag, 2. Mai 1865 : Das Gerücht geht um, dass wir bald marschieren sollen und ich hoffe, dass es wahr ist, denn ich habe alles von diesem Teil Virginias gesehen, was ich sehen wollte. Ich habe mir die gesamte Stadt angesehen und ich war so weit draußen in der Landschaft, wie mir ohne große Eskorte sicher schien. Nun da der Krieg vorbei ist, spüre ich, dass ich gerne wieder ein Zivilist wäre, obwohl ich das Leben eines Soldaten mag.

Mittwoch, 3. Mai 1865 : Heute Morgen erhielten wir die Order, uns per Zug nach Burkesville zu begeben und mir wurde gesagt, dass unsere Truppe oder unser Korps entlang der Southside Bahnstrecke als Wachen verteilt werden soll. Wir verließen ohne Bedauern unser Lager im Gebüsch und marschierten zum Bahnhof, wo wir noch auf die Waggons warten. Es gibt Probleme mit der Telegraphenleitung und da ich keine Neuigkeiten von einer kommenden Lokomotive erhalten konnte, weigerte ich mich, sehr zum Ärger des die Bahnstrecke leitenden Quartiermeisters, meine Männer einzuladen. Unsere Jungs fanden ein mit Weizenmehl und Speck gefülltes Lagerhaus in der Nähe des Bahnhofes und haben einen guten Teil davon zu den Waggons getragen. Da es der Rebellenregierung und keinen Privatpersonen gehört, bin ich sehr vorsichtig gewesen, nichts von der Sache zu bemerken.

Burkesville, 3. Mai 1865, 22.30 Uhr : Wir sind gerade nach einer ermüdenden Fahrt von Danville hier angekommen, aber es war besser als zu marschieren. Der Schaffner stellte mir seinen Dienstwagen zur Verfügung, der über eine Küche verfügte, also war die Fahrt für mich recht angenehm. Die Bahnstrecke ist alt und aus minderwertigem Metall gefertigt, also mussten wir langsam fahren. Bei der Ankunft hier traf ich Brevet-Hauptmann Thorndike J. Smith, meinen Adjutanten, der sich von seiner verwundungsbedingten Abwesenheit zurück zum Dienst meldete. Ich traf ebenso auf eine neue Kompanie von 80 Rekruten unter dem Kommando von Hauptmann Joseph Pollard. Sie kamen ein wenig spät für aktiven Dienst, aber sie werden meine Verluste der letzten Kämpfe auffüllen.

Nun, ich bin müde und erschöpft, also geht es jetzt ab unter einen Baum für ein Schläfchen. Ich habe mir gerade etwas Brei und Hirsemelasse von einem der Männer bringen lassen. Der Brei wurde mit gestohlenem Mehl gemacht, aber er schmeckt gut.

Wellsville, 5. Mai 1865 : Gestern verließen wir Burkesville, marschierten eine kurze Weile und schlugen unser Lager für die Nacht auf. Heute Morgen machten wir uns wieder auf den Weg und erreichten diesen Ort hier, der 30 Kilometer von Burkettsville entfernt liegt. Ich glaube, der Ort, bei dem wir letzte Nacht lagerten, heißt „Black and White". Das 2. Rhode Island, das 49. Pennsylvania und das 119. Pennsylvania sind hier stationiert. Das Städtchen macht nichts her, es ist nur eine kleine Ansammlung von Häusern mit einem Bahnhof. Die Landschaft hier ist schön – die schönste, die ich in Virginia gesehen habe. Viele Pflanzer, die einst reich waren, leben hier. Ich weiß nicht, was genau wir tun sollen, aber wahrscheinlich sollen wir die Bahnstrecke patrouillieren und in der Gegend für Ruhe sorgen, da berichtet wird, dass kleine Guerillatrupps noch immer umherstreifen. Das Brigadehauptquartier wurde bei einem Bahnhof namens Wilson etwa sechs Kilometer von hier in Richtung Petersburg eingerichtet. Die Leute scheinen uns wohlgesinnt zu sein und einige sind bei mir vorstellig geworden und haben mich in die Gastlichkeit ihrer Häuser eingeladen.

Wellsville, Samstag, 6. Mai 1865 : Als ich heute Morgen in ein Flanellhemd und Hosen gekleidet unter dem Vordach vor meinem Zelt saß, kam ein alter Herr mit einem Stock unter dem Arm heran geritten und grüßte mich freundlich. Ich rief eine Ordonnanz, die sein Pferd hielt und der Herr stieg ab und kam unter das Vordach. Er sagte, er suche den kommandierenden Offizier der Truppen. Ich erhob mich und sagte ihm, dass ich das Kommando innehätte. Er antwortete: „Nein, ich möchte den Oberst sehen." „Gut" sagte ich, „ich bin der Oberst. Was kann ich für Sie tun?" Er sagte: „Sie sind ein Oberst? Aber sie sind doch nur ein Junge." Ich sagte ihm, an meiner Jugend könne ich nichts ändern. Er erwiderte, er sei überrascht, dass die Vereinigten Staaten einen Jungen schickten, um ihre Dinge zu regeln. Dann sagte ich ihm, ich sei nicht länger gewillt, mein Alter oder die Vorgehensweisen der Vereinigten Staaten mit ihm zu diskutieren; hätte er allerdings etwas mit mir zu besprechen, so solle er zur Sache kommen, andernfalls würde ich ihn entschuldigen, sich hier länger aufzuhalten. Der alte Herr änderte sogleich seine Taktik und stellte sich als Dr. Shore, einen Pflanzer, der in der Nähe lebt, vor. Er hatte Ärger mit seinen ehemaligen Sklaven und bat mich, die Sache zu klären, was ich auch tat. Er lud mich ein, morgen mit ihm zu speisen und machte die Bemerkung, dass Kaffee, Tee und Zucker in seinem Heim Mangelware seien.

General Shermans Armee begann heute Morgen ihren Marsch vorbei an diesem Bahnhof. Seine Truppen sind auf dem Weg von North Carolina nach Washington. Sie sehen zäh und tüchtig aus, aber ohne viel Stil. Meine Männer haben neue Uniformen und weiße Handschuhe und mein Lager wurde von Shermans Männern überrannt, die dachten, wir seien unerfahrene Truppen und versuchten, sich selbst zu bedienen. Als sie herausfanden, dass wir seit fast vier Jahren unseren Dienst versehen, behandelten sie uns besser und brachten eine Runde Hochrufe auf uns aus. Ich musste jedoch Wachen aufstellen, um sie von meinem Lager fernzuhalten.

Wellsville, Sonntag, 7. Mai 1865 : Wir hatten einen schönen Tag, warm und angenehm. Nachdem die morgendliche Arbeit erledigt war, ritt ich mit einem Teil des Stabes hinüber zu Dr. Shores Haus zum Mittagessen. Es war ein Ritt von etwa fünf Kilometern durch den Wald und er war sehr angenehm. Mir wurde gesagt, der Doktor sei der reichste Mann in diesem Landkreis (dies ist der Nottoway-Kreis) und er besaß 113 Sklaven, aber mit Ausnahme weniger sehr alter und sehr junger haben sie sich alle nach Norden in die Freiheit geflüchtet. Er war ein echter Südstaaten-Gentleman und sehr gastfreundlich und auch die Damen waren sehr freundlich und angenehm. Das Essen wurde von uns Soldaten genossen und es wurde reichlich aufgetragen. Nach dem Essen verteilte ein Diener an jeden von uns Pfeifen mit langen Schilfrohrstielen. Die Leute sind wirklich freundlich zu uns und versuchen, unser Leben hier angenehm zu gestalten. Sie schicken mir Blumen aus ihren Gärten und im Gegenzug versorge ich sie mit kleinen Luxusartikeln, derer sie viele lange Monate entbehren mussten. Tee und Kaffee sind sehr gefragt bei den Leuten hier. Dr. Shore hat nach seiner Tochter in Danville schicken lassen, die dort zur Schule gegangen ist. Wenn sie unseren Bahnhof erreicht, werde ich sie von einer Eskorte nach Hause begleiten lassen.

Wellsville, Virginia, Montag, 8. Mai 1865 : Heute schickte ich Kompanie "F" unter Hauptmann John A. Jeffrey zu der „Black and White" genannten Station bei der Bahnstrecke, wo er bleiben und Wache schieben soll. Die anderen Hauptmänner des Regiments wechseln sich beim Patrouillieren der Bahnstrecke ab. Die Arbeit ist nicht schwer und ich glaube, sowohl die Offiziere als auch die Männer genießen den Dienst. Ich verbrachte meine Zeit damit, den Streitgesprächen zwischen den Weißen und den Schwarzen zuzuhören und versuchte, ihre Angelegenheiten zu regeln. Ich bin der Richter, die Geschworenen und fast auch der Henker. Die Mehrheit der Leute hat den Treueeid auf die Vereinigten Staaten geleistet und versucht, loyal zu sein. Aber für einige von ihnen ist es offensichtlich sehr schwer und der alte Geist der Rebellion zeigt sich recht häufig. Ich versuche, geduldig mit ihnen zu sein und ihnen bei ihren Problemen zu helfen.

Wellsville, Dienstag, 9. Mai 1865 : Dr. Shores Tochter (sie nennen sie Fräulein Epsey) kam heute mit ihrer Gouvernante aus Danville hier an und mein Zelt ist voll von Koffern und anderem Gepäck, das darauf wartet, hinüber zum Haus des Doktors gebracht zu werden. Wir haben ein schönes Hauptquartier; die Zelte sind auf drei Seiten eines Quadrats aufgeschlagen und öffnen sich hin zu einer Laube. Alle Feld- und Stabsoffiziere erschienen heute mit Strohhüten, die die Damen der Umgebung gefertigt haben. Keine sehr soldatische Kopfbedeckung, aber sehr bequem unter der heißen Sonne. Dies hier schlägt alles an Soldatenleben, was ich jemals erlebt habe. Aber es ist jetzt ja auch eine Zeit des Friedens und wir gleichen jene Jahre der Entbehrungen aus, die wir durchlebt haben. Wir haben jetzt reichlich Gemüse und genießen es sehr. Dies ist ein feiner Landstrich Virginias und ein sehr fruchtbarer.

Wellsville, Mittwoch, 10. Mai 1865 : Im Lager ist alles ruhig und es gibt sehr wenig zu tun. Wir haben sehr viele Leute vom Lande hier, Weiße ebenso wie Schwarze, die zwischen den Zelten herumlaufen, die Yankees mit weit offenen Augen anstarren und unzählige Fragen stellen.

Das Gerücht geht um, dass die Potomac-Armee außer Dienst gestellt werden soll, aber wir hören nichts über das alte VI. Korps. Vielleicht werden wir hier bleiben, bis sich alles beruhigt hat. Ich bin bereit, jetzt nach Hause zu gehen, da unsere Arbeit nun getan ist, aber gleichzeitig bin ich willens zu bleiben, wenn ich gebraucht werde. Ich schätze, einige Truppen müssen weiterhin als Wachen Dienst tun.

Wellsville, Freitag, 12. Mai 1865 : Vor einem Jahr war ich bei der Schlacht von Spotsylvania inmitten von Blut und Gemetzel. Aber Gott war großzügig zu mir und verschonte mein Leben. Wie anders ist der Anblick heute. Hier ist alles friedlich und der Krieg ist vorüber. Gestern speiste ich in Begleitung von Doktor William F. Smith und Adjutant Thorndike J. Smith mit einem Anwalt namens James in seinem Heim „Woodlawn". Wir hatten eine gute Mahlzeit und eine schöne Zeit. Dann wurden wir bei Dr. Shore in „The Acre" vorstellig und wir beabsichtigten, am Abend zum Lager zurückzukehren, aber ein schweres Gewitter kam auf und so hielten wir es für geraten, über Nacht zu bleiben. Bei „Aerie" trafen wir auf eine Gruppe von Damen, die uns mit Klaviermusik und Gesang unterhielten. Eine junge Dame, die entschieden rebellischen Geistes war, sang ein Lied mit einem Refrain, der begann: „Lebe wohl

auf ewig, Sternenbanner" und endete in etwa: „dreizehn weiße Sterne und die Palmetto-Palme." Ich machte die Bemerkung, ein Yankee namens Sherman habe die Palmetto-Palme gefällt. Sie war ziemlich entrüstet, aber da sie Gast in seinem Hause war, hatte unser Gastgeber keinen Einfluss auf ihre Gefühlsäußerungen. Dr. Shore hat den Vereinigten Staaten den Treueeid geleistet und seine Tochter erzählte mir, sie seien froh, unter dem Schutz der U.S. Truppen zu stehen. Der Regen fiel wie aus Kübeln und der Donner war laut und tieftönend. Ich habe hier eine Wache aufgestellt und während des Abends feuerte der Posten vor der Scheune seine Muskete auf einen Mann ab, der sich näherte und nicht stehen blieb. Ich ergriff meinen Revolver und begab mich nach draußen, fand aber niemanden außer der Wache. Die Gegend ist voll von Pferdedieben und wir müssen auf unsere Pferde aufpassen. Wir begaben uns schließlich nach oben zu Bett und als Vorsichtsmaßnahme schoben wir eine Kommode vor die Tür, aber als wir heute Morgen nach unten kamen und in der Wohnstube ein Feuer und ein schmackhaftes Frühstück für uns vorfanden, schämten wir uns dafür. Gleichzeitig ist die Gegend jedoch für Unionssoldaten, die sich von ihrem Lager entfernen, nicht sicher, da viele Rebellensoldaten umherstreifen. Wir hatten einen anstrengenden Ritt zurück zum Lager, da viele Bäume auf die Straße gestürzt waren und der Regen tiefe Pfützen gebildet hatte. Wir fanden das Lager in einem ziemlich durchnässten Zustand vor, aber die Sonne brachte es wieder in Ordnung.
Dieses Leben erinnert mich an „Onkel Toms Hütte". Viele der ehemaligen Sklaven sind bei der Arbeit und so bietet sich uns die Gelegenheit, das Plantagenleben zu beobachten. Ich kann nicht sagen, dass ich es sehr bewundere, denn es scheint ein fauler Lebensstil zu sein. Die Damen kleiden sich altmodisch, scheinen aber gebildet zu sein.

Wellsville, Samstag, 13. Mai 1865 : Heute gab ich für eine Gruppe von Einwohnern ein Essen als Gegenleistung für die gastfreundliche Art, in der sie mich behandelt haben. Die Gruppe schien ein Essen nach Yankee-Art zu genießen und wir taten unser Bestes, um ihnen eine feine Auswahl und eine angenehme Atmosphäre zu bieten. Sie waren sehr neugierig in Bezug auf unsere Truppen und betrachteten alles mit großer Aufmerksamkeit.

Wellsville, Virginia., Sonntag, 14. Mai 1865 : Da wir keine Kirche haben, die wir aufsuchen können, habe ich den Tag damit verbracht, Besuche abzustatten. Ich ritt hinüber nach Wilson's Station und wurde beim Brigadehauptquartier vorstellig und dann besuchte ich einige Damen in einer nahe gelegenen Plantage. Es ist recht amüsant, so viele Männer zu treffen, die völlig unwissend über den Krieg zu sein scheinen. Das heißt, sie wollen nicht zugeben, dass sie in der Rebellenarmee gedient haben. Viele glauben, sie würden in Haft genommen und verurteilt für die Rolle, die sie gespielt haben. Aus Spaß stelle ich ihnen alle möglichen Fragen.

Wellsville, Montag, 15. Mai 1865 : Heute haben wir den Befehl erhalten, uns marschbereit zu halten, also habe ich meine Wachtposten und Abteilungen abgezogen und habe meine Abschiedsbesuche abgestattet. Ich habe viele Einladungen erhalten, zurückzukehren und Besuche zu machen, sobald ich wieder Zivilist bin. Nun, ich bin froh, dass es mir gelungen ist, das Wohlwollen dieser Leute zu erlangen.

Wilson's Station, Virginia, Dienstag, 16. Mai 1865 : Heute Morgen verließen wir unser Lager bei Wellsville und marschierten zu diesem Ort hier, wo wir uns unserer alten Brigade anschlossen. Wir sollen nach Richmond marschieren, wo wir die Gelegenheit haben werden, die Stadt zu sehen und auf Befehle warten werden. Der Marsch wird in leichten Etappen stattfinden, da keine Eile herrscht und ich denke, er wird uns Spaß machen.

Wilson's Station, Mittwoch, 17. Mai 1865 : Wir warten auf den Befehl, unseren Marsch nach Richmond zu beginnen. Das Wetter ist schön und unter diesen angenehmen Bedingungen genießen wir das Soldatenleben einfach. Der Weg nach Richmond wird uns durch die Landschaft führen, die jetzt geschichtsträchtig ist und wir werden einen Eindruck vom Innenleben der ehemaligen Konföderation erhalten.

Nahe Petersburg, Virginia, Donnerstag, 18. Mai 1865 : Wir haben das Lager bei Wilson's Station verlassen und sind in einfachen Marschetappen auf der Straße nach Richmond unterwegs.

Freitag, 19. Mai 1865 : Endlich bin ich in Petersburg gewesen. Heute Morgen begannen wir unseren Marsch durch die Stadt. Petersburg ist eine feine kleine Stadt und als wir durch seine friedlichen Straßen zogen, war es schwer zu glauben, dass wir fast ein Jahr gebraucht hatten, um hineinzukommen. Die Stadt zeigt die Auswirkungen von Yankeekugeln und -granaten. Die Geschäfte sind geöffnet und werden meist von Männern aus dem Norden geleitet. Die Gebäude in der Nähe der Bahnstrecke sind schwer beschädigt vom Feuer der Unionsbatterien. Die Leute kamen heraus, um uns vorbeimarschieren zu sehen, aber sie machten keine hörbaren Bemerkungen. Nun, ich war froh, den Ort zu sehen, der bei uns so viel Blutvergießen verursacht hat.

Nahe Manchester, Virginia, Samstag, 20. Mai 1865 : Wir erreichten diesen Ort hier, der gegenüber von Richmond am James River liegt, um 09.00 Uhr heute Morgen. Auf dem Marsch kamen wir nahe am Rebellenfort Darling vorbei und sahen noch eine Menge weitere Forts. Um die Südseite der Stadt herum scheint es vier Reihen von starken Befestigungen zu geben. Heute Nachmittag ritten Doktor Smith, Adjutant Smith und ich nach Richmond hinein. Wir kamen durch

Manchester, ein kleines und sehr baufälliges Städtchen und überquerten den James River auf einer Pontonbrücke. Das erste, was ich bemerkte, war ein Backsteingebäude mit einem großen Schild: „Libby Gefängnis". Wir ritten hin, stiegen ab und gingen hinein. Es brachte mein Blut zum Kochen, daran zu denken, dass in diesem Loch so viele von unseren tapferen Jungs an Hunger gestorben sind. Dann betrachteten wir uns Castle Thunder, ein weiteres Gefängnis und fanden heraus, dass es nur ein Backsteingebäude war, das einst als Lagerhaus verwendet worden war. Von hier aus ritten wir zum Spottswood Hotel und dann zum Ballard House. Dann betrachteten wir uns das Kapitol, das den Kongress der Rebellen beherbergt hat und dessen Wände viele verräterische Reden gehört haben. Das Kapitol steht in einem schönen Park, in welchem eine berühmte Statue von Washington steht. Jefferson, Mason, Clay und Patrick Henry wachen über sie. Hier, unter den Augen von Washington, wurde Verrat ausgeheckt und Verräter schmiedeten ihre Pläne. Das Gerichtsgebäude wurde von Feuer zerstört zusammen mit einem guten Teil des Geschäftsviertels der Stadt. Das war das Werk des Rebellengenerals Ewell. In der Nähe des Kapitols steht ein feines Granitgebäude, das einst als Schatzamt der Rebellen diente, aber jetzt als die Erste Nationale Bank von Richmond. Dieses Gebäude war mit einem Trauerflor behängt in Gedenken an Präsident Lincoln. Als wir die Franklin Street hinauf ritten, passierten wir viele schöne Residenzen mit Damen an den Fenstern in Begleitung von ehemaligen Rebellenoffizieren. Kurz vor Einbruch der Dunkelheit kehrten wir zum Lager zurück und waren sehr zufrieden mit unserem ersten Besuch in Richmond.

Nahe Manchester, Sonntag, 21. Mai 1865: Nach der gewöhnlichen Inspektion ritt ich nach Richmond mit der Absicht, am Gottesdienst teilzunehmen, aber ich fand heraus, dass die Kirchen nachmittags nicht geöffnet sind. Ich ging in den Park und lauschte einer Kapelle, die dort spielte. Viele Damen spazierten im Park umher, einige begleitet von Unionsoffizieren und einige von Rebellenoffizieren. Einem Viertel unserer Männer ist es täglich erlaubt Richmond zu besuchen und auf diese Art werden alle Soldaten die Gelegenheit haben, die ehemalige Rebellenhauptstadt zu sehen. Ich denke, das ist richtig so, denn die Jungs haben sich das Recht verdient, die Stadt zu sehen, die durch ihre Tapferkeit eingenommen wurde.

Nahe Manchester, Virginia, Montag, 22. Mai 1865 : Letzte Nacht hatten wir einen furchtbaren Sturm mit Wind und Regen. Mein Zelt fiel zusammen und ich wurde nass. Mit der Hilfe der Wache schafften wir es, das Zelt wieder aufzuschlagen, aber ich war zu durchnässt um zu schlafen. Glücklicherweise kam heute Morgen die Sonne heraus und sorgte wieder für etwas Bequemlichkeit. Adjutant Smith und ich ritten zum Abendessen nach Richmond und wir erstanden einige Erdbeeren mit Sahne.

Nahe Manchester, Virginia, Dienstag, 23. Mai 1865 : Ich bin heute im Lager verblieben und habe Vorbereitungen getroffen für unseren Marsch nach Washington, der morgen beginnen wird und für die Parade während wir durch Richmond marschieren. Der Weg ist lang und das Wetter ist sehr heiß, aber wir gehen in Richtung Heimat.

Hanover Court House, Virginia, Mittwoch, 24. Mai 1865 : Heute Morgen verließen wir Manchester und marschierten durch Richmond, wobei wir an Generalmajor Halleck von der regulären Armee vorbeiparadierten. Die Leute sahen mit Gleichgültigkeit zu, aber eine Gruppe farbiger Kinder sang „John Brown" für uns, als wir vorbeimarschierten. Wir lagern in der Nähe des Schlachtfeldes von 1862 und das trägt viele traurige Erinnerungen in unsere Köpfe. Damals waren wir auf dem Weg nach Richmond; jetzt sind wir unterwegs in die Heimat.

Lager 30 Kilometer südlich von Fredericksburg, Samstag, 27. Mai 1865 : Bis hier sind wir jetzt auf unserer Reise gekommen, aber der Schlamm ist aufgrund der kürzlichen Regenfälle sehr tief und wir müssen für einige Zeit anhalten. Der Weckruf ertönt um 03.30 Uhr, wir verlassen das Lager um 05.00 Uhr und marschieren bis 14.00 Uhr und dann schlagen wir unser Lager auf. Das gefällt uns, denn es gibt uns die Möglichkeit, uns die Landschaft anzusehen.

Nahe Fredericksburg, Virginia, Montag, 29. Mai 1865 : Heute Morgen verließen wir das Lager, da die Sonne den Schlamm getrocknet hat und jetzt lagern wir auf dem alten Schlachtfeld von Fredericksburg. Wie deutlich entsinne ich mich der dunklen Tage des Dezember 1862 und Mai 1863, als wir so viele unserer tapferen Jungs auf diesen Feldern begruben. Gott sei Dank, all dies ist vorüber und heute Nacht schlafen wir ohne Wachposten.

Dienstag, 30. Mai 1865 : Heute Morgen marschierten wir durch die Straßen von Fredericksburg und fanden das alte Städtchen in einem ziemlich ruinierten Zustand vor. Es schien seltsam, die Straße hinab zu marschieren, in der wir uns 1863 (am 3. Mai) vor den Granaten der Rebellen duckten. Heute haben wir etwa 27 Kilometer geschafft und für die Nacht haben wir ein schönes Lager.
Das Marschieren ohne einen Feind in der Nähe gefällt mir viel besser, als wenn wir nach ihm suchten und er nach uns.

Lager nahe Fairfax Court House, Virginia, Donnerstag, 1. Juni 1865 : Heute Morgen verließen wir das Lager und überquerten die Wolf Run-Untiefen und das nicht zum ersten Mal. Wir sind hier an der Stelle, wo wir lagerten, als wir nach Bull Run unterwegs waren. Zu dieser Zeit hatte ich schwerlich daran gedacht, dass ich jemals die 2. Rhode Island Freiwilligen kommandieren würde.

Hall's Hill, Virginia, gegenüber Washington, Freitag, 2. Juni 1865 : Heute kamen wir hier an und haben unser Lager aufgeschlagen. Ich glaube, ich habe meinen letzten langen Marsch als Soldat absolviert. Es ist bemerkenswert, dass wir unseren letzten Marsch heute auf derselben Straße absolvierten, auf der auch unser erster Marsch stattfand, als wir nach Bull Run gingen. Heute Morgen verließen wir Fairfax Court House und schafften heute etwa 25 Kilometer. Der Marsch von Richmond war ein recht harter, aber jetzt ist er vorüber.

Wir erhielten eine Order, die die Ausmusterung aller Männer verfügt, deren Dienstzeit vor dem 1. Oktober 1865 auslaufen wird. Dies wird meinem Regiment etwa 100 Männer nehmen, aber es wird ein gutes Kommando übrig bleiben.

Hall's Hill, Samstag, 3. Juni 1865 : Nach unserem langen Marsch haben wir eine ordentliche Ruhepause und die Männer genießen sie.

Hall's Hill, Sonntag, 4. Juni 1865 : Wieder einmal Sonntag und mein Lager ist voll von Besuchern. Eine Gruppe von Leuten aus Rhode Island hat mich besucht und für sie habe ich eine Parade abgehalten. Die Parade der Veteranentruppen aus Rhode Island schien ihnen zu gefallen.

Hall's Hill, Virginia, Montag, 5. Juni 1865 : Vor vier Jahren schrieb ich mich als Junge bei der Armee ein. Ich war stolz, ein Korporal zu sein und noch stolzer, ein Soldat zu sein. Wenn ich heute zurückblicke, kann ich nicht begreifen, dass ich den Beginn und das Ende des großen Bürgerkrieges erlebt habe. Aber es ist eine Tatsache und ich danke Gott demütigst dafür. An diesen Jahrestagen setze ich mich immer nieder, um die vergangenen Geschehnisse zu überdenken und ich ziehe große Zufriedenheit daraus.

Hall's Hill, Dienstag, 6. Juni 1865 : Unser Lager ist nicht sehr angenehm, aber wenn wir hier längere Zeit bleiben, wird sich das ändern. Heute Morgen brachen die 119. Pennsylvania Freiwilligen unter Oberst Hickman aus unserer Brigade in die Heimat auf. Wir hielten eine Parade ab und salutierten, als sie an uns vorbeischritten. Es verursachte mir Heimweh, sie heimgehen zu sehen, aber eines Tages werden auch wir an der Reihe sein. Wir treffen Vorbereitungen für die Parade des VI. Korps, die nächsten Donnerstag stattfinden wird.

Alle Männer unserer Brigade haben neue Uniformen erhalten und wir denken, wir werden einen schönen Anblick bieten. Obwohl wir Washington so nahe sind, sehe ich sehr wenig davon.

7. Juni 1865 : Bin noch immer damit beschäftigt, alles für die Parade herzurichten. Das 2. Rhode Island wird gut aussehen. Habe Washington und das Kapitol besucht.

Donnerstag, 8. Juni 1865 : Der Tag ist gekommen und vorübergegangen und die Parade ist vorbei. Wir verließen das Lager bei Anbruch des Tages und marschierten zur Long Bridge, wo wir übersetzten und das Korps wurde in der Maryland Avenue und anderen Straßen versammelt.
Um 09.00 Uhr begann der Marsch. Präsident Johnson und andere Würdenträger saßen auf einer Tribüne vor dem Weißen Haus. Sie empfingen uns sehr freundlich, aber die Leute, mit Ausnahme der Damen, die mit ihren Taschentüchern winkten, waren sehr still. Wir erwarteten einen freundlichen Empfang, da das VI. Korps 1864 Washington gerettet hat, aber offensichtlich haben die Leute in Washington genug von Paraden. In der Stadt war es furchtbar heiß und die Männer litten sehr darunter. Ich schickte das Regiment ins Lager auf einem Weg über Georgetown und die Aqueduct Bridge und ich blieb in der Stadt, um mit Freunden zu speisen.

Heute Abend kehrte ich ins Lager zurück. Das 2. Rhode Island sah gut aus in seinen neuen Uniformen und den weißen Handschuhen.

Freitag, 9. Juni 1865 : Heute Morgen stattete ich Frau Edwards, die mit ihrem Gatten, unserem Brigadekommandeur, in unserem Lager lebt, einen Besuch ab. Am Abend wurde ich bei General Wheaton vorstellig. General Meade wird nach Philadelphia gehen, um das Kommando über den Atlantik-Wehrbereich zu übernehmen.

Sonntag, 11. Juni 1865 : Das Gerücht geht um, dass die 2. Rhode Island Freiwilligen in Dienst gestellt bleiben werden und zu einem Teil der regulären Armee gemacht werden sollen. Nun, alles klar, ich denke, das würde mir gefallen. Nach der heutigen Besichtigung stattete ich einige Besuche ab, aber den größten Teil des Tages habe ich in meinem Zelt verbracht.

Samstag, 17. Juni 1865 : Letzte Nacht gab Oberst Thomas S. Allen, der Kommandeur des 5. Wisconsin in unserer Brigade, ein großes Nachtmahl für die Feld- und Stabsoffiziere unserer Brigade. Das Fünfte wird in wenigen Tagen nach Hause gehen. General Wheaton und General Edwards waren anwesend. Das Lager war erleuchtet und bot einen feinen Anblick. Die Offiziere des Fünften überreichten Oberst Allen ein elegantes VI. Korps-Abzeichen. Mehrere Ansprachen beschäftigten uns bis um 23.00 Uhr.

Montag, 19. Juni 1865 : General Wheaton glaubt, dass die 2. Rhode Island Freiwilligen noch für lange Zeit im aktiven Dienst bleiben werden. Kompanie "E" unter Hauptmann James A. Bowen wurde heute ausgemustert und wird morgen in die Heimat aufbrechen.

Dienstag, 20. Juni 1865 : Kompanie "E" hat das Lager heute verlassen. Hauptmann Bowen war der dienstälteste Hauptmann und somit ist jetzt Hauptmann Stephen Thurber der dienstälteste Hauptmann. Mein Regiment ist durch die Ausmusterung von Kompanie "E" kleiner geworden, aber es ist noch immer ebenso groß wie die meisten im Felde verbliebenen Regimenter.

Donnerstag, 22. Juni 1865 : Heute kamen Oberst Benedict und Gattin, sowie Herr Manly und Fräulein Emilie Marie von Washington zu uns heraus und verbrachten den Tag im Lager. Sie brachten Eiscreme, Kuchen, Pasteten, Zitronen usw. mit und wir hatten eine schöne Zeit. Heute Abend kehrten sie zur Stadt zurück. Frau Benedict brachte mir etliches Bettzeug für mein Zelt mit. Ich habe jetzt zwei Steilwandzelte, die mit Fußböden versehen und sehr hübsch ausgestattet sind. Die 37. Massachusetts Freiwilligen machten sich heute auf den Weg nach Hause und das 2. Rhode Island begleitete sie zur Stadt. General Edwards ist aus dem Armeedienst ausgemustert worden und da ich der ranghöchste Offizier bin, habe ich auf einen Befehl von General Wheaton hin das Kommando über die Brigade übernommen.

Freitag, 30. Juni 1865 : Die Woche ging vorbei wie gewöhnlich - Drillübungen und Inspektionen usw. Heute bezahlte ich das Regiment aus. Die Potomac-Armee hat aufgehört zu existieren. Ebenso wie alle anderen Korps wurde unser Korps auf eine Division reduziert. Sofort nach dem 4. Juli soll die Armee nach Maryland zum Monocacy River nahe der Baltimore & Ohio Bahnstrecke marschieren und dort ihr Lager aufschlagen. General Horatio G. Wright wird die Armee befehligen und General Wheaton eine Brigade. Ich weiß nicht, ob mein Regiment in Wheatons oder in Hamblins Brigade unterkommen wird. In beiden Fällen werde ich zufrieden sein. In einer Woche gehe ich nach Rhode Island, um zu heiraten und mit meiner Frau

ins Lager zurückzukehren. Ich habe mein gesamtes Mobiliar beisammen und alles ist für einen Haushalt bereit. Oberstleutnant Clendennin aus Wheatons Stab wird in der Armee verbleiben und mit ihm seine Gattin. Unser Lager wird sich etwa 65 Kilometer von Washington entfernt befinden und da es an einer Bahnstrecke liegt, wird es recht praktisch für uns sein.
Wie lange wir noch in der Armee dienen sollen, vermag ich nicht zu sagen, aber es wird wahrscheinlich für ein Jahr sein. Einige der Offiziere wollen bleiben, während andere es vorziehen, nach Hause zu gehen. Mir ist es gleichgültig, aber ich bin entschlossen, das Ende der 2. Rhode Island Freiwilligen zu erleben, oder in ihrem Dienste zu sterben.

Hall's Hill, Virginia, Samstag, 1. Juli 1865 : Wir sind schwer mit den Vorbereitungen beschäftigt, in unser neues Lager in Maryland umzuziehen. Momentan sind wir in der 3. Brigade unter dem Kommando von General Joseph E. Hamblin, der mich von meinem Kommando abgelöst hat. Wir erwarten, zur 1. Brigade unter dem Kommando von General Truman Seymor verlegt zu werden.

Hall's Hill, Virginia, Sonntag, 2. Juli 1865 : Heute ritt ich nach Georgetown und wurde bei James F. Benedict und seiner Familie vorstellig. Sie sind sehr freundlich zu mir und sie zu besuchen scheint mir wie eine Rückkehr nach Hause. Ich habe um einen Urlaubsschein ersucht und werde nach Hause aufbrechen, sobald ich mein Regiment in das neue Lager in Maryland gebracht habe.

Hall's Hill, Virginia, Montag, 3. Juli 1865 : Wir treffen großartige Vorbereitungen für die morgige Feier des 4. Juli. Ich habe das Signal zur Nachtruhe für heute auf 22.00 Uhr verschoben und die Männer machen sich eine schöne Zeit damit, umherzulaufen und herumzuschreien. Ich wurde beim Kriegsministerium in Washington vorstellig, um mich nach der Ausmusterung meines Regiments zu erkundigen. Man sagte mir, dass wir wahrscheinlich noch mindestens für ein weiteres Jahr bei der Armee bleiben werden, also haben wir uns auf ein Armeeleben in Friedenszeiten eingestellt. Nun, alles klar, wenn sich alle meine Pläne erfüllen, kann ich es aushalten. Ich werde morgen ein Essen für die Offiziere und Freunde in Washington und Georgetown geben. Wenn das Wetter schön ist, werden wir eine gute Zeit haben und versuchen, den Männern einen vergnüglichen Tag zu bereiten. Ich stelle meine Männer gerne sooft es geht zufrieden, denn es macht das Soldatenleben angenehmer für sie.

Hall's Hill, Dienstag, 4. Juli 1865 : Ein weiterer Unabhängigkeitstag in der Armee; dies ist mein fünfter. Den ersten verbrachten wir in Camp Clark nahe Washington, den zweiten bei Harrison's Landing, den dritten bei Gettysburg, Pennsylvania, den vierten vor Petersburg und heute sind wir zurück bei Washington und unsere Arbeit ist vollbracht. Wir hatten heute eine schöne Zeit mit einer großen Gruppe von Damen und Herren aus Washington, die zusammen mit den Offizieren des 2. Rhode Island in meinem Hauptquartier speisten. Wir schafften es, eine reiche Auswahl anzubieten. Der Oberstabsfeldwebel Benoni Sweet unterhielt die Gruppe mit einer Seiltanzvorführung auf einem gespannten Seil. Es war ein vergnüglicher Tag.

Mittwoch, 5. Juli 1865 : Ich habe den Großteil des Tages in Washington damit verbracht, im Kriegsministerium herumzuscharwenzeln. Vor einiger Zeit wurde eine Order vom Kriegsministerium erlassen, dass die Männer von den 4. und 7. Rhode Island Freiwilligen mit den 2. Rhode Island Freiwilligen zusammenlegt werden sollen. Die Order ging irgendwie verloren und die Männer haben sich nicht gemeldet. Heute habe ich die Sache in Ordnung gebracht und ich werde diese Männer in wenigen Tagen erwarten.

Donnerstag, 6. Juli 1865 : Wir erwarten, nächsten Montag in unser neues Lager in Maryland umzuziehen und ich werde nach Hause aufbrechen, sobald ich das Regiment in seinem neuen Lager unterbringen kann.

Freitag, 7. Juli 1865 : Keine Neuigkeiten und wir sind damit beschäftigt, unsere angesammelten Sachen zu packen, um bereit zum Abmarsch zu sein. Seit Frieden herrscht, erlaube ich den Männern, mehr Sachen zu besitzen und ich möchte diese für sie bewahren, damit sie sie in Zukunft nutzen können.

Hall's Hill, Virginia, Samstag, 8. Juli 1865 : Nun, hier sind wir. Anstatt nach Maryland geht es nach Rhode Island, also schätze ich, ich werde den Gedanken an einen zehntägigen Fronturlaub aufgeben und stattdessen einen lebenslänglichen nehmen. Letzte Nacht erhielt ich den Befehl, die Listen für die Ausmusterung des 2. Rhode Island vorzubereiten. Natürlich herrschte große Erleichterung im Lager und in Erwartung der Heimat und der Freunde sind alle glücklich. Es wird einige Tage dauern, alle Papiere in Ordnung zu bringen, aber ich denke, wir werden uns innerhalb einer Woche auf den Weg nach Rhode Island machen.

Sonntag, 9. Juli 1865 : Obgleich ich nach Hause möchte, kann ich mich eines Gefühls der Traurigkeit nicht erwehren, wenn ich an die Trennung von Kameraden denke, die ich teilweise seit mehr als vier Jahren kenne. Ich vertraue darauf, dass ich der Armee mit reinen Absichten und aus Liebe zu meinem Land beigetreten bin. Ich habe versucht, mich von den Pfaden des Bösen fernzuhalten und ich glaube, ich habe niemals vergessen, dass ich ein Christ bin. Gott sei Dank kamen niemals hochprozentige Getränke über meine Lippen und ich spüre, dass ich so rein zu meiner Familie zurückkehren kann, wie ich sie als Junge von 19 Jahren verlassen habe. In meinem Leben bei der Armee war ich erfolgreich, einfach weil ich immer bereit und willens gewesen bin, meine Pflicht zu tun. Ich danke Gott, dass ich eine Gelegenheit hatte, meinem Land zu dienen, die Sklaven zu befreien und die Union wiederherzustellen.

Montag, 10. Juli 1865 : Der Zeitpunkt rückt näher.

Dienstag, 11. Juli 1865 : Meine Männer sind verrückt vor Freude und es werden viele Pläne geschmiedet.

Mittwoch, 12. Juli 1865 : Die Listen sind fertig und wir werden Morgen aus den Diensten der Vereinigten Staaten ausgemustert werden. Heute habe ich meinen letzten Brief aus der Armee geschrieben.

Donnerstag, 13. Juli 1865 : Heute hielt das 2. Rhode Island eine Parade ab und wurde aus den Diensten der Vereinigten Staaten ausgemustert, von jenem Tage ab, an dem es in Providence aufgelöst werden wird. Ich bereite den Transport vor und werde mich morgen oder übermorgen auf den Weg machen.

Freitag, 14. Juli 1865 : Wir warten und warten, aber morgen werden wir uns wahrscheinlich auf den Weg machen. Von den Wenigen, die zurückbleiben, wurde Abschied genommen. Die meisten Truppen sind bereits nach Hause gegangen, aber einige sehr wenige sind noch hier.

Samstag, 15. Juli 1865 : Lebe wohl, Lager bei Hall's Hill. Lebe wohl, Virginia. Lebe wohl, Armee, gute alte Potomac-Armee. Zerlumpt und abgerissen wie du bist, bist du schließlich doch mit dem Lorbeer des Siegers gekrönt. Wir werden heute um 09.00 Uhr aufbrechen.

New York, Sonntag, 16. Juli 1865 : Wir kamen heute Morgen hier an, nach einem Tag und einer Nacht auf der Straße.

Die 58. Massachusetts Freiwilligen kamen mit dem Zug. Ich brachte das 2. Rhode Island im Park bei Castle Garden unter und schloss das Tor. Ich habe vor, mein Regiment in gutem Zustand nach Hause zu bringen. Ich habe Gouverneur James Y. Smith telegraphiert und er hat mich ermächtigt, einen Dampfer zu chartern.

An Bord des Dampfers, 16. Juli 1865 : Ich verließ Castle Garden gegen 16.00 Uhr und hatte einen schönen Marsch den Broadway hinauf, vorbei an den Büros des „Herald" und unsere Männer brachten drei Hochrufe auf den „Herald" aus. Ich begab mich dann an Bord des Dampfers nach New Haven, welches der einzige Punkt ist, zu dem ich eine Fahrt bekommen konnte. Die 58. Massachusetts Freiwilligen unter Oberstleutnant John C. Whittier sind an Bord desselben Schiffes.

New Haven, Connecticut, Montagmorgen 06.00 Uhr, 17. Juli 1865 : Wir kamen heute Morgen inmitten eines Regengusses an. Ich nahm mein Frühstück im New Haven House ein und die Männer frühstückten aus ihren Brotbeuteln in den Kohleschuppen bei der Werft. Ich habe gerade einige Waggons organisiert, um das Regiment nach New London zu bringen.

Groton, Connecticut, 15.00 Uhr, 17. Juli 1865 : Wir kamen gegen Mittag in New London an und ich war überrascht, von einem Komitee der Stadtverwaltung aus dem Wagen gebeten zu werden, welches bekannt gab, dass in der Straße nahe dem Bahnhof ein Imbiss auf meine Männer wartete. Wir nahmen dankbar an und wurden von den hübschen Mädchen New Londons erwartet. Das Essen war gut und wurde von unseren Männern genossen. Wir setzten dann mit der Fähre zu diesem Ort hier über und werden bald wieder Waggons besteigen. Ich habe nach Providence telegraphiert, Pferde für mich und den Stab bereitzuhalten. Mein Pferd Katie hat sich mit uns auf den Weg gemacht, aber ich habe keine Ahnung, wo sie jetzt ist.

ALLES FÜR DIE UNION

Providence, Rhode Island, Dienstag, 18. Juli 1865 : Hier sind wir: „Home Sweet Home!" Letzte Nacht gegen 04.00 Uhr verließen wir Groton, aber der Zug war langsam und wir erreichten Providence nicht vor Mitternacht. Hier fand ich eine Kompanie der Miliz, befehligt von einem gewissen Oberst Bennett, die auf uns wartete, aber da es so spät war, lehnte ich es ab, eine Eskorte zu erhalten, oder eine Parade abzuhalten. Ich führte die Männer zu einer Halle, wo sie einen Imbiss zu sich nahmen und dann schickte ich das Regiment zu der Kaserne des Reservekorps der Veteranen auf dem Gelände nördlich des „the Cove" genannten Beckens, um dort zu schlafen. Zu meiner großen Freude fand ich heraus, dass der Waggon mit meinem Pferd Katie an unseren Zug angehängt worden war. Ich bestieg sie, ritt nach Hause und ließ sie von meiner Ordonnanz Zack Chase in einen Stall bringen. Heute Morgen wurde mein Stab im Hause meiner Mutter vorstellig und ich ritt hinunter zum Exchange Place, wo der Adjutant das Regiment in Linie formierte. Ich führte es zum Gelände nördlich des Beckens und nachdem es sich in Linie aufgestellt hatte, gab ich meine letzten Kommandos: „Gewehr ab! Rührt euch!" Dann richtete ich eine kurze Ansprache an die Offiziere und Männer und beurlaubte sie, bis sie sich wieder melden sollen, sobald sie mittels der Zeitungen die Benachrichtigung erhalten. Ich schärfte ihnen ein, sich wie Männer und Soldaten zu verhalten und ihre Uniformen so lange zu tragen, bis sie endgültig entlassen sind. Die Offiziere versammelten sich um mich und wir verabschiedeten uns voneinander. Die Männer brachten „neun Hochrufe auf den Oberst" aus und traten dann aus der Reihe und ich nahm jeden Mann bei der Hand und verabschiedete mich. Meine Augen waren voll von Tränen und ich fühlte mich traurig, denn ich kannte diese Männer und sie hatten mir immer zur Seite gestanden. Mit einigen von ihnen hatte ich in den Rängen gedient und zu allen spürte ich die wärmste Zuneigung. Ich habe insgesamt 18 Offiziere und 438 Soldaten, von denen fast alle anwesend waren. Major Henry H. Young ist abwesend, da er im Stab von General Sheridan dient und ein Offizier ist aufgrund einer Verwundung abwesend. Ich ritt dann zum Büro des Gouverneurs und meldete meine Rückkehr in die Heimat.

Providence, Rhode Island, Freitag 28. Juli 1865 : Heute wurde das 2. Rhode Island ausbezahlt und aus dem Dienst entlassen. Das Regiment versammelte sich um 09.00 Uhr und marschierte ohne Waffen zu einem Gebäude in der South Main Street, wo die Männer ihr Geld und ihre Entlassungspapiere erhielten. Gegen Mittag sagte mir der Zahlmeister, ich sei nun der letzte verbliebene Mann im Regiment und dass er mich gegen 14.00 Uhr ausbezahlen könne. Ich begab mich nach Hause, zog meine Uniform aus und schlüpfte zum ersten Mal seit über vier Jahren in den Anzug eines Zivilisten. Dann ging ich zum Büro und erhielt meine Bezahlung und meine Entlassung. Als ich aus dem Gebäude trat, fand ich das Regiment, ja mein Regiment, den Bürgersteig entlang aufgestellt und nochmals schüttelte ich jedem Mann die Hand. Es war traurig und doch Anlass zur Freude, da der Krieg nun vorüber ist und wir zuhause sind. Kein Leid mehr, keine Anblicke von Gemetzeln und Tod mehr. Gott sei Dank, dass es vorbei und die Union wiederhergestellt ist. Und so bin ich zuletzt wieder ein einfacher Bürger. Nun, ich bin zufrieden, sollte mein Land jedoch wieder rufen, so bin ich bereit zu antworten. Der Gouverneur verlieh mir das Patent eines Obersts für tapferes Verhalten während des Krieges. Aber was sind nun all die Ehren im Vergleich zu den Freuden von Frieden und Heimat. Für vier Jahre und achtundfünfzig Tage habe ich meinem Land gedient und nun bin ich zufrieden, wieder ein Zivilist zu sein. Ich bin stolz auf mein altes Regiment und werde mich stets mit Vergnügen meiner alten Kameraden erinnern.

- Elisha H. Rhodes, Oberst, 2. Rhode Island Freiwillige

ANHANG

Gefechtsberichte des Regiments

ERSTE SCHLACHT VON BULL RUN

Bericht von Oberstleutnant Frank Wheaton, Zweite Rhode Island-Infanterie

Hauptquartier Zweites Regiment Rhode Island-Freiwillige,

Camp Clark, Washington, D.C., 23. Juli 1861.

SIR: In Übereinstimmung mit Paragraph Nr. 723 der Heeresdienstvorschrift habe ich die Ehre, Ihnen, dem kommandierenden Brigadegeneral, folgenden Bericht bezüglich der Gefallenen, Verwundeten und Vermissten des 2. Rhode Island-Freiwilligenregiments in der kürzlichen Schlacht mit den Streitkräften der Sezessionisten nahe Bull Run, Virginia zu erstatten. Eine ausführliche Aufstellung der Namen aller Gefallenen usw. wird gegenwärtig ausgearbeitet und zum frühestmöglichen Zeitpunkt übermittelt.

Es ist meine traurige Pflicht, unter den ersten Toten unseren tapferen Oberst John S. Slocum zu nennen, der in der ersten Reihe kämpfte, dreimal verwundet wurde und sterbend zurückgelassen werden musste. Major Sullivan Ballou wurde von der Kugel einer Kanone mit gezogenem Lauf vom Pferd gerissen, während er tapfer die Ausrichtung unseres Zentrums korrigierte und musste ebenfalls bewusstlos und sterbend zurückgelassen werden.

Die gesamten Verluste meines Kommandos beliefen sich auf 114 Tote, Verwundete und Vermisste. Unter den Toten befinden sich Oberst Slocum, Major Ballou, Hauptmann Levi Tower (Kommandeur von Kompanie "F") und Hauptmann Samuel James Smith (Kommandeur von Kompanie "I"). Unter den Verwundeten befinden sich Leutnant Stephen T. Arnold (zeitweiliger Kommandeur von Kompanie "B") und Unterleutnant Henry C. Cook aus Kompanie "I". Insgesamt sind 114 Männer getötet, verwundet und vermisst. 28 sind gefallen, 56 wurden verwundet, 30 werden vermisst. Eine sorgfältig aufgestellte Liste der vollständigen Namen aller Betroffenen wird meinen ausführlichen Bericht über die Aktionen der 2. Rhode Island-Freiwilligen in der Schlacht vom 21. Dieses Monats beiliegen, ebenso eine Aufstellung der Waffen usw., die in der Schlacht vernichtet wurden oder verloren gingen.

Ich danke Ihnen für die auf dem Schlachtfeld an uns gerichteten löblichen Worte sowie die uns zugewiesenen Positionen der Vorhut auf dem Wege zur Schlacht, der ersten Reihe an vorderster Front während der Schlacht und der Nachhut während des Rückzuges und verbleibe gehorsamst Ihr ergebener Diener,

Frank Wheaton,

Hauptmann des US-Heeres, Oberstleutnant der 2. Rhode Island-Freiwilligen.

Leutnant Beaumont,
1. Kavallerie des US-Heeres, Flügeladjutant, usw.

[Der angekündigte ausführliche Bericht ist, so er denn verfasst wurde, nicht erhalten.]

Verluste der 2. Rhode Island-Infanterie in der Ersten Schlacht von Bull Run:
24 Tote - 49 Verwundete - 25 Vermisste

ZWEITE SCHLACHT VON FREDERICKSBURG / SALEM HEIGHTS

Bericht von Oberst Horatio Rogers, Jr., Zweite Rhode Island-Infanterie, Zweite Brigade, Dritte Division

Vor Fredericksburg, Virginia, 10. Mai 1863.

GENERAL: Ich habe die Ehre, ergebenst den folgenden Bericht über die Aktionen des Regiments unter meinem Kommando während des Unternehmens der letzten elf Tage zu erstatten:

Am Dienstag, dem 28. April schlug das Regiment sein Lager ab und gegen 15.00 Uhr marschierte es mit der Brigade in die Nähe des Ufers des Rappahannock River, wo in einer dem Feinde verborgenen Senke das Nachtlager aufgeschlagen wurde. Am Mittwochmorgen marschierte das Regiment kurz nach Sonnenaufgang zusammen mit der Brigade die Straße in Flussnähe, unweit der Ruinen des Bernard-Hauses, entlang.

Wir verbrachten den Mittwoch, Donnerstag, Freitag und einen Teil des Samstags an unserem Ziel. Am Samstagmorgen verrichteten wir Postendienst unterhalb der unteren Pontonbrücke, wobei mir das 62. New York und das 82. Pennsylvania ebenfalls unterstellt waren. Gegen Sonnenuntergang dieses Tages (die Vorposten der Rebellen auf der anderen Flussseite hatten sich sehr hastig und überstürzt zurückgezogen) wurden unsere Posten auf Befehl von General Wheaton, zu diesem Zeitpunkt Kommandeur der Division, zurückbeordert und die Regimenter schlossen sich ihren Brigaden an, wobei mein Regiment am 2. Mai gegen 21.30 Uhr die Brücke überquerte.

Nachdem wir uns am Flussufer bis etwa um Mitternacht ausgeruht hatten, marschierten wir nach Fredericksburg und warteten eine Zeit lang am Ortsrand. Wir lagerten in den Straßen des Ortes, als am Sonntag, dem 3. Mai gegen 11.00 Uhr General Newton nach mir schicken ließ und mich an die äußerste rechte Flanke zu General Gibbon beorderte. Dieser wies das Regiment an, Batterie "B" der 1. Leichten Artillerie von Rhode Island zu unterstützen, die die Höhen oberhalb der Ortschaft unter Feuer nahm. Batterie "G" von der gleichen Einheit bezog kurz darauf zur Linken von Batterie "B" Stellung und wurde ebenfalls von uns unterstützt.

Nach der Erstürmung der Höhen erhielten wir den Befehl, uns den vorrückenden Truppen anzuschließen und wir unterstützten ein Regiment aus General Gibbons Division dabei, eine Anhöhe an der äußersten Rechten einzunehmen. Als die Rebellen an dieser Stelle flüchteten, überbrachte uns Hauptmann Smith aus General Newtons Stab die Order, zu unserer Brigade zurückzukehren und wir erreichten sie gegen 13.00 Uhr. In diesem Gefecht, das die Zweite Schlacht von Fredericksburg genannt wird, hatten wir zwei Leichtverwundete, aber da sie ihren Dienst weiter verrichten konnten, wurden sie nicht gemeldet. Wir machten halt rechts von der Bohlenstraße, die nach Chancellorsville führt und mit dem Rest der Brigade zu unserer Linken rasteten wir bis etwa 15.00 Uhr, als wir fünf oder sechs Kilometer die Straße entlang vorrückten, wobei wir häufig anhalten mussten und die meiste Zeit über Geschützfeuer ausgesetzt waren. 15 Minuten nachdem die Kämpfe entlang der gesamten Linie ausgebrochen waren, ruhten wir uns gerade am rechten Straßenrand aus, als wir den Befehl erhielten, uns zu beiden Seiten der Straße mit der Front zum Feind in Gefechtslinie zu formieren. Noch bevor wir den Befehl ausführen konnten, kam General Newton über die Straße herangeritten und erkundigte sich, welches Regiment wir seien. Ich antwortete ihm und er sagte: „Oberst, formieren Sie sich hier und marschieren Sie zur Rechten dieses Hauses dort am Waldrand."

wobei er auf das Haus an der äußersten Rechten zeigte, nahe dem wir Sonntagnacht gelagert hatten und das als Lazarett genutzt wurde, „unsere Jungs verlieren beständig an Boden, beeilen Sie sich und helfen Sie ihnen!" Wir rückten über ein weites, offenes Feld in einem Winkel, der uns am Haus vorbeiführte, vor und erreichten es in guter Ordnung an der rechten Flanke des 10. Massachusetts. Im selben Moment durchbrach ein flüchtendes Regiment in kopfloser Panik unsere Reihen und brachte unsere Formation in Unordnung. Die drei linken Kompanien schwenkten auf die linke Seite des Hauses und eröffneten das Feuer in diese Richtung. Die sieben rechten Kompanien rückten in einem derartigen Winkel den Hügel hinab vor, dass ihre Linke an das Haus stieß und die Rechte schräg den Hügel hinab verlief. Da meine rechte Flanke aufgrund der Bodenbeschaffenheit die Rebellen nicht sehen konnte und unsere Uniformen auf dem Hügel rechts des Hauses sowie der Ebene davor sichtbar wurden, eilte ich mit dem Regiment über einen Bach und den nächsten Hügel hinauf, wo ich mich links von einem Teil des 15. New Jersey in die Kampflinie einreihte. Das vorige Regiment an dieser Position hatte die Flucht ergriffen. Ich ließ das Feuer eröffnen, schickte nach meinen drei linken Kompanien und schärfte den Männern ein, nur nach links und keinesfalls nach rechts zu feuern. Als wir vorrückten, zog sich der Feind schräg den Hügel hinab nach links zurück, da wir ihm in die Flanke gefallen waren. Das Häuflein aus New Jersey wäre viel zu schwach gewesen, um den Feind in Schach zu halten. Wir hatten gerade begonnen, so schnell wir laden und schießen konnten in die Reihen des Feindes zu feuern, als wir auf der anderen Seite des vor uns liegenden Feldes mehrere Unionsflaggen bemerkten: Die Rebellen waren von ihnen, uns und den Truppen am Waldrand umzingelt. Nachdem sich der Feind nach links zurückgezogen hatte, kam ein Offizier über das offene Feld gerannt und teilte uns mit, dass die Flaggen einem New Jersey-Regiment gehörten, dessen Nachbarregiment geflohen war und es im Wald zurückgelassen hatte und er flehte uns an, über das offene Feld vorzurücken oder sie würden von unseren Linien abgeschnitten. Wir eilten vorwärts, wobei wir den Rest des Regiments zu unserer Rechten mitnahmen und die Männer feuerten keinen Schuss ab, bevor wir den Wald erreicht hatten. Hier fanden wir das New Jersey-Regiment (seine Nummer ist mir entfallen), das sich in arger Bedrängnis befand und gerade seine letzte Munition verschoss. Wir bezogen direkt hinter ihm Aufstellung, ließen sie sich durch unsere Reihen zurückziehen und eröffneten das Feuer, sobald sie hinter uns waren. Die Rebellen zu unserer Rechten wichen zurück und wir richteten uns rasch nach links aus, da der Beschuss aus dieser Richtung sehr heftig war. Ich schickte den Oberstleutnant nach hinten, um unsere drei linken Kompanien sowie weitere Verstärkungen heranzuführen. Die Rebellen nutzten die Deckung eines Weidenzaunes und ihr Feuer streckte etliche meiner Männer nieder. Unter schweren Verlusten konnten wir diese Stellung eine Zeit lang halten und als ich glaubte, dass die Unterstützung zwischenzeitlich eingetroffen sein müsste, beorderte ich das Regiment zurück an den Waldesrand. Die Männer brachen in Jubel aus, als wir uns zurückzogen und am Waldesrand trafen wir auf unsere drei linken Kompanien und das 10. Massachusetts.

Als wir den Wald hinter uns gelassen hatten, befahl uns Oberst Eustis, der nach Oberst Browns Verwundung die Brigade kommandierte, uns auf die andere Seite des Feldes zurückzuziehen, wo sich bereits das 7. Massachusetts und das 139. Pennsylvania befanden, während das 15. New Jersey noch immer an unserer Rechten stand. Hier ruhten wir uns einen Moment lang aus, bevor wir zurück über den Bach und auf den nächsten Hügel in der Nähe des Hauses beordert wurden, wo wir die Nacht verbrachten. Am nächsten Tag bezogen wir Stellung an der Frontlinie, wo wir frische Munition erhielten.

Am Montag gegen Sonnenuntergang begannen wir unseren Rückzug zu Bank's Ford, die wir in guter Ordnung erreichten, obgleich uns der Feind gegen Ende unseres Marsches mit

Granaten beschoss. Wir setzten am Dienstag, dem 5. Mai gegen 02.00 Uhr über den Rappahannock. Bis Freitag, den 8. Mai versahen wir Postendienst an der Furt und bewachten den Wagentross der Brückenpioniere; dann marschierten wir zu unserem alten Lager, oder, genauer gesagt, in dessen Nähe, wo sich die Armee bereits gesammelt hatte. Im Verlaufe dieses elftägigen Unternehmens versah das Regiment viereinhalb Tage lang Postendienst und kämpfte in zwei Schlachten. Das Gefecht vom Sonntagnachmittag, dem 3. Mai ist als Schlacht von Salem Heights bekannt. Die Liste der Verluste übersende ich anbei. Das Regiment betrug sich prächtig. Mit äußerster Entschlossenheit marschierte es an die vorderste Front, selbst während ein von Panik ergriffenes Regiment in wilder Flucht durch seine Formation brach. Die Tapferkeit, mit der es die Rebellen vor sich her trieb, die Standhaftigkeit, mit der es seine Stellung bis zum Eintreffen der Verstärkungen hielt sowie die ausgezeichnete Ordnung und die unerschütterliche Moral, die es bei dem Befehl zum Rückzug an den Tag legte, waren in höchstem Maße löblich.

Dieses Regiment trug wohl mehr als jedes andere dazu bei, den Feind zu einem Zeitpunkt zu stoppen, als unsere Truppen an der rechten Flanke gerade in arger Bedrängnis zurückwichen. Es bewahrte das New Jersey-Regiment in dem Wald vor der völligen Zerschlagung und wahrscheinlichen Gefangennahme.

Da sich sowohl die Offiziere als auch die Soldaten dermaßen herausragend betrugen, ist es mir unmöglich, Einzelleistungen hervorzuheben, jedoch ist es mir ein Anliegen, die Tapferkeit von Oberstleutnant S. B. M. Read und Major H. C. Jenckes zu betonen, die beide in hervorragender Weise ihre Pflicht taten. Das Regiment oder seine Überreste, wie ich leider sagen muss, ist bereits wieder kampfbereit und guten Mutes.

Ich verbleibe, Herr General, als Ihr ergebener Diener,

H. Rogers, Jr.,

Oberst der 2. Rhode Island Freiwilligen.

General E. C. Mauran,
Generaladjutant von Rhode Island.

Verluste der 2. Rhode Island-Infanterie in den Schlachten von Fredericksburg und Salem Heights:
7 Tote - 68 Verwundete - 6 Vermisste

SCHLACHT VON GETTYSBURG

Bericht von Oberst Horatio Rogers, Jr., Zweite Rhode Island-Infanterie, Zweite Brigade.

Hauptquartier Zweite Rhode Island-Infanterie,

Nahe Hagerstown, Maryland, 10. Juli 1863.

GENERAL: Ich habe die Ehre, Ihnen ergebenst Bericht zu erstatten, dass das Regiment, welches zu kommandieren mir vergönnt ist, seit dem 6. Juni in ständiger Bewegung ist.

Der Aufmarsch am Südufer des Rappahannock unterhalb Fredericksburg in der Absicht, durch unsere Präsenz die feindlichen Kräfte in der Region zu binden, nahm weniger als eine Woche in Anspruch und in der Nacht des 13. Juni setzten wir auf die Nordseite des Flusses über.

Sogleich begannen wir mit dem Rest des VI. Korps unseren Marsch nordwärts über Dumfries, Fairfax Court House, Centreville, Dranesville, Edwards Ferry, Poolesville, New Market und Manchester, wobei wir gelegentlich eine Rast von ein oder zwei Tagen einlegten.

Wir durchquerten Maryland, betraten den Boden Pennsylvanias und erreichten am Nachmittag des 2. Juli die Gegend um Gettysburg, wo wir die Kampfhandlungen bereits in vollem Gange vorfanden. Uns wurde unverzüglich eine Position an der äußersten Linken zugewiesen und wir schliefen in dieser Nacht mit griffbereiten Waffen auf dem Schlachtfeld.

Der nächste Tag, der 3. Juli, war der bedeutendste Tag der Schlacht und die Kampfhandlungen waren die erbittertsten des gesamten Krieges. Die Brigade, der wir angegliedert waren, lag ständig in Reichweite des feindlichen Feuers und da wir als Reserve fungierten, wurden wir von einem Gefahrenpunkt zum nächsten beordert. Obgleich wir uns also häufig unter Beschuss befanden, griffen wir nicht aktiv in die Kämpfe ein, sondern lagen auf der Erde, beobachteten die Kampfhandlungen und warteten darauf, nach vorne geschickt zu werden. Wir mussten jedoch keinen einzigen Schuss abfeuern.

Einen verbissener geführten Kampf als diesen habe ich nie gesehen noch habe ich je von einem solchen gehört. Das Schlachtfeld war von Blut durchtränkt. Unser Regiment verlor während der Schlacht einen Toten und fünf Verwundete. Getötet wurde Soldat Charles Powers von Kompanie "C". Verwundet wurden Korporal John Leavitt von Kompanie "B" (im Gesicht), Soldat William McWilliams von Kompanie "E" (an der Hand), Soldat George Young von Kompanie "F" (an Hand und Arm), Soldat R. Barnett von Kompanie "H" (am Knie und im Gesicht) sowie Soldat William Thomas von Kompanie "H" (am Rücken).

Obgleich das Regiment im vergangenen Monat hunderte von Kilometern marschierte und häufig anstrengende Dienste verrichtete, ist es mir eine Freude sagen zu können, dass es sich in hervorragender gesundheitlicher und moralischer Verfassung befindet.

Ich verbleibe, Herr General, Ihr allerergebenster Diener,

H. Rogers, Jr.,

Oberst der 2. Rhode Island Freiwilligen.

General E. C. Mauran,
Generaladjutant von Rhode Island.

Verluste der 2. Rhode Island-Infanterie in der Schlacht von Gettysburg:
1 Toter - 5 Verwundete - 1 Vermisster

GEFECHT BEI FORT STEVENS

Bericht von Hauptmann Elisha H. Rhodes, Zweite Rhode Island-Infanterie, über das Gefecht bei Fort Stevens, D. C.

Hauptquartier Zweite Rhode Island-Infanterie,

Poolesville, Maryland, 15. Juli 1864.

SIR: Ich habe die Ehre, Ihnen mitzuteilen, dass mein Kommando in dem Gefecht nahe Brightwood, Maryland in der Nacht vom 12. dieses Monats die folgenden Verluste erlitt: Feldwebel Joseph M. Wood, ausführender Leutnant in Kompanie "B" wurde schwer an der linken Schulter verwundet, Soldat Walter Harrup wurde ernsthaft im linken Auge verwundet.

Das Gefecht wurde nahe jener Stelle ausgetragen, an der unser Regiment im Sommer des Jahres 1861 lagerte. Fort Slocum, das von den 2. Rhode Island Freiwilligen errichtet wurde, unterstützte uns mit seinen schweren Geschützen. Gegenwärtig verfolgen wir die zurückweichenden Rebellen, die den Fluss letzte Nacht nahe unserem momentanen Standort überquerten.

E. H. Rhodes

Hauptmann, Kommandeur der 2. Rhode Island Freiwilligen.

Brigadegeneral E. C. Mauran,
Generaladjutant, Rhode Island.

Verluste der 2. Rhode Island-Infanterie im Gefecht bei Fort Stevens:
2 Verwundete

APPOMATTOX-FELDZUG

Bericht von Oberstleutnant Elisha H. Rhodes, Zweite Rhode Island-Infanterie.

Hauptquartier Zweite Rhode Island Freiwillige,

15. April 1865.

HAUPTMANN: Ich habe die Ehre, den folgenden Bericht über die Aktionen meines Kommandos in den kürzlichen Operationen zu erstatten:
Am Morgen des 2. April bezog mein Regiment Aufstellung in der zweiten Reihe der Brigade, hinter den 5. Wisconsin Freiwilligen und bereitete sich auf den Sturmangriff vor. Als unsere Linie losmarschierte, wurde mein Regiment von unseren übrigen Truppen getrennt (sie schwenkten entweder nach links oder rechts ab), aber ich ließ weiter vorrücken und wir überwanden zwei Reihen von Baumsperren vor einem einzelnen Artilleriegeschütz. Bald darauf erreichten wir die gegnerischen Feldbefestigungen, erkletterten die Brustwehren und trieben den Feind durch seine Lagerstraßen vor uns her. Hier erstürmte Oberleutnant und ausführender Adjutant Frank S. Halliday an der Spitze einer kleinen Gruppe von Soldaten eine gegnerische Batterie von zwei Geschützen und richtete die Kanonen gegen den Feind. Sobald sich meine Reihen wieder formiert hatten, schwenkte ich nach links und drang etwa 800 Meter weit vorwärts, überquerte die Bohlenstraße und formierte mein Regiment in Gefechtslinie, während ich auf weitere Befehle wartete. Vom Brigadekommandeur erhielt ich die Order, zu den erstürmten Befestigungen zurückzukehren, was ich auch

tat. In den folgenden Manövern der Brigade agierte mein Regiment nicht unabhängig und nahm an sämtlichen Bewegungen teil. An diesem Tage verlor ich einen verwundeten Offizier, zwei getötete Soldaten und neun verwundete Soldaten. Ich kann mit Recht behaupten, dass die Flagge meines Regiments als erste auf die feindlichen Befestigungen gepflanzt wurde und zwar zu einem Zeitpunkt, als diese noch vom Feinde verteidigt wurden.

Hinsichtlich des in der Nähe befindlichen Feindes ereignete sich nichts von Interesse, bis wir am Nachmittag des 6. nahe Sayler's Creek erneut aufeinanderprallten. Mein Regiment bildete die Reserve der Brigade, aber während des Vormarsches wurden wir an die linke Flanke der 82. Pennsylvania Freiwilligen verlegt, um deren Frontlinie zu verlängern. Als wir den Bach erreichten, wurden wir unter Feuer genommen, drängten jedoch über den sumpfigen Boden weiter vorwärts, der an vielen Stellen dermaßen tief war, dass er die Munition meiner Männer aufweichte. Sobald wir den Sumpf hinter uns hatten, korrigierte ich die Formation meiner Männer und sandte Plänkler nach vorne, um die genaue Position des Feindes in Erfahrung zu bringen. Die Brigade rückte weiter vor und entblößte dadurch meine linke Flanke. Ich sicherte meine Stellung, so gut es mir möglich war, indem ich meine linke Flanke zurückbog. Wir trieben den Feind in den vor uns gelegenen Wald zurück und als wir noch etwa 30 Meter von ihm entfernt waren, stürmte der Feind plötzlich von vorne und von links auf uns ein. Die Wucht des Angriffes zwang meine Männer nach einiger Zeit zu einem Rückzug in beträchtlicher Unordnung. Jede Anstrengung wurde unternommen, um sie noch vor dem Durchqueren des Sumpfes wieder zu sammeln. Mein Sternenbanner fiel dem Feind in die Hände, wurde jedoch umgehend zurückerobert. Hier wurden Hauptmann Gleason und Leutnant Perry getötet, während sie tapfer ihre Männer zum Gegenangriff führten. Zu diesem Zeitpunkt hatte sich die Formation meines Regiments einigermaßen aufgelöst, aber trotzdem schloss es sich der Brigade bei jenem erneuten Sturmangriff an, der so ruhmreich endete. Nachts lagerten wir zusammen mit der Brigade auf dem Schlachtfeld.

Ich hatte arge Befürchtungen bezüglich meiner neuen Rekruten, die zum ersten Mal unter feindlichem Feuer lagen, aber ich kann ihr Betragen nicht entschieden genug loben. Meine Offiziere erfüllten ihre Pflichten ausnahmslos glänzend.

Meine Verluste an diesem Tag betrugen zwei getötete und vier verwundete Offiziere sowie zwei getötete und 38 verwundete Soldaten. Meine Gesamtverluste des letzten Feldzuges beliefen sich auf 58 Tote und Verwundete. Mehrere Verwundete sind seitdem gestorben.

Ich verbleibe untertänigst als Ihr ergebener Diener,

E. H. Rhodes,

Oberstleutnant, Kommandeur der 2. R. I. Freiwilligen.

Hauptmann T. G. Colt,
Ausführender stellvertretender Generaladjutant, Dritte Brigade.

Verluste der 2. Rhode Island-Infanterie im Appomattox-Feldzug:
8 Tote - 49 Verwundete

Printed in Poland
by Amazon Fulfillment
Poland Sp. z o.o., Wrocław